文化资源概论

赵 易 沈 概 杨 烁◎主 编
闫海莹 孙晓艳 钱雨薇◎副主编

西南财经大学出版社
中国·成都

图书在版编目(CIP)数据

文化资源概论/赵易,沈概,杨烁主编;闫海莹,
孙晓艳,钱雨薇副主编.--成都:西南财经大学出版社,
2024.8(2025.9 重印)
ISBN 978-7-5504-6058-4

Ⅰ.①文… Ⅱ.①赵…②沈…③杨…④闫…⑤孙…⑥钱…
Ⅲ.①文化产业—高等学校—教材 Ⅳ.①G114

中国国家版本馆 CIP 数据核字(2024)第 025028 号

文化资源概论

赵　易　沈　概　杨　烁　主　编
闫海莹　孙晓艳　钱雨薇　副主编

责任编辑:李特军
责任校对:冯　雪
封面设计:墨创文化
责任印制:朱曼丽

出版发行	西南财经大学出版社(四川省成都市光华村街 55 号)
网　　址	http://cbs.swufe.edu.cn
电子邮件	bookcj@ swufe.edu.cn
邮政编码	610074
电　　话	028-87353785
照　　排	四川胜翔数码印务设计有限公司
印　　刷	郫县犀浦印刷厂
成品尺寸	185 mm×260 mm
印　　张	13.375
字　　数	321 千字
版　　次	2024 年 8 月第 1 版
印　　次	2025 年 9 月第 2 次印刷
印　　数	1501— 2500 册
书　　号	ISBN 978-7-5504-6058-4
定　　价	35.00 元

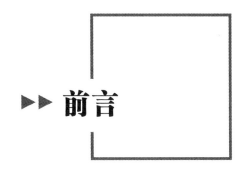

►► 前言

　　文化资源学是一门伴随着文化产业繁荣发展而衍生出来的交叉应用型学科。随着知识经济、信息社会的发展，人们对文化资源的认识不断深化。文化资源是人类发展进程中创造的物质资源和精神资源的总和，具有一定的文化价值、经济价值和科学研究价值，并且能够作为生产要素投入到生产活动中，生产出满足人类需求的文化产品或文化服务。对文化资源进行系统的研究，探索文化资源管理和开发利用的规律，是文化产业发展的基石。

　　党的二十大报告提出，要繁荣发展文化事业和文化产业。为实现这个目标，有效地利用文化资源显得至关重要。我国幅员辽阔、人口众多，有着悠久的历史，不同地域的人们形成了风格迥异的地方特色文化。如此丰富的文化资源，是我们国家的宝贵财富。学习和了解文化资源可以帮助我们用独特的视野去发现、认识、研究文化资源，用科学的方法去保护、开发、利用文化资源。我们应通过对文化资源的产业开发，变资源优势为产业优势，生产出具有独特创意、高品质的文化产品，以满足人民群众日益增长的精神文化需求，从而有利于推动经济、社会的发展和人的全面发展，同时实现大力发展社会主义先进文化、传承中华文明的目标。

　　"文化资源概论"是文化及文化产业相关专业开设的重要基础课程。其体系已逐步完善，课程内容明确，并在实践中积累了大量文化资源保护和开发的案例，初步搭建了"文化资源概论"课程体系。本教材在前人研究的基础上，系统介绍了文化资源的相关概念和基本理论，从宏观的文化角度分析文化资源的类型及其特点，探讨文化资源调查与评估，保护与管理，开发与利用的现状、原则与方法。同时，本教材注重将理论学习与案例分析相结合，关注文化资源利用过程中的问题，以期提高学习者对文化资源的认识和理解。

　　本教材共包括六章：第一章文化资源概述，第二章文化资源形态，第三章文化资源调查，第四章文化资源价值评估，第五章文化资源保护与管理，第六章文化资源开发与利用。每章都包含"学习目标""章节小结""复习思考""参考文献"等内容。

教材编写团队教师包括赵易、沈概、杨烁、闫海莹、钱雨薇、彭璐，编写团队教师均具有多年相关课程授课经验，并参与了"学银在线"开放课程的录制和运营。2022年，成都银杏酒店管理学院"学银在线"开放课程"文化资源概论"获批四川省一流本科课程（线上课程）。

在编写过程中，本教材参考、引用了许多学者的研究成果，在此向他们表示衷心的感谢！然而，由于研究水平和经验有限，书中难免存在一些不足和疏漏之处，敬请各位同仁和读者批评指正。

编者

2023 年 5 月

▶▶ 目录

第一章

文化资源概述

■ **学习目标**

通过本章的学习，达到以下学习目标：

➢ 了解文化和资源的概念。

➢ 掌握文化资源的概念和内涵。

➢ 熟悉文化资源的分类标准及其基本类型。

➢ 理解文化资源的特点和作用。

导入案例

云游敦煌，数字时代下的文化传承

2021 年 2 月 4 日农历小年，微信小程序"云游敦煌"推出"点亮莫高窟"功能，利用移动数字技术和区块链技术，首次在线上呈现一千年前莫高窟的点灯夜景，在网络空间复原了莫高窟燃灯民俗，与用户共同打造莫高窟"·川星悬"的盛大场面。

事实上，这是"云游敦煌"小程序在 2021 年的首次功能升级。"云游敦煌"小程序在 2020 年 2 月上线，一年间，浏览量已突破 3 500 万人次。其中，"80 后""90 后"占比超七成。

在"云游敦煌"小程序上，人们不仅可以近距离欣赏精美的敦煌石窟壁画、彩塑、石窟建筑，还可以参与多种形式的互动活动，这些数字化手段都为"活化"敦煌提供了新途径。

"除了'云游敦煌'小程序、'数字敦煌'等一系列线上'云展览'，我们还尝试用音乐、游戏、文创产品等形式，结合数字科技，融合线上线下渠道，让古老的敦煌文化释放新的活力，让文物'活'起来，走进人们的生活，使其成为引领时代风尚、构筑时代美学、满足美好生活的新动能。"敦煌研究院院长赵声良说道。

近年来，为了更好地保护我国的文物资源，包括敦煌研究院在内的文博单位、科研院所等正加速推进文物的科技和数字化保护，创新利用先进的技术手段记录古老文物，为文物保护注入了新的活力。

资料来源：https://zhanlan.zhihu.com/p/350513704。

思考：

1. 案例中提到了哪些文化资源？
2. 文物的科技和数字化保护有哪些好处？

第一节　文化资源的概念和特点

一、文化的界定

什么是文化？这是文化资源研究首先需要思考的问题。关于文化的研究由来已久，但由于不同的自然环境、社会环境等因素，人们对文化的理解各有差异。

（一）西方的界定

文化的英文为"culture"，含有耕种、居住、练习、留心或注意、留神等多种含义。最早把文化作为具有现代含义的专用术语使用的是英国的"人类学之父"爱德华·泰勒，他在1871年发表的《原始文化》一书中，将文化界定为："文化或文明，就其广泛的民族学意义来说，是指包括知识、信仰、艺术、法律、道德、风俗以及作为社会的一员所掌握的任何其他能力和习惯的复合总体。"[①]

1952年，美国人类学家阿尔弗雷德·克洛依伯（Alfred Kroeber）和克莱德·克拉克洪（Clyde Kluckhohn）在其合著的《文化：概念和定义批判分析》一书中，对164种文化的定义进行了分析，并将定义归纳为六类：①文化包含的内容；②文化的特征之一是社会遗传性；③文化专指有特色的生活方式；④文化主要是人的一种活动，包括人类为适应社会所做的种种努力；⑤文化作为抽象的价值体系，为特定的社会成员所共有；⑥文化的起源、存在和延续。

1959年，美国学者莱斯利·怀特从符号角度对文化做出了界定。1965年，法国社会心理学家A·莫尔在其《文化的社会进程》中指出，截至20世纪60年代，全世界文献中存在的文化定义已达到250种。之后，俄罗斯学者克尔特曼在对文化定义做比较研究时宣布，已搜集到400多种文化定义。

（二）我国的界定

"文化"一词，我国古已有之。从西汉开始，"文化"便作为一个正式词汇出现在古籍中。如西汉《说苑·指武》中写道，"凡武之兴，为不服也；文化不改，然后加诛"，这里的"文化"与"武"并行提出，更多地被认为是一种社会治理的政治手段，其本义主张发挥文化的文治教化作用。在过去的数千年中，文化作为上层建筑，它的主要功能是教化和娱乐。文化活动被认为是服务性、非生产性的，不直接创造经济价值。

---

① 爱德华·泰勒. 原始文化 [M]. 连树声，译. 上海：上海文艺出版社，1992.

到了近现代，文化的内涵日趋复杂，对文化的理解也更加丰富。梁启超在《什么是文化》中称，"文化者，人类心能所开释出来之有价值的共业也"。"共业"包含众多领域，诸如认识的（语言、哲学、科学、教育）、规范的（道德、法律、信仰）、艺术的（文学、美术、音乐、舞蹈、戏剧）、器用的（生产工具、日用器皿以及制造它们的技术）、社会的（制度、组织、风俗习惯），等等。

2021年11月，华中科技大学教授韩东屏在《文化究竟是什么?》一文中，将数以百计的文化定义经过归类，最终划出十类不同的文化定义，其中有九类都是将文化限定在人类的范围之内，认为文化属于人的某种东西，只有一类认为文化不是仅为人有的东西。这十类分别为：①将文化归为人的欲望；②将文化归为人的能力；③将文化归结为人际关系；④将文化归结为人的生活方式；⑤将文化归结为人的活动；⑥将文化归结为人的行为方式；⑦将文化归为人的行为方式的影响因素；⑧将文化归为人类活动的结果或曰人为之物；⑨将文化归为人类社会的发展水平；⑩将文化归为所有物种都有的某种东西。韩东屏认为，恰当的文化定义应表述为：文化是人类创造力的果实。这个定义将文化限定在"人类创造力"的范围内，由此可知文化仅为人类所有，只有人创造产出的东西，才是文化的体现，才是文化之物[①]。

综上所述，不同学科背景、不同身份、不同国家的人对文化的定义都不尽相同。这些定义大致可分为广义和狭义两类。从广义的角度来看，文化是指人类社会在历史实践过程中创造的物质财富和精神财富的总和，包含了人类社会所创造的一切，即"大文化"。从狭义的角度来看，文化则是指除物质生产外的人类精神生产活动及其结果，主要表现为价值观念、思维模式、行为准则、生活方式、风俗习惯等内容，即"小文化"。

二、资源的定义

"资源"的英文原意指的是"生产资料和生活资料的天然来源"。《辞海》中对资源的解释是："资财的来源，一般指天然的财源。"上述两种定义都只限于对自然资源的解释。自然资源是人类社会赖以生存的基础和条件，没有这些自然资源会直接影响到人类的生存和发展。自然资源，包括水资源、矿产资源、生物资源、海洋资源等，这些资源是长期以来在大自然中自然形成的，是自然界本身发展变化的结果，资源最初的含义指的也就是这种天然形成的资源。

经济学角度的资源被视为一种资产，具有被开发利用并创造财富的特点。通常，资源在经济学当中被分为自然资源和社会经济资源两大类。社会经济资源是社会经济系统中能够被人类所利用，并能够提高生产力水平的社会经济因素，主要包括资本、劳动力资源等。早期人们对资源的研究主要集中在自然资源和社会经济资源，但随着技术进步对社会经济发展的作用越来越重要，人们开始越来越重视技术、专利等智力资源，以人的智力和创造力为核心的研究逐渐成为社会经济资源研究的重点。

在现代社会，资源的内涵进一步发生了变化，资源被赋予了许多新的时代特质和内涵。资源不再局限于自然范畴，还包括经济范畴、社会范畴和文化范畴，凡是人类

① 韩东屏. 文化究竟是什么? [J]. 山西师大学报（社会科学版），2021，48（6）：50-61.

所创造的各种物质的和精神的资料、手段、技能和思想体系等，都可以称之为资源。①

在当今社会中，经济资源、社会资源、文化资源、思想资源、知识资源、人力资源、公共资源等都可实现其价值，产生特定的作用。资源已经成为现代社会中最为重要的东西，对社会发展具有极其重要的作用。从某种意义上来说，谁掌握了资源，谁就掌握了当今社会发展的关键。

三、文化资源的内涵

文化资源早已在文化产业发展的过程中被广泛利用，然而由于研究视域的差异，学者对文化资源内涵的理解不尽相同，因此关于文化资源的内涵，学界尚未形成统一的认识，主要有以下三种观点：

第一种观点认为，相对于其他资源来说，文化资源是一种特殊的资源，是具有文化属性的各种资源的总和。有的学者认为，人类发展进程中所创造的一切含有文化意味的文明成果以及承载着一定文化意义的活动、物件、事件以及一些名人、名城等，都可以认为是某种形式的文化资源。有的学者指出，文化资源是人类所创造的物质文化、制度文化和精神文化遗产的总和，它对人类社会的意义，就像生物多样性对于人类的生存和发展一样重要。

第二种观点认为，文化资源是一个与价值相关的概念，文化资源的价值包括文化价值、经济价值和科学研究价值等。有的学者从资源角度分析，强调了文化资源的经济利用价值，也就是说，文化资源作为经济的生产要素，可以被加以利用，生产出满足人类需求的文化产品或文化服务。有的学者从文化角度分析，认为文化资源能够被作为生产要素，是因为人们对其文化价值的追求。

第三种观点认为，文化资源的根本属性就是其文化价值属性，而文化价值是由人类精神劳动创造并通过一定时间积累起来的。不论是人类历史中遗留的文化遗产，还是现代的文化资源都需要经过一段时间的文化价值的传承、积累和再创造。

综合上述三种观点，我们可以将文化资源的内涵界定为：文化资源是人类发展进程中所创造的物质资源和精神资源的总和，其具有一定的文化价值、经济价值和科学研究价值，并且能够作为生产要素投入到生产活动中，生产出满足人类需求的文化产品或文化服务。

四、文化资源的特点

从文化资源的概念可以看出，与自然资源相比较，文化资源与人类生产和生活息息相关，是人类所创造的，具有十分鲜明的特点。

（一）自然性与文化性

文化资源的核心是文化，但是我们同样不能忽视文化资源与自然环境的适应性，也就是其自然性。许多具备自然属性的资源成为了文化资源的载体，人类在其基础上开发利用，因为有了人类活动创造的痕迹，其最终成为了带有文化属性的文化资源。因此，文化性是文化资源的本质属性，正是由于文化性的存在，文化资源才成为区别于其他资源的特殊资源。

---

① 张胜冰. 文化资源学导论［M］. 北京：北京大学出版社，2021.

[资料链接]

香云纱染整技艺即晒莨，是采用植物染料薯莨为丝绸染色的一种工艺，2008年被国务院列入第二批国家级非物质文化遗产。2011年，广东省佛山市顺德区政府成功为"顺德香云纱"申报了"国家地理标志保护"。香云纱，它是中国一种古老的手工制作的植物染色面料，已有一千多年的历史，由于它制作工艺独特，数量稀少，制作时间长，要求的技艺精湛，具有穿着滑爽、凉快、除菌、驱虫、对皮肤具有保健作用等特点，过去被称为软黄金，只有朱门大户人家才能享用。其实际上是薯蓣科的薯莨汁液泡过的小提花绸，和广东顺德、南海、三水等地特有的没有被污染过的河泥（俗称"过河泥"）发生化学作用的产物。薯莨汁液主要成分为易于氧化变性产生凝固作用的多酚和鞣质，和"过河泥"的高价铁离子发生化学反应后产生黑色沉淀物，凝结在制作绸缎的表面。香云纱正面黑色，反面黄褐色。一匹香云纱从开始制作到投入使用，耗时近一年。漫长的生产周期往往使许多想要生产香云纱制品的品牌与厂家望而却步。香云纱备受青睐还源于它的稀有，目前全世界只有广东佛山地区能生产，产能极低，纯手工制作，靠天吃饭。用就地取材的野生植物加上阳光、河泥几十次来来回回折腾才能出布，这样的染色工艺在世界上是绝无仅有的。

资料来源：佚名.《发现非遗之美》：香云纱［EB/OL］.（2020-05-22）［2023-05-30］.https://www.sohu.com/a/396872941_100302947。

我国很多非物质文化遗产都明显依赖于其生存的自然环境，因此，为了保护这类资源，我们也应加大对其赖以生存的自然环境的保护。文化资源的自然性和文化性相辅相成，我们只有同时利用好其两种属性，才能实现对文化资源的有效保护和开发。

（二）再生性与不可再生性

准确理解文化资源的再生性与不可再生性，有助于我们更好地认识文化资源的特点，这对文化资源的保护与开发利用具有非常重要的意义。

1. 再生性

文化资源的再生性指的是文化资源可以被重新生产出来并反复利用，也就是说文化资源可以再造和创新。不同于自然资源，自然资源的利用一般是消耗性的，如土地资源、矿产资源、水资源等都是不可再生的，这决定了自然资源的稀缺性与消耗性。而文化资源则不同，许多文化资源如民俗等都可以反复被利用。这种再生性使文化资源在文化产业中不断发挥作用，创造价值。文化价值是文化资源的存在基础，精神内容是文化价值的来源，物质载体是精神内容得以呈现的中介。随着文化资源得以呈现的物质载体的损耗，精神内容的物质存在基础会受到威胁，文化资源也就存在消亡的危险。再生可以原真地复制出精神内容，重新复原精神内容与物质载体。物质文化资源的再生，关键在于这种物质载体的重建和复制能否得到认同。而重建的物质载体能否获得认同，关键在于再次将原本的精神内容完好地重新植入物质载体，使得内在的精神内容和外在的物质载体，能够更好地结合在一起。也就是说，再生性是某一文化资源损耗后，可以被再次生产出来的可能性。

[资料链接]

华沙这座世界名城，始建于公元 13 世纪，是维斯瓦河渡口上的一个中世纪建筑风格的市镇。第二次世界大战期间，波兰古城华沙被夷为平地，全城 85% 以上的建筑被毁，富丽堂皇的古典建筑荡然无存，到处是残垣断壁，一片焦土。有西方人士曾经断言："华沙不会重现在人间，至少 100 年内是没有希望的。"

战争一结束，波兰人民就着手重建华沙古城。苏联政府主张建一个崭新的、社会主义模式的新华沙。而许多华沙居民聚集在市政府前议论纷纷，华沙大学的师生们把战前画的老城市图纸拿出来展览，人们逐渐形成了一致的意见，要恢复华沙原有古城的风貌，并最终迫使政府改变了原来的决定。恢复华沙古城的消息传开后，流浪在国外的波兰人一下子归来了 30 万。波兰政府顺应了人民的要求，组织他们投身重建华沙的劳动中。整个波兰掀起高涨的爱国热潮，人民的家园得到重建，这就是第二次世界大战后著名的"华沙速度"。重建的华沙不仅保持了中世纪古城的风貌，而且兴建了新市区，超过了战前的规模和水平。在重建过程中，保护和修复历史古迹的工作受到格外重视，战前市内 900 多座具有历史意义的建筑物，几乎都进行了修复和整饰，昔日的宫殿、教堂、城堡等显得更加巍峨壮观。1953 年 7 月 22 日，华沙市举行了隆重的移交仪式。1963 年，整个工程竣工。古城每座建筑物的外貌都保持了原来的建筑风格，而其内部结构和设施则是按照现代化建筑技术进行改建的。华沙古城作为特例于 1980 年被联合国教科文组织列入《世界遗产名录》。

资料来源：王晨，王媛. 文化资源学 [M]. 北京：清华大学出版社，2021。

2. 不可再生性

文化资源的不可再生性指的是一些珍贵、脆弱、不可修复的文化资源，一旦消失或者遭受破坏将不复存在的特性。当今社会，人们由于更关注文化资源带来的经济利益，往往会忽视了文化资源的社会效益和文化效益。在文化资源开发的过程中，有些人忽视了对文化资源的保护，造成了资源的浪费和破坏，一些文化资源因此可能会消失，而其中有些资源是永远无法复原的。还有一些文化资源，随着时代的发展逐渐失去了其使用的价值，从而逐渐消亡了。

[资料链接]

1260 年，忽必烈将创制统一文字的任务交给了国师八思巴，八思巴在西藏苦思冥想了八年，终于带着八思巴文回到大蒙古国。忽必烈要求用八思巴文"译写一切文字"，包括蒙文、汉文、藏文等。八思巴文书写与蒙文一致，从左到右，从上到下，按音节划分。蒙古人当时已使用回鹘文多年，不愿学习难以辨认的八思巴文；习惯了使用汉字的汉人更是看不懂也读不出；藏族人习惯横写，读八思巴文觉得非常别扭，因此八思巴文的推广遇到了很大困难。八思巴文于 1269 年开始使用，但两年过去，还是没有多少人掌握，于是忽必烈于 1271 年下诏要求百官百日内学会八思巴文，官小的学会了可以升官，没官的学会了给官，不识字的学会了可以终身免除乌拉徭役。即使这样，被尊为"元国字"的八思巴文也始终没能在民间推广。

八思巴文最初称为"蒙古新字"，不久改称"蒙古字"。现在国内外学术界通用两种名称，一种是按创制者命名，称作"八思巴文（字）"；另一种是按字母形状特征命名，称作"方体字"。作为官方文字，八思巴文一共使用了一百多年，元朝灭亡后，中原立即废止了八思巴文，北元继续使用了一段时间后，八思巴文正式退出了历史舞台，只在蒙古族房屋的门框上以变形文字的形式偶然可见，主人也并不知道它的含义，只是起到装饰作用。

资料来源：佚名. 八思巴文是怎样产生，又是怎样消亡呢？［EB/OL］.（2018-11-15）［2023-05-30］.https://www.sohu.com/a/275703612_100012543。

（三）整体性和地域性

1. 整体性

文化资源作为人类在长期实践过程中创造的各类文化的总和，其存在不是孤立的，而是与周围的自然环境和社会环境密切相关，融为一体的。文化资源的整体性具体包括三个方面的内容，即建筑风貌的整体性、自然背景的整体性、社会活动的整体性。

例如，城市、街道和居民区的格局都具有整体性，不是单个建筑物可以表达的。历史文化遗迹也有特定的自然背景作为衬托，通常表现为一种整体的景观。民俗文化资源，是由民族建筑、民族服饰、民族习俗、民族歌舞等综合要素构成的，破坏其中任何一个要素，都有损民俗文化资源品相的整体性。因此，人们在开发文化资源时，只有树立整体性的观念，才能更好地实现对文化资源内涵的充分表达。

［资料链接］

西递村、宏村古民居位于中国东部安徽省黟县境内的黄山风景区。西递村和宏村是安徽南部民居中最具有代表性的两座古村落，它们以世外桃源般的田园风光、保存完好的村落形态、工艺精湛的徽派民居和丰富多彩的历史文化内涵而闻名天下。

西递村始建于北宋，迄今已有950多年的历史，为胡姓人家聚居之地。整个村落呈船形，四面环山，两条溪流穿村而过，村中街巷沿溪而设，均用青石铺地，整个村落空间自然流畅，动静相宜。街巷两旁的古建筑淡雅朴素，错落有致。西递村现存明、清古民居124幢，祠堂3幢，包括凌云阁、刺史牌楼、瑞玉庭、桃李园、东园、西园、大夫第、敬爱堂、履福堂、青云轩、膺福堂等，都堪称徽派古民居建筑艺术之典范。

宏村始建于南宋绍熙年间（公元1190—1194年），原为汪姓人家聚居之地，绵延至今已有800余年。它背倚黄山余脉羊栈岭、雷岗山等，地势较高，经常云蒸霞蔚，有时如浓墨重彩，有时似泼墨写意，好似一幅徐徐展开的山水长卷，因此被誉为"中国画里的乡村"。

世界遗产委员会评价认为，西递、宏村这两个传统的古村落在很大程度上仍然保持着那些在20世纪已经消失或改变了的乡村的面貌。其街道的风格，古建筑和装饰物，以及供水系统完备的民居都是非常独特的文化遗存。

资料来源：佚名. 世界文化遗产：皖南古村落［EB/OL］.（2006-03-29）［2023-05-30］.http://www.gov.cn/test/2006-03/29/content_239263.htm。

2. 地域性

文化资源的形成，离不开创造文化资源的人们所赖以生存的自然地理环境和社会人文环境。不同区域和民族的审美标准和情趣，除了普遍性的一面，通常还表现出巨大的差异，这就决定了文化资源具有地域性的特点。以城市形象塑造为例，城市文化作为一个城市形象的灵魂，是解决"千城一面"问题，塑造各具特色的城市形象的根本所在。

（四）传承性和稳定性

1. 传承性

文化资源不同于自然资源的另一特点是传承性。文化都具有传承性，文化的传承不是指文化传播，而是指文化的延续和继承，它是一种文化传递活动，它使文化具有了稳定性和连续性。文化经过人类创造后，会以物质活动和精神活动的方式一代代传递下去，其中多数文化传统在不受外在因素的干扰下并不会中断，也不会因为历史的过程而消失。正因为文化具有传承性，所以它作为一种资源在历史发展过程中对社会产生了积极的意义，可以给社会提供很多有益的东西，促进社会发展和进步。文化传承的方式和途径有很多，归纳起来讲，主要有物质的方式、精神的方式和行为的方式。

文化资源的传承性并不意味着对传统文化的全盘接受，随着时代的变化，人们的审美需求也在发生改变。因此，对于文化资源的传承也应辩证地看待，有些文化资源在现代社会中已经失去了其存在的土壤和环境，就应该适时地改变，融入一些新的元素或者载体，进行适度的创新。

2. 稳定性

文化资源的稳定性是指文化资源在积累传承的过程中会保持其属性的一致性。文化作为客观存在，是一种观念形态的东西，是经过长期的历史积淀而形成的，是包括民族精神、民族心理、民族发展历程的观念形态，深深地刻印在一个民族的精神世界，一旦形成，具有相当的稳定性。① 比如我国的岁时节日民俗资源，清明节、端午节、中秋节、春节、元宵节等节日历经了上千年的演进，至今依然被我国人民所继承和发扬。尽管这些民俗文化在演变的过程中发生了一些变化，但其内在的本质没有改变，如清明节的主题是扫墓祭奠祖先，端午节是为了纪念屈原，中秋节是团圆的象征，等等。

［资料链接］

端午节，又称端阳节、龙舟节、重五节、天中节等，是集拜神祭祖、祈福辟邪、欢庆娱乐和饮食于一体的民俗大节。端午节源于自然天象崇拜，由上古时代祭龙演变而来。仲夏端午，苍龙七宿飞升于正南中央，处在全年最"中正"之位，正如《易经·乾卦》第五爻："飞龙在天"。端午是"飞龙在天"吉祥日，龙及龙舟文化始终贯穿在端午节的历史传承中。

端午节是流行于中国以及汉字文化圈诸国的传统文化节日，传说战国时期的楚国诗人屈原在五月初五跳汨罗江自尽，后人亦将端午节作为纪念屈原的节日；部分地区

---

① 吴圣刚. 文化资源及其特征［J］. 河南师范大学学报（哲学社会科学版），2002（4）：11-12.

也有纪念伍子胥、曹娥及介子推等说法。端午节的起源涵盖了古老星象文化、人文哲学等方面的内容，蕴含着深邃丰厚的文化内涵，在传承发展中杂糅了多种民俗于一体，各地因地域文化不同而又存在着习俗内容或细节上的差异。

资料来源：https://baike.baidu.com/item/端午节/1054。

第二节　文化资源的类型及作用

一、文化资源的类型

（一）文化资源分类的意义

随着社会的发展，各种新型文化资源不断涌现，使得文化资源的内涵不断丰富。同时，新技术的发展又促使文化资源分类的标准和方式不断增多。因此，文化资源如何分类对于进一步研究文化资源是至关重要的。但目前，对文化资源进行分类的方法有很多种，按照不同的分类标准，研究者们将文化资源划分为了不同的类型，尚未形成统一的认识。然而，构建完善的文化资源分类标准是十分必要的，其必要性表现在以下三个方面：

一是有助于深入理解文化资源的本质规律。构建科学合理的文化资源分类标准，一方面有助于人们更加深入、系统地认识文化资源；另一方面，人们能够在分类对比的过程中，更好地把握文化资源的本质与发展规律，帮助我们科学界定文化资源的内涵，为文化资源相关理论研究奠定基础。

二是有助于文化资源调查和评估的开展。人们要想利用文化资源获取价值和利益，首先必须要对社会中的文化资源有充分的了解和认识，因此文化资源的调查和评估是文化资源保护与开发的前提和基础。人们只有科学地划分文化资源的类型，才能有效地开展相关调查和评估工作。

三是有助于推动文化资源的产业化开发。一个国家和地区只有对自身文化资源的存量情况有充分了解，才能进行针对性的保护和开发。在这个过程当中，人们首先需要甄别哪些文化资源是可以进行产业化开发的，哪些是不能进行产业化开发的；只有从产业发展层面对文化资源进行科学划分，才能为文化资源产业化开发提供决策依据。

［资料链接］

四川文化资源作为中华传统文化的重要组成部分，具有包容开放、广博精深、开拓创新等显著特点。这些求新求变、扎实厚重、融会贯通的文化资源是四川先民在巴蜀大地上世代创造的物质文明和精神文明的集成，直至今天依然发挥着积极的人文教化、文旅开发等作用。

本次普查共查明文化资源总量 3 057 417 处。其中，古籍 1 877 945 册，美术馆藏品 25 260 件，传统器乐乐种 92 种，地方戏曲剧种 11 种，非物质文化遗产 8 098 项，不可移动文物 64 508 处，可移动文物传统数量 1 081 503 件（套）。具体情况如下：

古籍：全省共查明古籍收藏单位 138 家，现存古籍 1 877 945 册。古籍数量位列全国前五，西部第一。四川古籍资源具有保存情况良好、版本类型繁多、版本年代连续等特点。

美术馆藏品：全省共有国有美术馆 62 家，查明国有美术馆藏品 25 260 件（套）。美术馆数量居全国第三，藏品数量居全国第七。

地方戏曲剧种：全省共查明地方戏曲剧种 11 种，皮影戏和木偶戏种类 2 种。四川戏曲剧种资源丰富，有典型的地方特色和丰富的文化内涵。

传统器乐乐种：全省共查明传统器乐乐种 92 种。其中，以器乐合奏为主的乐种有 5 个，以器乐独奏或齐奏为主的乐种 62 个，作为其他艺术形式伴奏的乐种形式有 25 个。传统器乐乐种具有数量丰富、类型多样、分布广泛等特点。

非物质文化遗产：全省共查明非遗资源 8 098 项。其中人类非物质文化遗产代表作名录项目 7 项；国家级非遗代表性项目 139 项，数量位居全国第七；省级 611 项。四川非遗具有资源丰富、类型齐全、多彩多样等特点。

不可移动文物：全省共查明各类不可移动文物共计 64 508 处。其中，全国重点文物保护单位 262 处，拥有世界遗产 5 处（居全国第二）。四川不可移动文物具有数量众多，类别齐全，分布广，保护任务繁重等特点。

可移动文物：全省共查明可移动文物传统数量 1 081 503 件（套），居西南地区首位。四川可移动文物具有种类齐全、数量庞大、分布广泛、地域特色鲜明、多民族文化交融、文化序列完整等特点。

资料来源：四川省文化和旅游资源普查报告，2021。

（二）文化资源分类的主要方式

不同的分类标准隐含着不同的假设和前提，以精神内容所依附的物质载体，是否可以被观察到为标准，我们可以将文化资源分为有形的文化资源和无形的文化资源。这种分类标准比较感性和模糊，如果一种文化资源的有形和无形界定仅靠人的视觉感受到的物质基础为依据，是不太准确的。例如，很多无形资源在呈现时可能会通过不同的载体展现，如表演的剧目资源，可以说是无形的精神内容，也可以成为剧本、图书，也可以通过舞台和演员演绎成为戏剧资源。这种情况下，对文化资源类型的界定就是比较困难的。随着社会的发展，学者们进行了多种尝试，文化资源的分类标准也在不断完善。目前，学者们主要从文化资源的主题、表现形态、属性等角度对文化资源进行分类。

1. 根据文化资源的主题划分

根据文化资源的主题划分，分类结果比较清晰，是目前学者们比较偏爱的一种分类方式。但由于研究的视角不同，根据文化资源的主题进行分类的结果也千差万别。例如，学者张胜冰将文化资源主要分为乡村文化资源、都市文化资源、传统文化资源、现代文化资源、海洋文化资源、民族文化资源、企业文化资源、社会文化资源等。[①] 姚伟钧则进一步细化了文化资源的主题，将文化资源分为历史文化主题、红色文化主题、名人文化主题、商业文化主题、民俗风情主题、民族文化主题、海洋文化主题、宗教

---

① 张胜冰. 文化资源与文化产业 [M]. 长沙：湖南文艺出版社，2008.

文化主题、城市文化主题、乡村文化主题等。[1] 胡郑丽将文化资源划分为历史文化资源、民俗文化资源及新型文化资源。其中，新型文化资源又包括网络文化资源、校园文化资源、红色文化资源、女性文化资源等。[2] 根据文化资源的主题进行划分的分类方式有其自身的优势，但是也有学者认为以主题为标准划分文化资源的门类是不够严谨的。

2. 根据文化资源的表现形态划分

根据文化资源的表现形态划分，是重点突出文化资源外部特征和形态的一种分类方式。刘吉发、岳红记和陈怀平把文化资源归纳为四类表现形态：第一类是符号化意义的文化资源，指记录在物质载体上的图案、语言等；第二类是经验型的技能文化资源，主要是运用在文化活动中或文化生产过程中的技艺技能；第三类是垄断型的文化资源，主要指文化遗址；第四类是创新型的智能文化资源，指人的独创性思维和实践能力，体现为创意、灵感等。[3] 赵尔奎和杨朔总结出文化资源的六种表现形态，即文献形态的文化资源、造型艺术形态的文化资源、表演形态的文化资源、技能技艺形态的文化资源、节庆活动形态的文化资源和现代形态的文化资源。[4] 综合学者们的观点，按照文化资源表现形态来划分，文化资源可以分为可视性的物态文化资源、精神性的非物态文化资源、技能文化资源以及智能文化资源等类别。

3. 根据文化资源的属性进行划分

根据文化资源的属性进行划分，是以文化资源的本质特征为依据的划分方法。这一划分方式在文化资源的分类当中占有一定的比重。学者程恩富从文化资源的性质的角度出发，将文化资源划分为物质文化资源和精神文化资源。[5] 王晨和章玳从文化资源的经济属性出发，将文化资源分为经营性的文化资源和公共文化资源。其中，经营性的文化资源是指能够通过市场进行产业化开发，并满足公众不同层次需求的文化资源，其多由私人或者企业主导；公共文化资源是政府主导提供的，为满足公众基本文化需求和精神需求的文化资源，包括文化基础设施（如图书馆、博物馆及乡村文化站等）和历史文化遗产（如传统民俗、戏曲等需要政府推动传承和保护的资源）等。[6] 综合以上学者的观点可知，从文化资源的属性出发，文化资源可以划分为经营性的文化资源和公共性的文化资源，物质性的文化资源和精神性的文化资源等。

4. 根据文化资源的产业化开发划分

随着文化资源产业化开发的不断深化，有的学者开始探讨从产业开发的角度对文化资源进行分类。花建根据文化资源在文化产业的用途将文化资源分为四类：一是资本资源，它是文化产业运作的动力源泉；二是技术资源，包括文化商品生产和服务所需的能源、原材料、技术和装备等；三是专利资源，包括著作权、专利权、商标权等，广义地说还包括形象特许使用经营权等；四是智能资源，它是决定文化产品和服务中

① 姚伟钧. 文化资源学 [M]. 北京：清华大学出版社，2014.
② 胡郑丽. 文化资源学 [M]. 北京：光明日报出版社，2016.
③ 刘吉发，岳红记，陈怀平. 文化产业学 [M]. 北京：经济管理出版社，2005.
④ 赵尔奎，杨朔. 文化资源学 [M]. 西安：西安交通大学出版社，2016.
⑤ 程恩富. 文化经济学通论 [M]. 上海：上海财经大学出版社，1999.
⑥ 王晨，章玳. 文化资源学 [M]. 南京：南京大学出版社，2014.

文化含量的人力投入，包括三种形态——符号化的文化知识、经验型的文化技能、创意型的文化能力，其中创意型的文化能力是最有价值和最稀缺的文化资源。[①] 丹增从文化产业发展的角度，将文化资源划分为可开发文化资源和不可开发文化资源。综上可知，根据文化资源产业化发展状况进行划分的方法，将文化资源与文化产业联系起来，有利于更好地推动文化资源的产业化开发。

5. 其他划分方式

除以上分类方式外，有的学者从文化资源的历史性角度出发，以文化资源的历史发展脉络为依据，将文化资源分为文化历史资源和文化现实资源两类；有的学者根据文化现象产生的不同地域，将文化资源划分为东方和西方文化资源、本土和外来文化资源、乡村和城市文化资源、海洋和大陆文化资源等；有的学者从文化资源的可持续性入手，将其分为可再生文化资源与不可再生文化资源。

总之，文化资源的分类正日趋完善，已经形成了比较健全的分类体系。但目前也仍然存在一些问题，一方面，随着新技术的出现和进步，文化资源的细分领域也在发生变化，这在一定程度上提高了文化资源划分的难度。另一方面，随着各领域的交叉融合，厘清文化资源的边界越来越困难，这也将成为文化资源分类的重要课题。

二、文化资源的作用

文化资源是人类所创造的，对人类来说非常重要的资源，它既存在于人类的物质生活领域，又存在于人类的精神生活领域，构成了人类赖以生存的基础，也是人类社会发展的重要推动力。没有文化资源，人类想要发展和进步几乎是不可能的。在现代社会，文化资源的作用表现得愈加突出。其作用主要表现在以下几个方面。

（一）文化资源是保持文化多样性和民族特性的重要基础

世界之所以丰富多彩，是因为有不同的国家、不同的民族和不同的文化。在经济全球化、文化全球化的今天，保护文化的多样性，保持每个民族的文化特性尤为重要。而要保持民族特性和民族文化，离不开民族的历史记忆和传承至今的信仰、风俗、习惯和生产生活方式，而以物质或非物质形式存在的各种文化资源和文化遗产，就是民族历史记忆和民族文化的重要载体。如果这些文化资源消失了，那么民族文化的特性也就消失了，这个民族也就彻底消亡了。

习近平总书记在党的二十大报告中指出，全面建设社会主义现代化国家，必须坚持中国特色社会主义文化发展道路，增强文化自信，围绕举旗帜、聚民心、育新人、兴文化、展形象建设社会主义文化强国，发展面向现代化、面向世界、面向未来的，民族的科学的大众的社会主义文化，激发全民族文化创新创造活力，增强实现中华民族伟大复兴的精神力量。

（二）文化资源作为历史记录或见证，是人文历史研究的重要资料

以物质形态存在的文化资源，如古遗址、墓葬、典籍、文物等，都是人类了解和研究历史的重要物证和资料。如古人类文化遗址——元谋人遗址、"北京人"遗址、仰韶文化遗址、龙山文化遗址、河姆渡文化遗址、三星堆文化遗址、红山文化遗址等；

---

① 花建. 经济全球化与中国文化产业的资源开发战略［J］. 上海社会科学院学术季刊，2001（1）：129-138.

古代都城或建筑遗址——安阳殷墟、秦阿房宫、汉未央宫、唐大明宫等遗址，都对研究古代历史起到了重要作用。人们通过对历史建筑和文物的研究，既可以了解当时建筑技术水平、建筑风格，也可以了解其中反映出来的政治制度、经济制度和宗教信仰等。各种历史典籍更是我们研究历史人物、事件的主要资料。

以非物质形态存在的文化资源，如世界观、价值观念、民间习俗、艺术、技艺等，都有着深厚的历史渊源。通过研究这些文化资源，我们能够更好地了解国家和民族的历史，了解文化传承的历史脉络，从而了解国家历史发展的进程、思想观念和价值观念等。

［资料链接］

周口店"北京人"遗址位于北京市西南 48 千米的房山区周口店村的龙骨山。这里地处山区和平原交接处，东南为华北大平原，西北为山地。周口店附近的山地多为石灰岩，在水力作用下，形成许多大小不等的天然洞穴。山上有一东西长约 140 米的天然洞穴，俗称"猿人洞"。1929 年在此洞中首次发现古代人类遗存后被称"周口店第一地点"。周口店遗址区是中国华北地区重要的旧石器时代遗址，其中最为著名的是周口店第一地点，即"北京人"遗址。这一遗址是 1921 年由瑞典学者安特生首先发现的，此后又有多名学者对其进行了发掘。1927 年加拿大学者步达生对周口店遗址进行正式发掘，并将周口店发现的三枚人的牙齿正式命名为"中国猿人北京种"。1929 年中国考古学者裴文中在发掘中出土了"北京人"第一个头盖骨，轰动了世界。

在周口店"北京人"遗址出土的猿人化石、石制品、哺乳动物化石种类数量之多以及用火遗迹之丰富，都是同时代其他遗址所无法相比的。在周口店第一地点发现用火遗迹，把人类用火的历史提前了几十万年。遗址中发现有 5 个灰烬层、3 处灰堆遗存以及大量的烧骨，灰烬层最厚处可达 6 米。这些遗迹表明北京人不仅懂得用火，而且会保存火种。遗址中还出土了数以万计的石制品，原料均来自遗址附近，石制品多为小型器，器型种类繁多，早期石器较粗大，砍砸器居重要地位。中期石器形制变小，尖刃器发展迅速。晚期石器更趋小型化，石锥是这一时期特有的石器。出土物可以证明，北京猿人在距今 70 万~20 万年的时期内居住于周口店地区，过着以采集为主，狩猎为辅的生活。其早期为距今 70 万~40 万年，中期为距今 40 万~30 万年，晚期为距今 30 万~20 万年。北京人是属于从古猿进化到智人的中间环节的原始人类，这一发现在生物学、历史学和人类发展史研究上有着极其重要的价值。周口店遗址不仅是有关远古时期亚洲大陆人类社会的一个罕见的历史证据，而且也阐明了人类进化的进程。

资料来源：https://baike.baidu.com/item/"北京人"遗址/1851721。

（三）文化资源是文化传承的载体

1. 文化资源是人类思想观念的重要来源

思想观念属于文化资源的重要表现形式，文化资源为思想观念的形成提供了丰富的资料来源。思想观念是通过人类思维形式表现出来的，它是长期以来受文化影响的结果，是人类独有的一种精神现象。人类思维的发展反映着社会的发展，它通过特有的方式表达着不同的历史文化内涵。因此，对人类思维方式的研究一定要放到具体的社会历史背景下加以分析。

思想观念的形成是人类社会文化活动的直接产物，如"道"是中国传统文化中的一个重要思想，在中国文化中，"道"是一个核心的概念，也是中国文化的哲学根基，它是长期以来在中国传统文化的土壤中形成和发展起来的。儒家、道家、佛家作为中国传统文化的重要组成部分，都同"道"的思想联系在一起，"道"也是构成这三家学说的重要基础。儒家是社会之道，道家是自然之道，佛家是心灵之道，这与《周易》中所说的"立天之道曰阴与阳，立地之道曰柔与刚，立人之道曰仁与义"的"三才之道"是有内在联系的，强调的都是自然、人与社会的内在构成关系。"道"的根本精神在于对事物发展变化规律的深刻把握，它来源于中国文化中的一个最古老的观念，"阴阳调和，而生万物"。这一思想观念对中国文化的影响很深，使得中国文化在很多方面都呈现出不同于其他文化的气质和特点。

2. 文化资源是人类价值观念形成的基础

价值观念是一个群体及其成员所共同遵守的一套价值准则和价值规范，这些价值准则和价值规范影响着群体及其成员的行为方式。价值观念是通过文化的作用而逐渐形成的，它具体体现在伦理道德、生活方式、社会关系、处世态度、人生追求、精神境界等不同层面。

价值观念构成一个民族的精神追求，不仅从根本上决定着一个民族的基本生产生活方式，还影响和制约着一个民族的行为方式。每一种价值观念实际上都与特定的文化传统联系在一起，是特定文化所赋予的一种内在精神属性。正如美国人类学家本尼迪克特所说的："真正把人联系起来的是他们的文化，即他们所共同具有的观念和标准。"一个民族的性格特征是长期以来在不同的文化类型中被塑造完成的，不同的民族具有不同的文化类型，而不同的文化类型又会塑造出不同的人格结构。中国传统文化作为重要的文化资源，对我们现代人价值观念的形成仍然有着重大的影响。

［资料链接］

春秋战国时期"百家争鸣"，学派颇多，但是大多数最终都没落了。而以孔子和孟子为代表的儒家学说却发展昌盛，而后更是在中国以及世界产生了巨大影响，可见其学说丰富的内涵和顽强的社会适应力。儒家在精神传统、思想价值和行为方式等方面构建了整个中华民族的价值取向和心理形态，尤其涉及"义"和"利"的内容穿越时代，具有普遍和深远的生命力。其经典著作不仅是封建社会考取功名的教科书，更是统治阶级维护其统治的思想武器。

儒家义利观在以自给自足的自然经济为主体、以血缘关系为本位、以封建等级为基本政治制度的社会背景下形成，自然与我国古代社会生活密不可分，所以重义气、轻利益就成为了儒家义利观的思想核心。

"义利统一""见利思义""以义制利""先义后利""舍生取义"的思想在当代很有价值，对于构建和谐人际关系具有促进作用。义利观在儒家道德观念中占有极其重要的作用，作为一种价值取舍标准，其在今天仍然能指导我们生活和学习。

资料来源：打字小能手.儒家的"义利观"及其当代价值［EB/OL］.（2022-05-19）［2023-05-30］. https://www.sbvv.cn/chachong/24772.html。

3. 文化资源是人类文化遗产的重要来源

文化遗产是人类文明的重要标志，是形成人类文化传统的重要组成部分，因而它是一种重要的文化资源。文化遗产主要分为物质文化遗产和非物质文化遗产两种形式，它们都是文化资源的表现形态。文化遗产不同于自然遗产，文化遗产是人类创造的一种文化遗留物，是人类历史不可分割的内容，是人类历史的见证，所以，它对人类社会的价值是不言而喻的。在当今社会，文化遗产已成为人类的一种重要文化资源。

专门研究人类遗产管理的英国诺丁汉特伦特大学文化资源管理专业的迈拉·沙克利教授说道："大多数遗产地都成为了其国家文化旅游的吸引物。有些如英国的巨石阵、埃及的金字塔、中国的长城等，在很大程度上成为了国家的象征，并得到了全世界的公认。文化遗产是一种脆弱的、不可修复的资源，必须受到保护，以保持它的真实性并留给后人享用。"

文化遗产的保护与开发利用，已经成为当今世界各国政府和国际社会关注的焦点，也是一项涉及面很广的复杂的系统工程，牵涉到各种利益关系，当然也包括造福子孙后代。因此，各国对如何有效保护和开发利用文化遗产资源都制定了符合本国实际的管理规定和政策法规。保护文化遗产就是保护文化资源的独特性与多样性，这在当代具有十分重要的意义。

（四）文化资源是文化产业发展的基础原料

1. 由文化资源创造的文化产品，可以满足人们文化消费的需要

人的消费需求是多样的，不仅需要物质消费，而且需要精神消费。在精神消费中，最主要的就是文化产品的消费。文化产业的发展就是要满足人民群众日益增长的文化产品和文化服务的需要。文化产品如电影、电视剧、游戏、互联网、戏剧、音乐等，都是在一定的文化资源的基础上制造出来的，不光在形式上继承了历史传统，在内容上更是吸取了历史文化资源和现代文化资源中的内容。从一定意义上来讲，没有文化资源，就没有现代的文化产品和文化消费。可以说，文化资源是文化产品创意的源泉。

习近平总书记在党的二十大报告中指出，繁荣发展文化事业和文化产业。坚持以人民为中心的创作导向，推出更多增强人民精神力量的优秀作品，培育造就大批德艺双馨的文学艺术家和规模宏大的文化文艺人才队伍。党的二十大报告同时指出，未来五年是全面建设社会主义现代化国家开局起步的关键时期，主要目标任务之一是人民精神文化生活更加丰富，中华民族凝聚力和中华文化影响力不断增强。我们要坚持马克思主义在意识形态领域指导地位的根本制度，坚持为人民服务、为社会主义服务，坚持百花齐放、百家争鸣，坚持创造性转化、创新性发展，以社会主义核心价值观为引领，发展社会主义先进文化，弘扬革命文化，传承中华优秀传统文化，满足人民日益增长的精神文化需求，巩固全党全国各族人民团结奋斗的共同思想基础，不断提升国家文化软实力和中华文化影响力。

2. 文化资本已成为现代社会的一种重要的资本形式

资本化是当代社会的突出特征，在当代社会，资本已经成为资源的一种转化形式。文化资源的资本化，也体现了这一特点。资本的内涵已由过去的经济范畴向社会范畴和文化范畴延伸转化。法国社会学家布迪厄认为，当代社会有三种重要资本，即经济资本、社会资本和文化资本。他认为在这三种资本中，文化资本是处于经济资本和社

会资本之间的一种资本，它可以通过一定的方式转化为经济资本和社会资本，因此，文化资本已成为现代社会的一种重要的资本形式。文化经济的兴起与文化资本的出现密切相关，它的兴起使文化对社会生活的影响，不再局限于传统意义上的意识形态范畴，而是可以以资本的形式为社会带来直接的经济利益和价值，产生实际的效用。

3. 文化资源是文化生产力的重要基础

文化也是生产力，这在当今社会已成为人们的一种共识。文化生产力实际上是对文化资源加以有效整合和开发利用的结果，它对推动社会进步、增加社会财富产生了巨大的作用。

文化在过去长期被看作意识形态的东西，因而过去它的功能被理解得较为单一，人们仅从政治和教化角度去看待它的作用，因而它成为了一种政治需要和教育手段。而在今天，文化与经济的关系更加密切，文化产业在全球范围兴起就充分表明了这一点。

文化生产力的内涵是十分丰富的，它与一般生产力的不同就在于，文化生产力是一种通过"软实力"来实现对社会生活的影响的。这种影响直接或间接地影响政治、经济、文化、生活，最重要的是它以潜移默化的形式渗透到社会生活和人们的生产方式、生活方式以及思想观念之中。比如，法国在世界上的影响力除了经济因素和政治因素外，更重要的还在于文化因素。悠久的历史、灿烂的文明、辉煌的传统，不仅为法国留下了大量的文化资源，成为法兰西民族引以为荣的宝贵财富，也对法国社会经济发展起到了推动作用。法国之所以能成为世界旅游大国，原因就在于它的文化魅力和众多的文化遗产。法国是世界上文化资源最丰富的国家之一，很多游客都是因为向往法国文化而到法国去旅游观光的，文化资源已经成为法国一种重要的生产力资源。也正因为如此，法国是世界上最重视文化资源保护的国家，被称为"文化之国"。法国也是最重视文化发展战略的国家，政府每年都要投入大量资金和人力物力，按照"整旧如旧"的原则，精心维护和修复古建筑遗址、城堡、教堂和老街区，同时加强博物馆、档案馆、文化艺术中心的建设。

[章节小结]

本章重点学习了文化资源的概念和内涵，文化资源类型划分的方式，分析了文化资源不同于其他资源的特点，以及文化资源在现代社会的作用。人类对文化资源的认识是随着人类社会的发展而形成的。在当今社会中，随着文化产业的深入发展，文化资源的重要性变得越来越突出，认识和了解文化资源及其作用成为人们关注的重要问题。

[复习思考]

1. 什么是文化？西方和我国对文化的界定有何不同？
2. 文化资源具有哪些特点？了解文化资源的特点对文化资源的保护有什么意义？
3. 常见的文化资源分类的主要方式有哪些？

4. 划分文化资源类别的意义是什么？
5. 在现代社会文化资源的作用表现在哪些方面？

［参考文献］

［1］爱德华·泰勒. 原始文化［M］. 连树声，译. 上海：上海文艺出版社，1992.

［2］韩东屏. 文化究竟是什么？［J］. 山西师大学报（社会科学版），2021，48（6）：50-61.

［3］张胜冰. 文化资源学导论［M］. 北京：北京大学出版社，2021.

［4］吴圣刚. 文化资源及其特征［J］. 河南师范大学学报（哲学社会科学版），2002（4）：11-12.

［5］张胜冰. 文化资源与文化产业［M］. 长沙：湖南文艺出版社，2008.

［6］姚伟钧. 文化资源学［M］. 北京：清华大学出版社，2014.

［7］胡郑丽. 文化资源学［M］. 北京：光明日报出版社，2016.

［8］刘吉发，岳红记，陈怀平. 文化产业学［M］. 北京：经济管理出版社，2005.

［9］赵尔奎，杨朔. 文化资源学［M］. 西安：西安交通大学出版社，2016.

［10］程恩富. 文化经济学通论［M］. 上海：上海财经大学出版社，1999.

［11］王晨，章玳. 文化资源学［M］. 南京：南京大学出版社，2014.

［12］花建. 经济全球化与中国文化产业的资源开发战略［J］. 上海社会科学院学术季刊，2001（1）：129-138.

第二章

文化资源形态

■**学习目标**

通过本章的学习，达到以下学习目标：

➤熟悉并掌握物质与非物质文化资源的内涵与类型。

➤熟悉并掌握城市与乡村文化资源的内涵与类型。

➤熟悉并掌握民族与外来文化资源的类型与构成。

➤正确看待外来文化资源的存在及影响。

➤熟悉并掌握历史与智能文化资源的内涵与类型。

➤熟悉智能文化资源的产业化开发策略。

第一节　物质与非物质文化资源

■**学习目标**

通过本节的学习，达到以下学习目标：

➤熟悉并掌握物质文化资源的内涵与类型。

➤熟悉并掌握非物质文化资源的内涵与类型。

导入案例

都江堰的水物质文化与水精神文化

都江堰，位于四川省都江堰市城西，坐落在四川岷江之上，是世界上唯一一个年代最久、留存时间最长且仍在使用的无坝引水水利工程，被誉为是"世界水利文化的鼻祖"。2000年11月，都江堰与青城山一起被联合国教科文组织列入《世界遗产名录》。对于都江堰，世界遗产委员会是这样来评价它的："建于公元前三世纪，位于四川成都平原西部的岷江上的都江堰，是中国战国时期秦国蜀郡太守李冰及其子率众修建的一座大型水利工程，是全世界迄今为止，年代最久、唯一留存、以无坝引水为特征的宏大水利工程。"都江堰水利工程的修建，灌溉了成都平原，使成都平原成了沃野千里、时无荒年、不知饥馑的天府之国，成就了成都"天府之国"的美称，都江堰也成为了名副其实的天府之源。继2000年都江堰和青城山被评为世界文化遗产之后，2018年都江堰又成功被评为世界灌溉工程遗产，"双遗"的成绩离不开都江堰水利工程的灌溉，更离不开滋养这片沃土的千年水文化，水文化长久地根植于都江堰，也永久地浸润了成都平原。

都江堰的水文化历史悠久，表现形式多样，有水利工程遗产、治水设施、建筑物等显性形式，也有治水科学、水管理、水哲学、水文学等丰富的内涵，它们早已根植于都江堰经济社会生活的方方面面，对都江堰乃至成都平原都产生了巨大影响。

按照文化"两分法"，可将都江堰水文化分为水物质文化和水精神文化。

水物质文化，即水文化的物质层，它主要是指与水文化有关的各种产品、设施、建筑、工程、器物等显性存在形式。都江堰水物质文化的最典型代表就是都江堰水利工程，它是世界水利工程的鼻祖，也是年代最久远且以无坝引水为特征，保存完好至今仍然在发挥作用的伟大水利工程。可以说，都江堰这座城市因水而建，因堰而兴，水利工程便是都江堰市最响亮的名片，也是都江堰市最引以为豪的城市形象。提到水利工程，人们就会不假思索地联想到它的建设者李冰，因此李冰父子雕塑也成为了都江堰的城市标志，它威严矗立在都江堰市游客集散中心处，俨然成为了都江堰市的形象代言人，向人们诉说着开创都江堰水利工程所经历的艰辛历程，并展现了修建过程中所体现出来的古人智慧。李冰早已不仅仅是都江堰市民的精神领袖，更是来自五湖四海的游客不远千里来瞻仰的伟大水利学家。以水利工程和李冰为核心，衍生出一系列跟水文化有关的物质存在，如伏龙观、二王庙、秦堰楼、水文化博物馆等建筑物，还有玛槎、卧铁、笼石等治水设施，它们丰富了都江堰水物质文化的存在形式，也完善了都江堰的水文化内涵。

都江堰的水精神文化包含了水治理、水管理、水哲学、水文学、水神学等内容。李冰修建都江堰水利工程总结的治水"三字经"，迄今为止仍然是治水宝典，成为了人们研究古代水利工程的重要资料。李冰在2000多年前治理岷江水患所利用的弯道环流等水力学知识让现代水利学家为之惊叹，开凿宝瓶口时留下的"火烧玉垒山"等传奇故事让人们津津乐道又佩服不已。李冰治水过程中所体现的智慧和坚持不懈的精神成为了都江堰城市文化中最为重要的部分。随着全国河长制制度的推行，各地纷纷开始实行河长制管理地方水域资源。2019年都江堰在以往的河长制管理工作中增添了一项新举措，在河长制公示牌中展现河流历史、人文故事，动员群众参与河流故事的纠正、挖掘、投稿，让河流的故事深入人心，形成人人维护生态环境的良好氛围，体现都江堰市"人水合一"的历史文化，展现了都江堰源远流长的水管理文化。千百年来，都江堰人从水利工程总结出来的"天人合一""人水和谐""上善若水"等水哲学思想长久地影响着当地人的社会观念，与人为善，顺应自然成为了都江堰人的生活哲学。有关都江堰的大量诗歌、散文、绘画、摄影等文学作品极大地丰富了当地人的精神文化生活。大型活动"放水节"也成为了每年的标志性节日，吸引来自全国各地的人们前来祭拜李冰，了解都江堰水文化。可见，都江堰的水精神文化也是丰富多彩的。

资料来源：祁玲，朱自强. 都江堰水文化传承与发展研究［J］. 四川水利，2020，41（6）：157-160。

思考：

1. 都江堰水文化的物质文化资源有哪些？非物质文化资源有哪些？

2. 根据案例，试归纳物质文化资源和非物质文化资源有哪些类型，物质文化资源和非物质文化资源之间有何关系？

党的十八大以来，以习近平同志为核心的党中央高度重视文化资源工作，党的二十大报告提出"推进文化自信自强，铸就社会主义文化新辉煌"的重大任务，习近平总书记关于文化资源工作的系列重要论述立意高远、内涵丰富，深刻回答了文物以及文化遗产保护传承利用的一系列重大问题，深化了对新时代文化资源相关工作的规律性认识。

文化资源通常一方面以具体、可感的物质化和符号化的形式存在，一方面又以非物质的思想、意识、观念、道德、习俗、知识、信仰、文学、艺术等形式存在①。

一、物质文化资源

从表现形式上看，物质文化资源是指人类在长期物质生产活动中积累起来的一种带有鲜明物质文化属性的资料②。对人类社会来说，最主要的物质文化资源是围绕着人的物质生产层面和生活层面的衣食住行用等活动内容展开的。物质文化资源和天然的自然资源的区别在于：它带有文化的规定性和文化意义，而且是根据不同的文化传统创造的，不同的文化赋予它们不同的文化属性。

物质文化资源是以物质形态表现出来的一种文化类型和文化方式，是一个民族的物质文化基础，是文化产品的物质载体和文化生产的物质手段。物质文化资源按其在文化生产中的作用可分为两部分：一部分是经过开发利用可直接成为文化产品的物质资源，通常称为文化载体。它包括生产文化产品所需要的各种物质材料，如制作各种工艺品的玉石、陶瓷，印刷各种书刊的纸张，制作各种音像产品的材料，等等。这部分作为文化产品物质载体的资源，随着科学技术的发展，其范围和种类将会不断地得到拓展。另一部分是指经过人们的生产和建设后，作为文化生产的物质手段的各种资源，通常称为文化生产手段。它包括文化生产的各种用品和设施，如摄影摄像设备、舞台灯光设备、音响设备、书画用品及影院、剧场、文化宫、博物馆等等。这部分文化生产手段也将随着科学技术水平的发展和生产能力的提高日益丰富起来。

有形的物质资源是文化产业的基本载体，文化资源中的有形物质资源通常处于稳

---

① 费孝通. 反思·对话·文化自觉［J］. 北京大学学报（哲学社会科学版），1997（3）：15-22，158.
② 韩美群，周小芹. 近二十年来非物质文化遗产数字化传承研究回顾与展望［J］. 中南民族大学学报（人文社会科学版），2022，42（1）：65-74，184.

定状态，如江河湖海、山峰洞窟、居民楼宇等，虽然其会随着时间演进而有所变化，但在一定时期内大致是稳定的。我国有形的物质文化资源大致包括四个方面的内容：

一是富有特色的自然生态景观，如植被、湖泊、名山大川、园林、地质公园等。

二是富含历史文化内涵的遗址和文物，如名胜古迹、陶瓷、器皿、碑刻、历史人物故居及祠墓、各类纪念地等。

三是具有鲜明民族、地方特色的工艺、饮食文化资源，如苏、湘、粤、蜀四大绣品，鲁、蜀、湘、苏、浙、徽、粤、闽八大菜系等。

四是文化设施与设备资源，如图书馆、博物馆、体育场馆、电影院及其他各种公共文化服务设施与设备等。

世界遗产委员会建立的《世界遗产名录》将世界遗产分成自然遗产和历史文化遗产两个大类。历史文化遗产又细分成文物（从历史、艺术或科学角度具有突出的普遍价值的建筑物、碑雕和碑画，具有考古性质成分的结构、铭刻、窟洞及其联合体）、建筑群（从历史、艺术或科学角度看，在建筑式样、分布均匀或环境景色方面具有突出的普遍价值的独立或连接的建筑群）和遗址（从历史、审美、人种学或人类学角度具有突出的普遍价值的人类工程或人与自然的联合工程以及考古遗址地带）。收录在《世界遗产名录》中的文化遗产都是人类历史文明的优秀代表。

党的十八大以来，以习近平同志为核心的党中央引领中国文化和自然遗产保护事业不断发展，有力推动中外文明交流互鉴。中国的不懈努力与大国担当受到国际社会的广泛关注和称赞。2023年国务院政府工作报告强调"加强文物和文化遗产保护传承"。把文物保护好、传承好、利用好，是推动文化自信自强、铸就社会主义文化新辉煌的重要内容。党的二十大期间，习近平总书记赴陕西省延安市和河南省安阳市考察时指出，"要通过文物发掘、研究保护工作，更好地传承优秀传统文化"。文物和文化遗产承载着中华民族的基因和血脉，是不可再生、不可替代的中华优秀文明资源。我们要让更多文物和文化遗产活起来，营造传承中华文明的浓厚社会氛围；要积极推进文物保护利用和文化遗产保护传承，挖掘文物和文化遗产的多重价值，传播更多承载中华文化、中国精神的价值符号和文化产品。2023年4月25日，国家主席习近平向亚洲文化遗产保护联盟大会致贺信。

每年6月的第二个星期六是"文化和自然遗产日"。文化和自然遗产日源自文化遗产日，为中国文化建设重要主题之一，体现了党和国家对保护文化遗产的高度重视和战略远见。1985年，我国正式加入《保护世界文化和自然遗产公约》，对国际社会做出了"为全人类妥善保护中国境内世界遗产"的承诺。截至2022年10月，我国已申报成功世界遗产56处①，总数排名全球第二。这56处世界遗产共分为四大类，具体数量和经典代表包括：第一类，文化遗产34处，以长城为代表；第二类，自然遗产14处，以九寨沟为代表；第三类，自然与文化双遗产4处，以黄山为代表；第四类，文化景观遗产4处，以西湖为代表。这些遗产包括长城、明清皇宫（北京故宫、沈阳故宫）、泰山、莫高窟、秦始皇陵及兵马俑坑、周口店北京人遗址、黄山、承德避暑山庄

---

① 盛玉雷. 让文化和自然遗产绽放新光彩[EB/OL].（2022-06-10）[2023-05-30]. https://m.gmw.cn/baijia/2022-06/10/35800382.html.

及周围庙宇、曲阜孔庙孔林孔府、武当山古建筑群、拉萨布达拉宫历史建筑群、庐山国家公园、峨眉山风景名胜区、平遥古城、苏州古典园林、丽江古城、颐和园、北京天坛、武夷山、大足石刻、青城山—都江堰、皖南古城（西递和宏村）、龙门石窟、明清皇家陵寝、云冈石窟、云南保护区的"三江并流"、中国安阳殷墟、开平碉楼与村落、福建土楼、河南"天地之中"历史建筑群、内蒙古元上都遗址、中国大运河和丝绸之路中国段等。这些文物、遗址与景观，穿越历史烟尘，多方面展示了我国的悠久历史和灿烂文化，成为引人注目的重要文化资源。

二、非物质文化资源

非物质文化资源与物质文化相对，亦可称作为精神文化资源。精神世界是人类对生活的永恒追求，对创造价值的肯定，对世界意义的理解，以及相应表现出来的思想、思维、意识、情感、信仰、知识、才能、哲学、文学艺术、伦理、想象力等精神活动。

非物质文化资源是人类精神活动的产物，反映出人类精神世界的特点，人类物质文化在很大程度上受到精神文化的影响，有什么样的精神文化，就会有什么样的物质文化；反之，物质文化内容又会制约精神文化的发展。精神文化资源存在于人类社会生活之中，是在人类社会发展的历史过程中形成和发展的。它通过人们的文化劳动被发掘出来，借助于一定的物质文化手段，成为文化产品的主要内容。

对这种文化资源开发和利用的程度，主要取决于人的素质的高低，以及从事文化生产的劳动者的数量和质量。人类社会生活的发展不断丰富着精神文化资源，人们对精神文化资源的开发利用创造出日益丰富的文化产品，又进一步推动着人类社会生活水平和人的素质的全面提高，从而推动对精神文化资源的开发和利用不断向深度和广度发展。人类社会就是在物质文化和精神文化的相互作用中不断走向完善的。

非物质文化遗产是历代先民创造的极其丰富和珍贵的文化财富，是一个民族的民族精神、民族情感、个性特征以及凝聚力与亲和力的重要载体，是一种重要的精神文化资源[①]。它所包含的口传作品、民族语言、民间表演艺术、风俗礼仪、节庆、美术、音乐及乐器和传统手工艺技能等，无不凝聚着人类文化记忆的点点滴滴。这些文化记忆由于年代的久远、时事的变迁以及自身生存发展的需要，与其最初的形态已经相去甚远，人们今天所见的非物质文化遗产在很大程度上已经趋于符号化了。换言之，非物质文化遗产作为人类文化的"活的记忆"，所呈现出的是各种文化符号的活态聚合。非物质文化遗产所蕴含的丰富文化符号可以成为发展文化产业的文化资源，为文化产品的符号价值的生产提供原材料。人们利用各类传统节日可以发展旅游业；各种民间戏曲可以进入演出市场，实行产业化运作，各种民间服饰中的民族元素可以进入纺织业，提升我国纺织产品的竞争力。这些都使非物质文化遗产的产业化运作成为可能。但并非所有的文化符号都可以转化为符号价值，只有那些具有独特性、具有文化视差作用的文化符号才能成为促进文化产业发展的文化本源。非物质文化遗产，因其在人类历史中的不可复制性而呈现的独一无二性，使其成为促进文化产业发展的重要文化资源。

---

① 高丙中. 非物质文化遗产：作为整合性的学术概念的成型 [J]. 河南社会科学，2007（2）：15-17.

2022 年 12 月 12 日，习近平总书记对非物质文化遗产保护工作作出重要指示，强调扎实做好非物质文化遗产的系统性保护，推动中华文化更好走向世界。截至 2022 年 12 月底，我国共有 43 个项目列入联合国教科文组织非物质文化遗产名录、名册，居世界第一。党和国家强调，我们要扎实做好非物质文化遗产的系统性保护，更好满足人民日益增长的精神文化需求，推进文化自信自强；要推动中华优秀传统文化创造性转化、创新性发展，不断增强中华民族凝聚力和中华文化影响力，深化文明交流互鉴，讲好中华优秀传统文化故事，推动中华文化更好走向世界。

要想提高我国国家文化软实力，夯实国家文化软实力的根基，关键一点就是要深入开展社会主义核心价值体系学习教育，努力传播当代中国价值观念。以社会价值观为核心的民族精神、人文精神和科学精神在我国的历史进程中发挥着核心作用，我国博大精深的精神文化创造是文化产业取之不尽、用之不竭的智慧源泉，它不仅是文化产业区别于其他产业的重要特征，也是文化产业独有的精神气质根本。因此，我们要广泛开展理想信念教育，大力弘扬民族精神和时代精神，讲好中国故事，传播好中国声音，阐释好中国特色，以推动文化事业全面繁荣、文化产业快速发展，不断丰富人民的精神世界、增强人民的精神力量，不断增强我国文化整体实力和竞争力，朝着建设社会主义文化强国的目标不断前进。

我国丰富的无形精神文化资源包括以下五个大系：

1. 优良的精神传统资源

优良的精神传统资源通常是指在长期的社会发展和文化发展过程中形成的独具特色的认知传统（包括知识、道德和宗教传统）、思维方式、生活方式和精神风貌等。中国历史上灿若繁星的哲学家、政治家、军事家、科学家和文学艺术家，他们以非凡的才智和杰出的成就筑就了中国历史的不朽丰碑。其中包括深邃的思想以及道德境界，例如，"先天下之忧而忧，后天下之乐而乐"的崇高品质；"天下兴亡，匹夫有责"的爱国精神；"天下为公"的大同思想；不畏强暴、英勇不屈的反抗斗争精神；"学、问、思、辩、行"结合的教育思想等。再如，我国传统儒家思想中"为仁""敬德""诚信""忠恕""孝悌""知勇""义耻"的道德教化；《大学》中"在明明德，在亲民，在止于至善"和"格物、至知、正心、诚意、修身、齐家、治国、平天下"的政治抱负；"敢为天下先"的创新精神；"海纳百川、兼收并蓄"的博大精神，以及大量的历史传说和故事等。这些民族精神的印记构成了我国当代发展文化产业的基础性的优质资源，值得深度挖掘和开发。

[资料链接]

"中国精神"——民族精神与时代精神

实现中华民族伟大复兴的中国梦，必须弘扬中国精神，这就是以爱国主义为核心的民族精神和以改革创新为核心的时代精神。中国精神贯穿于中华民族五千年历史、积蕴于近现代中华民族伟大复兴历程，特别是在中国的快速崛起中迸发出来的具有很强的民族集聚、动员与感召效应的精神及其气象，是中国文化软实力的重要显示。经梳理，中华民族精神与时代精神的具体内容如表2-1所示。

表2-1　中华民族精神与时代精神梳理

时期	中国精神	简介
革命时期	五四运动精神	五四运动精神是"爱国、进步、民主、科学"的伟大精神。核心是伟大的爱国主义。爱国主义是中华民族精神的核心，是中华民族团结奋斗、自强不息的精神纽带
	井冈山精神	井冈山精神是指以毛泽东、朱德为代表的中国共产党人在创建井冈山革命根据地、开辟井冈山革命道路过程中所培育和发扬的革命精神。它是具有原创意义的民族精神，是中国共产党人宝贵的精神财富，是中国共产党优良革命精神传统的源头。实事求是，敢闯新路是它的核心；坚定信念、艰苦奋斗是它的灵魂；依靠群众、勇于胜利是它的基石；相信群众、依靠群众是它的根本。在建设中国特色社会主义新时代，井冈山精神仍具时代价值。坚定的革命信念，自力更生，英勇奋战，百折不挠，艰苦奋斗。其中坚定的革命信念是这一精神的主题，体现了井冈山精神的最显著特征
	长征精神	长征精神就是把全国人民和中华民族的根本利益看得高于一切，坚定革命的理想和信念，坚信正义事业必然胜利的精神；为了救国救民，不怕任何艰难险阻，不惜付出一切牺牲的精神；坚持独立自主、实事求是，一切从实际出发的精神；顾全大局、严守纪律、紧密团结的精神；紧紧依靠人民群众，同人民群众生死相依、患难与共、艰苦奋斗的精神。长征精神就是乐于吃苦，不惧艰难的革命乐观主义；勇于战斗，无坚不摧的革命英雄主义；重于求实，独立自主的创新胆略；善于团结，顾全大局的集体主义。其主题是"一不怕苦，二不怕死"，其最显著的特点就是革命英雄主义精神。长征精神，是中国共产党人及其领导的人民军队革命风范的生动反映，是中华民族自强不息的民族品格的集中展示，是以爱国主义为核心的民族精神的最高体现
	南泥湾精神	1941年前后，日本帝国主义的"扫荡"和国民党反动派的封锁包围及严重的自然灾害，使抗日根据地出现了极端困难的局面。中国共产党提出了"发展经济，保障供给"的方针，开展了大生产运动。八路军三五九旅开进南泥湾屯垦。经过艰苦奋斗，南泥湾成了陕北"好江南"
革命时期	延安精神	延安精神是中国共产党在延安整风运动和大生产运动中形成的。1942年12月，毛泽东在陕甘宁边区高级干部会上，第一次提出了延安精神。延安精神是：自力更生、艰苦奋斗的精神；全心全意为人民服务的精神；理论联系实际、不断开拓创新的精神；实事求是的精神。延安精神的主要内涵是：坚定正确的政治方向，解放思想、实事求是的思想路线，全心全意为人民服务的根本宗旨，自力更生、艰苦奋斗的创业精神。其核心和主题就是"自力更生，艰苦奋斗"。延安精神是全心全意为人民服务的精神。中国共产党把为中国最广大人民谋利益作为自己的根本宗旨，在延安时期响亮地提出了"为人民服务"的口号并在全党认真实践。延安精神是理论联系实际、不断开拓创新的精神。延安时期，我党总结正反两方面经验，成功地推进马克思主义中国化，在理论上实现第一次历史性飞跃
	抗战精神	中国人民在抗日战争的壮阔进程中孕育出伟大抗战精神，向世界展示了天下兴亡、匹夫有责的爱国情怀，视死如归、宁死不屈的民族气节，不畏强暴、血战到底的英雄气概，百折不挠、坚忍不拔的必胜信念。伟大抗战精神，是中国人民弥足珍贵的精神财富，将永远激励中国人民克服一切艰难险阻、为实现中华民族伟大复兴而奋斗
	西柏坡精神	西柏坡精神是中共中央在西柏坡时期产生的，是一种体现中国革命伟大历史性转折时期下的革命精神，其基本内涵是："两个敢于"（敢于斗争、敢于胜利）的开拓进取精神；"两个坚持"（坚持依靠群众，坚持团结统一）的民主精神；"两个善于"（善于破坏旧世界，善于建设新世界）的科学精神；"两个务必"（务必保持谦虚谨慎、不骄不躁的作风，务必保持艰苦奋斗的作风）的创业精神。

表2-1(续)

时期	中国精神	简介
社会主义建设时期	北大荒精神	北大荒精神是"艰苦奋斗、勇于开拓、顾全大局、无私奉献。"20世纪50年代末,中国人民解放军10万转业官兵,按照党中央"屯垦戍边"的方针,开赴地处黑龙江省荒无人烟的北大荒。经过三代人的艰苦创业,建成了中国耕地规模最大、机械化程度最高的国营农场群,成为国家重要的商品粮基地、农副产品精深加工基地和外贸出口基地,成为举世闻名的"北大仓"。北大荒精神正是在这特定的自然环境和特定的历史条件下形成和发展起来的,集中体现了"北大荒人"这个英雄群体高明的政治觉悟、崇高的思想境界、严谨的工作作风和奋发向上的精神风貌
	红旗渠精神	红旗渠动工于1960年,三十万林州人民,苦战十个春秋,仅仅靠着一锤一铲、两只手,在太行山悬崖峭壁上修成了全长1 500公里的红旗渠,结束了十年九旱、水贵如油的苦难历史,孕育了"自力更生、艰苦创业、团结协作、无私奉献"的红旗渠精神
	雷锋精神	雷锋精神就是共产主义精神,是我国工人阶级和劳动人民高贵品质的生动反映,也是我党我军优良传统的具体体现。它的实质是:忠于共产主义和社会主义事业,毫不利己,专门利人,全心全意为人民服务,"把有限的生命投入到无限的为人民服务之中去",做一个平凡而伟大的共产主义战士。周恩来同志曾对雷锋精神作了全面而精辟的概括,即"憎爱分明的阶级立场,言行一致的革命精神,公而忘私的共产主义风格,奋不顾身的无产阶级斗志"
	"两弹一星"精神	"热爱祖国、无私奉献,自力更生、艰苦奋斗,大力协同、勇于登攀"的"两弹一星"精神,象征了中华民族自力更生,在艰难条件下集中力量从事科学开发研究,并创造"科技奇迹"的态度与过程,成为中华民族的宝贵精神财富。"两弹一星"精神,是爱国主义、集体主义、社会主义精神和科学精神鲜活的体现,是中国人民在20世纪为中华民族创造的新的宝贵精神财富。在20世纪五六十年代极不寻常的时期,中国面对当时严峻的国际形势,为了抵御帝国主义的武力威胁和打破大国的核讹诈、核垄断,尽快增强国防实力,保卫和平,决定研制"两弹一星"(原子弹、导弹和人造卫星)。经过几代人的不懈努力,中国已成为少数独立掌握核技术和空间技术的国家之一,并在某些关键技术领域走在世界前列。1999年9月18日,在表彰为研制"两弹一星"做出突出贡献的科学家大会上,阐述了"两弹一星"的伟大精神。"两弹一星"精神是爱国主义、集体主义、社会主义精神和科学精神的体现,是中国人民在20世纪为中华民族创造的新的宝贵精神财富
改革开放新时期	抗洪精神	抗洪精神是全国军民以前所未有的凝聚力,战胜1998年长江、嫩江、松花江等地区特大洪水而形成的崇高精神。抗洪精神是"万众一心、众志成城,不怕困难、顽强拼搏,坚忍不拔、敢于胜利"。抗洪精神的实质是,以公而忘私、舍生忘死的共产主义精神为灵魂;以人民利益、国家利益、全局利益至上的大局意识为核心;以团结一致、齐心协力,"一方有难、八方支援"的社会主义大协作精神为纽带;以不怕困难、不畏艰险、敢于胜利的革命英雄主义精神为旗帜;以自强不息、贵公重义、艰苦奋斗、同舟共济、坚忍不拔、自尊自励等传统美德为血脉和营养
	抗震救灾精神	抗震救灾精神是万众一心、众志成城,不畏艰险、百折不挠,以人为本、尊重科学的抗震救灾精神,是爱国主义、集体主义、社会主义精神的集中体现和新的发展。抗灾精神是团结、坚持、拼搏的人类精神,是"中国精神"的鲜活表现。面对灾难,中国人没有屈服,在党中央的坚强领导下,全国人民的力量汇集成大爱的力量,而大爱的力量源自一种精神,一种无私的精神、友爱的精神、奉献的精神、互助的精神,那就是"中国精神"。重建家园,渡过难关。无私奉献,大爱无疆的奉献精神,感染了每一位中国人的心灵。一方有难,八方支援,是中华民族的历史传统

表2-1(续)

时期	中国精神	简介
改革开放新时期	特区精神	特区精神是敢闯、敢冒、敢试、敢为天下先的改革精神,是奋发有为、只争朝夕的创业精神,是自立、自强、自信的拼搏精神,是团结友爱、扶贫济困的互助精神,是诚实守信、廉洁奉公的奉献精神,是爱岗敬业、健康文明的人文精神,是公正严明、规范有序的法治精神,是崇尚知识,完善自我的学习精神,是公开透明的民主精神,是面向世界的开放精神。兴办经济特区,是我们党和国家为推进社会主义改革开放和现代化建设作出的重大决策。1980年8月,国务院正式批准成立深圳经济特区,这是中国成立的第一个经济特区。中国的经济特区不仅创造了举世惊叹的物质文明奇迹,也创造了支撑特区经济迅速崛起的特区"十大精神"。2000年8月,在庆祝深圳经济特区成立20周年之时,提出了特区"十大精神"
	北京奥运精神	北京奥运精神是为国争光的爱国精神、艰苦奋斗的奉献精神、精益求精的敬业精神、勇攀高峰的创新精神、团结协作的团队精神。这是2008年北京奥运会留给我们的宝贵精神遗产
	载人航天精神	"特别能吃苦、特别能战斗、特别能攻关、特别能奉献"是对载人航天精神的高度概括,这一精神是我国航天领域取得辉煌成就的巨大动力,也是我们党、国家和军队宝贵的精神财富。"特别能吃苦",体现了我党我军艰苦奋斗的优良传统;"特别能战斗",是我党我军长期实践中形成的特有优势,是战胜困难、夺取胜利的重要法宝;"特别能攻关",是勇于探索、勇于创新精神的生动体现,是抢占科技制高点的重要保证;"特别能奉献",是我党我军根本宗旨的集中表现,也是共产党员和革命军人应有的精神风貌。载人航天精神具有丰富的思想内涵和鲜明的时代特征,它是"两弹一星"精神的传承和升华,是伟大民族精神的延伸和扩展

"中国精神"在迎接挑战中彰显、升华和创新;坚强、自信、友爱、奉献,正是"中国精神"新的代表。依靠"中国精神",我们取得抗震救灾斗争的伟大胜利;依靠"中国精神"我们,成功举办北京奥运会、上海世博会等一系列国际盛会;依靠"中国精神",我们成功抵御住了国际金融危机的冲击……"中国精神"越来越成为我们应对危机的强大动力。坚守信念,传承精神,是一个民族成熟的标志。传承"中国精神"是一场没有终点的接力。在未来道路上,"中国精神"就像一盏灯,引领中华民族在复兴之路上阔步前进,开创更加美好的明天。

资料来源:中央编译出版社党史百科. baike.baidu.com/item/中国精神/16606670? fr=ge_ala。

2. 通过文化艺术体现出的艺术审美资源

通过文化艺术体现出的艺术审美资源在我国也极其丰富,例如,道家思想中对人与自然和谐共生的审美理念的追求;佛教通过石窟壁画、佛雕像以及绘画、工艺美术等,向世人传达出的海纳百川、仁慈博爱、超凡而又入世的精神内核;《诗经》代表的现实主义气质;《离骚》体现的楚汉浪漫主义精神;"魏晋风度"的飘逸与洒脱;"盛唐之音"显示出来的慷慨襟怀;宋元山水画的笔墨意境;明清市民文学的现实主义与上流社会浪漫主义的争鸣等。再如,陶瓷艺术中折射出的民族心理、精神和性格的发展与变化:"唐三彩"所表现的那种激扬慷慨、瑰丽多姿、壮阔奇纵、恢宏雄峻的格调,正是唐代那种国威远播、辉煌壮丽、热情焕发的时代之音的生动再现;宋代陶瓷艺术的俊丽清新,正是那个时代审美习尚、哲学观念的反映;明清时陶瓷艺术的斑斓与柔丽,亦是社会生活与审美观念使然。

3. 民俗风情资源

民俗风情资源包括生活生产习俗、社交礼仪习俗、岁时节令习俗和信仰习俗等。在长达数千年的历史长河中，我国各族人民在辽阔的土地上继承和创造了丰富多彩的民俗文化，正可谓"十里不同音，百里不同调，隔山不同风，过水不同俗"。其中传统民俗节庆，包含如端午赛龙舟、壮族"三月三"歌会、每年藏历七月一日的西藏雪顿节、祭敖包节等；现代民俗节庆，如孔子文化节、哈尔滨冰雪节、绍兴兰亭书法节、潍坊国际风筝会、丰都"鬼城"庙会等；各地的习俗风尚，如陕西八大怪、云南十八怪等。

4. 品牌资源

品牌资源品牌名称、品牌标志和商标三个要素。一个品牌不仅仅是一个产品的标志，更多的是产品质量、性能、满足消费者效用的可靠程度的综合体现。它代表着企业的形象，凝结着企业的科学管理、市场信誉、追求完美的精神文化内涵，决定和影响着产品的市场结构与服务定位。品牌资源化在我国已成为一种趋势。如在品牌的初创及成长阶段，品牌的存在可使员工产生凝聚力，能够吸引更多的品牌忠诚者，随着企业的不断发展，品牌也不断成长，成为一笔巨大的无形财富。可以说，品牌是企业最大的财富，品牌就是价值。

[资料链接]

华为的"狼性"企业文化

华为非常崇尚"狼"，认为狼是企业学习的榜样，要向狼学习"狼性"，狼性永远不会过时。任正非说：发展中的企业犹如一只饥饿的野狼。狼有最显著的三大特性，一是敏锐的嗅觉，二是不屈不挠、奋不顾身、永不疲倦的进攻精神，三是群体奋斗的意识。同样，一个企业要想扩张，也必须具备狼的这三个特性。

作为最重要的团队精神之一，华为的"狼性文化"可以用这样的几个词语来概括：学习，创新，获益，团结。用狼性文化来说，学习和创新代表敏锐的嗅觉，获益代表进攻精神，而团结就代表群体奋斗精神。狼能够在比自己凶猛强壮的动物面前获得最终的胜利，原因只有一个：团结。即使再强大的动物恐怕也很难招架得了一群早已将生死置之度外的狼群的攻击。所以说，华为团队精神的核心就是互助。

华为打造自己的营销铁军有五招。具体内容如下。

第一招：塑造"狼性"与"做实"企业文化。华为是一个巨大的集体，截至2022年年底，华为全球员工总数约20.7万，来自全球162个国家和地区。二十多年来，华为取得的业绩是骄人的，在中国企业史上可谓是独一无二的例子。华为需要一种精神把这样的一个巨大而高素质的团队团结起来，使企业充满活力。华为找到的答案就是团队精神——"狼性"。华为团队精神的核心就是互助。

第二招：选择良才。华为招聘员工的方法主要有两种方法，一种是社会招聘，另一种就是校园招聘。对于营销人员来说，华为更热衷于用校园招聘的方式进行人才的选拔。华为的校园招聘是很专业的，已经形成了自己的招聘模式。

第三招：魔鬼培训。进入华为的新员工都要接受华为的培训，对于新员工来说，华为的培训过程就是一次"再生"的经历。华为已经形成了自己的培训体系。在深圳，华为有自己的培训学校和培训基地。华为的所有员工都要经过培训，且考核合格后才可以上岗。华为有自己的网上学校，通过这个在线虚拟学校，华为可以在线为分布在全世界各个地方的华为人进行培训。华为的培训有如下特征：培训成为一种习惯；培训系统化，有专门培训岗位和培训师；培训有计划；培训成为一种投资；华为培训的教材自己编写；培训的效果有严格的考核评估。

第四招：制度化用人。经过魔鬼培训的新员工，基本上具备了业务人员的基本素质，缺乏的就是实践经验。华为这个时候把通过培训的新销售人员直接派往分布在全球各地的华为分公司或办事处，让他们在市场一线展示自己的才华和接受实践的锻炼。

第五招：有效激励。华为为了保证一线人员永葆活力，对销售一线人员的激励也是大手笔。在华为，一个优秀的销售人员不单单可以得到华为的物质激励，还可以得到精神激励。当然二者在华为是有机结合的，激励也是华为"做实"作风的体现。物质和精神上的激励保证了华为的营销团队永远精力充沛，在战场上充满了战斗力。

从培养"狼性"到维护"狼性"，从"讲到"企业文化到"做实"企业文化，华为营销人员用自身的发展经历证实了"狼性"与"做实"的难得，从而塑造了企业品牌文化。

资料来源：《向优秀学习：华为打造铁军五招》zhuanlan.zhihu.com/p/683031765。

5. 人类口头和非物质文化遗产资源

根据《保护非物质文化遗产公约》（以下简称《公约》）定义，非物质文化遗产指被各社区、群体，有时为个人，视为其文化遗产的各种社会实践、观念表达、表现形式、知识、技能及其有关的工具、实物、手工艺品和文化场所。各个群体和团体随着其所处环境、与自然界的相互关系和历史条件的变化不断使这种代代相传的非物质文化遗产得到创新，同时使他们自己具有一种认同感和历史感，从而促进了文化多样性，提升了人类的创造力。《公约》中将非物质文化遗产分为五类：口头传统和表现形式，包括作为非物质文化遗产媒介的语言；表演艺术；社会实践、仪式、节庆活动；有关自然界和宇宙的知识和实践；传统手工艺。《公约》中指出，非物质文化遗产概念中的非物质性的含义，是与满足人们物质生活基本需求的物质生产相对而言的，是指以满足人们的精神生活需求为目的的精神生产这层含义上的非物质性。所谓非物质性，并不是与物质绝缘，而是指其偏重以非物质形态存在的精神领域的创造活动及其结晶。

[资料链接]

土家族口述历史文化资源

在文字发明之前，口传身授作为社会记忆传递最主要的方式。土家族口述历史文化资源作为我国民族宝贵的文化遗产之一，它能够完整地展现出土家族的发展历史，并且有效弥补正史中所存在的不足之处。

根据第七次全国人口普查结果，土家族作为我国人口排名第八的民族，人口共计

959万人。土家族作为一个内陆山地民族，外来文化对其产生的冲击较小，因此其具有丰富、完整、独立的文化内容。土家族作为一个只有语言记录而缺乏文字记载的民族，在文化传承过程中，采用口传身授的模式，这就使得土家族口述历史文化资源内容丰富、种类繁多。

一、土家族口述历史文化资源种类

（一）民族语言

土家族拥有属于自己的语言，而土家语也属于汉语族。土家语中有着丰富的词汇，在构词方面也呈现出丰富多样的特点，语调上与唐末语言存在相似性。利用土家族语言所传承的故事、山歌、神话更是数不胜数。目前在湖南的多个地方，都保留着土家语，并且还有部分土家人会选择用土家语唱山歌、哭嫁。

（二）宗教信仰

土家族仍处于原始宗教崇拜的阶段，白虎对于土家人来说有着举足轻重地位。土家人称自己为白虎之后，逐渐形成白虎崇拜、自然崇拜、祖先崇拜、英雄崇拜等多种崇拜方式。

（三）手工技艺

土家族的手工工艺多种多样，包括织锦、蜡染、剪纸、绘画、雕刻等多种方式。织锦作为土家族传统纺织品中的代表，又被称为"西兰卡普"，土家语"卡普"的意思是花，"西兰"意思为铺盖，也就是"土花铺盖"。其通常由黑、白、黄、红、蓝五种颜色编织而成，图案棱角分明。

二、土家族口述历史文化资源价值

土家族口述历史文化资源，作为土家族先民的智慧结晶，更是为研究与认识土家族生活生产方式提供了参考，可以重现其民族发展轨迹，并且有效弥补正史中的不足，在复原历史方面有着文献资料、其他档案难以替代的价值。

（一）独特性

土家族的毛古斯作为中国舞蹈与戏曲的源头，能够在研究土家族的宗教、民俗、文化、经济等多种方面提供宝贵资源。土家族的"梯玛神歌"、"梯玛铜铃舞"对研究土家族的歌舞起源、祖先崇拜等方面有着较高价值。

（二）原生性

土家族中的口述历史资源具备原生性，比如土家族的织锦，经过多年的发展与传承，图案纹样可以高达百种，具备丰富的文化内涵，能够呈现出其原生态的特点，成为民间织锦的代表。同时，土家的摆手歌、山歌、吹奏乐器等都是原汁原味的民族文化遗产。

三、土家族口述历史文化资源现状

土家族口述历史文化资源作为我国历史文化资源中的重要基石，对于土家族所在地区有着深远影响。土家族口述历史主要是采用言传身教、口传心授等方式，并且广泛流传于民间。随着时代不断发展，传统文化衰落与文化环境出现破坏情况，导致大部分土家族人已经开始抛弃本民族语言。在改革开放初期阶段，仅武陵山地区，约有50万人可以利用土家语进行交流。但是目前来看，只有湘西偏远土家山寨，仍保留土家语，由此可知，土家语在传承过程中已处于濒危状态。与此同时，土家的"梯玛神歌""毛古斯舞对白"等，随着土家语的日渐濒危，这些珍贵的民族口述历史也受到了很大的影响。

资料来源：彭燕. 武陵山区土家族历史文化资源的传承与抢救研究 [J]. 图书馆学研究，2011（6）：37-39.

中国作为拥有五千年历史的大国，在非物质文化资源方面具有丰厚的积累，民间文化中的口头文学、神话、史诗、语言、民歌、民间艺术、民俗文化、民俗礼仪、民间手工艺术、民居建造术等均是口头的非物质的文化。中国民间文化源远流长，深入人心，其生产习俗、节庆习俗、婚丧习俗、饮食习俗都具有鲜明的地域性、传承性、独特性，有许多元素为我国所特有。我国的昆曲艺术、古琴艺术、木卡姆艺术，以及与蒙古国联合申报的蒙古族长调民歌分别列入了联合国教科文组织第三批"人类口头和非物质遗产代表作"，成为世界上入选"人类口头和非物质遗产代表作"最多的国家之一。

从某种程度上说，非物质的无形的东西往往比物质的有形的东西更加重要。无形的精神文化资源包括了人类的情感，包含着难以言喻的意义和不可估量的价值。一个民族的精神文化往往蕴藏着传统文化的最深的根源，保留着形成该民族文化的原生状态以及该民族特有的思维方式等。因此，文化产业应该有效地使用这些宝贵的文化资源，使其成为发展文化产业的文化宝库。

三、物质文化资源与非物质文化资源之间的关系

物质文明是精神文明的基础，精神文明是物质文明的主导。那么，物质文化资源与非物质文化资源二者之间有什么关系呢？

1. 互存关系

物质文化资源和非物质文化资源同时存在。哲学的观点里，矛盾双方是对立统一的。在创造物质文化资源的同时，非物质文化资源也已产生，物质文化资源和非物质文化资源是互相依存的关系。

2. 互补关系

物质文化资源与非物质文化资源的关系是互补的。通过认识物质文化资源获得启发，人类可以对非物质文化资源进行整理与塑造；通过对非物质文化资源的整理与塑造，人类又可以完善物质文化资源体系，使之完善、完美。

3. 水乳交融的关系

物质文化资源，作为一种能为人们看得见、摸得着的客观存在物，包含了创造者和使用者的价值观念、审美观念以及其他的社会寓意，是沉淀了一定文化观念的物质存在物，而非物质文化资源，也只有通过物化的形态才能体现出来，即所谓的"人创造了环境，环境也创造了人"。物质文化资源与非物质文化资源交织在一起，很难将其区分开来。比如校园文化中一块佩戴在胸前的校徽，它没有什么实用的价值，但却是一个学校形象的浓缩，它同样能起到规范学生行为的作用。又如统一的校服，除它的实用价值、审美价值之外，对于培养学生的集体主义、爱国主义观念也有着不可替代的作用。这些细小方面的东西，既以物化的形态存在，又以其独特的风格和文化内涵影响着学校的校风与学风，既是物质文化的标志，又是非物质文化的体现，二者水乳交融，密不可分。

总之，物质文化资源与非物质文化资源之间是一种相互依存、相互促进、水乳交融、客观联系的关系。物质文化必然体现非物质文化，非物质文化必然深化、丰富物质文化。

[资料链接]

剑门蜀道的物质文化资源与非物质文化资源

蜀道是中国交通史上开通最早、使用时间最长的古道，是保存至今人类最早的大型交通遗存之一，比古罗马大道的历史还要久远。蜀道广义上泛指入川的交通要道，包括经过长江三峡的交通线路，南方丝绸之路（茶马古道、蜀身毒道），自汉中入蜀的金牛道、米仓道、荔枝道等，自甘肃入蜀的阴平道以及蜀地范围内的道路。狭义是指连接古代秦蜀之间的道路，即川陕蜀道，主要为以汉中盆地为中间站的"北四南三"。"北四"指陈仓道、褒斜道、傥骆道、子午道，"南三"指金牛道、米仓道、荔枝道。通常学术研究中提到的"蜀道"都是用的狭义的概念。结合申遗工作，现已梳理出 8 条蜀道，完成线路走向、修筑特点等相关数据的收集。这 8 条道路的大致走向都是南北贯通秦蜀，但不同道路范围的山系不同而有所区别，详见表 2-2。

表 2-2　蜀道线路构成

线路名称	线路走向	穿越屏障
陈仓道	由宝鸡过大散关，经凤县至勉县茶店出口	穿越秦岭的 4 条蜀道（自西向东）
褒斜道	由关中眉县斜谷入山，从汉中褒谷口出山	
傥骆道	由关中周至进山，至洋县傥水口出山	
子午道	由长安县南子午镇进山至安康石泉出山	
金牛道	由勉县西行经宁强县入川	穿越大巴山和米仓山的 3 条蜀道（自西向东）
米仓道	由汉中南行经朱家坝（今碑坝）进入四川	
荔枝道	由镇巴县至万源市道路，因涪陵曾为杨贵妃送荔枝而得名	
阴平诮	起于阴平都，即今甘肃文具的鸪衣坝（文县老县城所在）到达平武县的江油关	摩天岭

表格来源：笔者根据资料整理。

其中，因悠久的历史和深厚的文化底蕴，沿袭古今的金牛道成为最重要的干道。金牛道是剑门蜀道的古称，始通于战国时期，秦汉时期便作为关中入蜀的官道，是蜀道文化资源最富集、保存最完整的区域。金牛道又称"石牛道""剑阁道"，承接"褒斜道"具有"五丁开道""石牛粪金"等相关典故。广义上的剑门蜀道从五丁峡出发，沿七盘关、龙门阁、明月峡、昭化古城、剑门关，经梓潼、绵阳、德阳进入成都，全长 450 公里。历朝历代都重视对其的路政管理，拥有丰厚的邮驿文化遗存。剑门蜀道大部分保存完好，仍为当代的交通干线。因其主要位于四川省广元市境内，狭义上的剑门蜀道主要指广元段，以剑门关为中心，包括翠云廊、剑门关、昭化古城、皇泽寺、千佛崖、天曌山、明月峡、雪溪洞八个景区，分属四川省广元市剑阁县、昭化区、利州区、朝天区所辖范围，长达270多公里，面积2000多平方公里。因诗人李白的"蜀道难，难于上青天"而享誉海内外。

剑门蜀道广元段位于四川盆地北缘，地理坐标在北纬31°31′至32°56′，东经104°36′至106°45′之间，居秦岭南麓、嘉陵江上游，毗邻陕西、甘肃二省，距离成都、西安、重庆、兰州分别为280公里、460公里、400公里、720公里，是连接成都、西安、重庆、兰州四大城市的几何中心，被称为"蜀北重镇""川北门户"和"巴蜀金三角"，历来为出川北上的交通必经之地，地理区位条件优越。

一、自然条件分析

（一）气候条件

剑门蜀道旅游区地处四川盆地北部边缘，属亚热带湿润性季风气候，全年平均气温为13.9℃~17.4℃，日照时间为1 338~1 560小时，无霜期为223~290天，气候温和，四季分明，适宜开展休闲度假、生态观光、康体娱乐、避暑旅游。

（二）地形地貌

剑门蜀道旅游区地处青藏高原和四川盆地的过渡地带，地势由西北向东南倾斜，西北高东南低，以低山地貌为主，其间山水相接，构成了多层次的旅游景观地质地貌。剑门关景区地形地貌奇特，其主峰如剑，石壁横亘，峭壁中断，两崖对峙，一线中通，形似大门，故称"剑门"。明月峡景区属于典型的峡谷地貌，绝壁林立，嘉陵江从峡谷内穿流而过，蔚为壮观。

（三）水文条件

剑门蜀道位于嘉陵江上游，嘉陵江由北向南纵贯旅游区，形成了以嘉陵江为主干、白龙江、清江河、南河等为支流的水系。旅游区内河流年径流量较大，地表水资源十分丰富，具备开发相关水上旅游项目的条件。昭化古城地处嘉陵江、白龙江、清江河三江交汇之地，形成了独特的"山水太极"地貌，具有较大的旅游开发价值。

（四）生态条件

剑门蜀道位于秦岭南麓，四川盆地北缘，森林覆盖率高达50%，生态环境良好，是优良人居环境的典范，是天然的养生休闲之地。旅游区范围内动植物资源十分丰富，拥有松树、栎树、楸木、竹子、银杏、香樟、红豆、火棘、七里香等植物；同时拥有金丝猴、黑熊、扭角羚、飞狐等珍稀动物。优越的生态条件为旅游区的后期开发提供了巨大的弹性发展空间和后发优势。

二、人文环境分析

（一）蜀道文化

蜀道是中国交通史上开辟最早、使用时间最长的古道，是保存至今的人类最早的大型交通遗存，比古罗马大道历史更为悠久，不仅是中国唯一，更是世界唯一。广义上讲古蜀道南起成都，过广汉、德阳、梓潼，越大小剑山，经广元而出川，在陕西褒城左拐，后经褒河过石门穿秦岭，出斜谷，直达八百里秦川，全长约1 000公里。

剑门蜀道是蜀道的精华所在，是一条以剑门关为龙头、"三百里程十万树"的翠云廊以及昭化古城、皇泽寺、千佛崖、明月峡等为龙身，承载着几千年历史演变和时代沧桑的文化巨龙，其文化寓意包括以下四点：

1. 蜀道是一条记录历史的文化长廊

蜀道距今已有3 000多年的历史，完整地演绎了由西周至今的历史进程，保留了丰富的历史信息。剑门蜀道是道路保存最完整、文化要素保留最充分的一段蜀道，是蜀道的精华与风韵所在，不仅承载了巴蜀地区的千载兴衰荣辱，更详细诠释了中国古代道路形态演变的历史过程，是研究古代交通运输体系不可或缺的历史标本。其中，翠云廊保留了古蜀道原貌，保留有拦马道、古交通设施、邮驿系统等，完整地记录了交通发展和多元文化融合的历史进程，具有重要的旅游文化价值。

2. 蜀道是中国历史上重要的战略要道

剑门蜀道自古是一条军事要道，战国时期秦惠王开金牛蜀道助秦灭蜀、秦始皇兴建驰道巡游六国、诸葛亮修建蜀栈道六出祁山而伐魏、红军大战剑门关等众多历史事件在此发生。蜀道上的战略要塞——剑门关，被称为"天下雄关"，作为古代的军事重地，历来是兵家必争之地，古人称之为"蜀北之屏障，两川之咽喉"。蜀道作为一条"军事要道"，具有十分重要的历史价值和文化价值，是爱国主义教育和军事专项旅游的理想场所。

3. 蜀道是我国西南第一条文化通道

首先，蜀道是中国大西北和大西南的连接轴线，而剑门蜀道作为一条文化走廊连接着巴蜀文化和汉中文化，成就了相互融合的中国文化格局。其次，蜀道是中国最古老、最重要、最悠长的"南方丝绸之路"中非常重要的组成部分，是跨越中国西南和西北最活跃和最兴旺的商贸线路。古人通过古蜀道将蜀锦、蜀布、蜀盐、漆器和金银器等远销海内外，将中华文明远播世界。剑门蜀道不仅是交通运输通道，更是人员、物资、文化传播与交流的载体，是佛、道、儒等各种思想文化碰撞的圣地，还是汉、彝、羌等多种民族文化汇合的场所，对西南民族融合起着重要作用。最后，剑门蜀道历千年开凿，饱经战乱纷扰，千载精心维护，展现了自强不息、孜孜不倦、锲而不舍的"蜀道精神"，是中华民族精神的真实写照。

4. 蜀道之魅力在于其难

诗仙李白的旷世名篇《蜀道难》对蜀道做出了最为精准的定义，"难"也成了蜀道独有的文化标签。蜀道之难可以从两个方面去理解：一方面是修建之"难"，尤其是蜀栈道的修建施工难度最大、最具典型意义，古代在没有精密测量和设计技术、没有先进机械设备的情况下，古人采用"火烧水击"之法进行修建，过程异常艰辛；另一方面体现在行走之"难"，李白在《蜀道难》中对此做了生动描述，古人行走于蜀道之上，是对其体力和胆魄的磨炼，因此蜀道又被赋予了"胆气之路"的文化意义。总之，"难"已经成为蜀道最为突出的文化特征，也成为游客对蜀道的最大兴趣点。

（二）武则天文化

对于剑门蜀道而言，武则天不仅仅是一个历史人物，更应该是女性文化的代表符号，对其深入挖掘，可以有效地扩充旅游区的文化内涵，提高旅游开发的质量。

1. 正本清源——"武则天文化源地"

武则天文化影响力巨大，国内很多地区都在利用这一"金字招牌"，剑门蜀道如何打造武则天文化成为一个重要课题。剑门蜀道旅游区内保留有国家级文物保护单位、专门纪念一代女皇武则天的皇泽寺。寺内有中国唯一的武则天尊容像、桑蚕十二图、纪念武则天的石窟等。为了纪念武则天诞辰，广元历年都举办"女儿节"，全城妇女身着艳丽服饰齐聚嘉陵江两岸，移舟江潭，载歌载舞，形成了独特的地方女性特色文化景观。此外，旅游区内还流传着武则天母亲"江潭感孕"的传说，该地出土的"广政碑"也有较为具体的记载，这些均有很高的旅游观赏价值和文物价值。结合以上资源特征，剑门蜀道旅游区（广元）有条件且有必要打造成为"武则天文化源地"。

2. 文化放大——中国女性主义第一高地

武则天作为封建时代的杰出女性，反封建潮流而动，以卓尔不群的智慧和胆识，冲破封建道统，打碎封建男权宗法体系登上皇位，创造了"牝鸡司晨惊日月，婢奴称孤靡王侯"的历史奇迹。可以说，武则天不仅代表了一个杰出的历史女性，更是中国女性权利的代表，与当今社会男女平等、妇女解放的思想相契合。在旅游开发中，女性主义文化的打造，对于女性游客群体和与其息息相关的男性游客群体都具有较大的吸引力。

3. 外延扩展——女性独立精神

封建传统礼教要求女性"三从四德"，将女性视为男性的附庸和陪衬。武则天作为中国第一个登上权力顶峰的杰出女性，从各个方面展现了女性的独立和自信。她不但在治国方面拥有非凡的智慧，甚至还自己创立了文字，这些无一不是这位千年女皇独立自信精神的体现。因此，在旅游开发中，"女性独立精神"必定会成为万千女性游客追捧的文化核心。

（三）三国文化

三国时期是我国历史上一段重要的历史时期，也是剑门蜀道最为丰富多彩的一段历史。在剑门关、翠云廊、明月峡等景区都有浓厚的三国文化氛围，其文化内涵可概括为"城""关""战""人"四个方面：

1. 城

昭化古城作为一座千年古城，其最华美的历史篇章就定格在三国时期。作为前蜀汉时期一座重要的关城，它见证了刘备入川、平川，进而三分天下的重要历史；后蜀汉时期，昭化古城又是蜀汉北伐的重要据点。因而，昭化古城是三国文化的发祥之城，是蜀汉政权兴衰的见证地，有"蜀国第二都"之称。

2. 关

剑门关是剑门蜀道上的第一雄关，被誉为"蜀之门户"。在三国时期，蜀军大将军姜维领3万兵马守剑门关，抵挡钟会10万大军于剑门关外，可见剑门关作为军事要塞的重要性。史学家有言，蜀汉"兴于葭萌，亡于剑门"，更加说明了剑门关和昭化古城在蜀汉历史上的重要性。

3. 战

战争是三国时期的一大历史主题，三国时期的剑门蜀道是蜀魏交锋的重要战场，在这里发生过许多彪炳史册的大战，包括刘备平蜀之战、诸葛亮六出祁山、姜维九伐中原等，同时，在剑门蜀道还留下了姜维军帐、钟会故垒、张飞夜战马超等遗址。

4. 人

三国时期是一个英才辈出的时代，在剑门蜀道上，也留下了众多英雄豪杰的历史身影，刘备、诸葛亮、姜维、张飞、费祎、钟会等三国名人都在这里留下了足迹。在旅游开发中，这些人物和事迹都应该作为活化的旅游资源加以运用，以使剑门蜀道的旅游价值得以提升。

（四）宗教文化

剑门蜀道旅游区历史上宗教文化十分发达，多教并存，共荣不悖。自武则天始，儒、释、道三教对立统一、和谐互补、共同切磋、共同发展，成为中国文化的主流源脉。旅游区内佛、道两教千百年来平等共存，繁衍生息，拥有相当数量的寺院宗祠，在天曌山前山有佛光寺、梵天寺、西禅寺作为佛教圣地，后山有祖师庙、灵台仙境作为道教圣地。此外，蜀道中拥有数量众多、雕刻精美的摩崖石刻造像，广元观音崖造像、千佛崖造像、广元皇泽寺武则天石像、剑阁武连觉苑寺明代佛教壁画等，其中四川省境内最大的石窟群——千佛崖，现存龛窟 400 多个及大小造像 7 000 余躯，具有极高的艺术价值。剑门蜀道旅游区宗教文化底蕴深厚，气候条件适宜，非常适合开展宗教文化旅游。

（五）民俗文化

川北地区民俗文化深厚，种类丰富且独具特色，是巴蜀地区民俗文化的典型代表。剑门关蜀道旅游区内具有本地特色的民俗活动有皮影、川戏、板凳戏、道琴、狮子灯等，还拥有作为国家级非物质文化遗产的"川北薅草锣鼓""麻柳刺绣""白花石刻"。在旅游开发中，人们应充分利用这些民俗文化资源，实现旅游开发和民俗文化保护的双赢。

三、剑门蜀道的文化资源

中国蜀道包括由关中通往汉中的褒斜道、子午道、故道、傥骆道（堂光道）；由汉中通往四川的金牛道、米仓道；由自甘肃入蜀的阴平道等，是中国古代伟大的交通工程。沿线的文化与自然遗产种类繁多，串联着众多的历史古城、古镇、古驿站和古村落，这些遗产内涵丰富、价值独特，对中国文明有着重要贡献，共同构成了一条完整的文化线路遗产。剑门古蜀道作为中国蜀道的一段，是以剑州古城为中心，向北至朝天区朝天镇朝天峡（又名明月峡），南至绵阳市梓潼县演武镇，全程二百余公里，沿线文化资源众多，具体有古驿道文化资源、三国文化资源、女皇文化资源、红色文化资源、宗教文化资源、川北民俗文化资源、乡村文化资源七大类型。

（一）古驿道文化资源

历史厚重的古驿道文化旅游资源主要包括剑门蜀道、翠云廊、明月峡。剑门蜀道北接陕西七盘关，西倚绵阳梓潼七曲山，全长 260 公里，以翠云廊古驿道为主线和灵魂，是迄今为止全球上唯一保存最完整、最古老的驿道，被誉为"陆上交通活化石"。国家有关专家考察后给予高度评价，认为剑门蜀道是真山、真水、真古董，是活的文物，完全具备申报世界自然文化遗产的条件，极具文化开发价值。

翠云廊古称剑州路柏，俗称"皇柏大道"，主要分布在以剑阁老县城为中心的北至广元昭化，西至梓潼，南至阆中三线三百余里的古驿道上，被称为"三百里程十万树"，现存古柏 8 000 余株，相传为三国时张飞率兵所植。翠云廊古驿道是研究古代军事、文化、历史、交通、社会经济的活化石。

明月峡景区位于广元市朝天区，距广元市区 20 公里左右。明月峡最大的特色在于集古今 6 种交通于一身，是中国乃至世界罕见的人文景观，堪称"中国交通历史博物馆",是我国古蜀道交通文化的代表。明月峡古栈道是我国目前保护孔眼最多、最集中、最具科学价值、最具古栈道风貌的地段。

（二）三国文化资源

剑门蜀道沿线的三国历史遗址遗迹多达100多处，三国文化旅游资源是剑门蜀道众多文化旅游资源中最为耀眼的一颗明珠。三国文化旅游资源主要包括剑门关、翠云廊、昭化古城、剑刀坝君臣园。

剑门关雄踞剑门关镇的108国道线上，距剑阁县城10公里；距广元55公里；距成都262公里；距重庆500公里；距西安630公里。剑门关是古剑门蜀道上的一处重要关隘，有"一夫当关，万夫莫开"之势，具有极其重要的战略地理位置。这里曾发生过一百余次战争，现存诸葛亮建关的遗址，古老的寺庙，珍贵的碑刻以及著名的剑门四景（剑门细雨、梁山松涛、夕照绝壁、雪染翠云）和剑门四奇（姜维石像、千年紫荆、松柏常青、剑山石笋）。

昭化古城至今已有4 000余年的历史和2 200多年连续建县史，是迄今为止国内保存最为完好的唯一一座三国古城，曾获全国环境优美乡镇、国家历史文化名镇、国家4A级旅游景区等殊荣，历史上对三国蜀汉的兴亡概括为"兴于葭萌（今昭化），灭于剑门"，昭化古城有着深厚的历史蕴藏。昭化古城西15公里有座牛头山，山上建有姜维庙，相传蜀汉后主炎兴元年（公元263年）姜维在牛头山拜水，从此佳话流传至今。凡农历十月初一为会日，上万人游览参观。昭化古城内的剑刀坝君臣园占地800平方米，共有蜀汉人物雕像11尊，除蜀汉先主刘备以外，还有张飞、马超、黄忠、庞统、魏延等曾在昭化生活和战斗过的蜀汉将士的雕像。

敬侯祠是祭奠三国时期蜀汉大将费祎的地方，也叫"费公祠"。祠内西庑主要陈列的是三国蜀汉将帅们曾经使用过的兵器，如刘备的"双股剑"，张飞的"丈八蛇矛"等。

（三）女皇文化资源

女皇文化旅游资源主要包括皇泽寺和天曌山，两处文化旅游资源均位于广元市，是剑门蜀道沿线最独特的文化旅游资源类型。

皇泽寺是中国历史上唯一的女皇帝，封建时代杰出的女政治家——武则天的祀庙，坐落在四川广元市城西1公里的嘉陵江西岸，乌龙山的东麓，隔江与广元城相望。皇泽寺景区占地面积128亩（1亩≈666.67平方米），建筑面积5千余平方米，寺内保存有开凿于北魏至明清的6窟、41龛、1 203躯皇泽寺摩崖造像及其历代碑刻，不仅有极高的文物价值，而且有极高的观赏和研究价值，更被专家们誉为中华传统文化的瑰宝。

天曌山地处龙门山和米仓山南麓，面积26平方公里。天曌山有着悠久而独特的历史文化底蕴，是中国历史上唯一的女皇帝武则天小时候的拜佛之地。根据武则天曾拜山求佛的传说，人们经论证借用女皇武则天名号"曌"，更名为"天曌山"，将广元固有的女皇文化融入。

（四）红色文化资源

红色文化旅游资源主要包括广元红军文化园、太公红军山、苍溪红军渡，其中，广元红军文化园和太公红军山均位于广元境内，红军渡则位于广元以南的苍溪县，都位于剑门蜀道沿线。20世纪70年代，广元县（今广元市）文化文物部门的同志，组织人员对遗存的红军石刻标语进行调查,在普遍调查的基础上搜集了便于搬动的红军石刻标语石碑,集中建立了"红军标语碑林"。后来,广元市委、市府决定将省级文物保护单位"红军石刻标语碑林"从皇泽寺内迁出,在南山森林公园内,修建大型爱国主义教育基地和国防教育基地,即现在的广元红军文化园。

太公红军山位于太公镇境内,国道212线广元至苍溪公路71公里处,占地1 800余亩,海拔977.2米,是省级文物保护单位、省36个红色经典旅游景区之一、市级青少年爱国主义教育基地。苍溪红军渡位于川陕渝红色旅游线、"重走长征路"红色旅游线、三国文化旅游线上,是红四方面军长征出发地、强渡嘉陵江战役纪念地、全国爱国主义教育示范基地、全国百个红色旅游经典景区。

（五）宗教文化资源

剑门蜀道沿线分布着很多宗教建筑,以佛教和道教为主。

1. 佛教文化资源主要包括千佛崖和觉苑寺。

千佛崖位于广元市区城北5公里的嘉陵江东岸。千佛崖造像区全长388.8米,山崖顶高84米,现存54窟,819龛,大小造像7 900余躯。千佛崖造像始凿于北魏时期,其开凿历史之长,居四川首位。同时,它也是四川境内规模最宏伟的石窟群之一,素有"历代石刻艺术陈列馆"之称。文物专家评论:"无论其规模、内容、雕凿水平、洞窟形制、造像风格、布局等诸方面,广元千佛崖摩崖造像都可与同时代各大著名石窟相媲美,它是我国佛教艺术的珍贵遗产。"

觉苑寺位于剑阁县,坐北朝南,背负武侯坡,面临小西河,著名的剑门古蜀道从寺庙东侧面穿过。觉苑寺始建于唐代贞元至元和（公元785—820年）年间,名弘济寺,北宋赐名觉苑寺,元末毁于兵火,明代得以重建,并将寺庙更名普济寺,清前期对寺庙进行维修并恢复觉苑寺名称。

2. 道教文化资源主要包括鹤鸣山和苍溪西武当山

鹤鸣山位于剑州古城之东,山势陡峻,风景秀丽。据道教有关史书记载,鹤鸣山是张道陵修炼成仙之地。因此,它是中国四大道教名山之一,历代来此观光的诗人墨客都喜在此题诗嵌碑、刻石造像、言志抒情。

（六）川北民俗文化资源

剑门蜀道地处四川北部,沿线充满浓郁的川北民俗风情。川北民俗文化资源主要包括川北民俗文化博览园、辜家大院、柏林沟古镇,这二个文化资源均地处剑门蜀道的要冲,是剑门蜀道沿线最生动、最富生命气息的文化资源。

川北民俗文化博览园位于广元市城区,地处黑石坡森林公园及省道212线东侧,全园占地1 000余亩,总投资1.4亿元,具备展览、展销、民俗歌舞演艺、文化旅游产品生产展示、民俗餐饮、茶艺表演等功能。

辜家大院坐落于广元市昭化古城内,是目前西南地区少有的保存完好的大宅院,其建筑风貌古朴如初,庭院设施保存完好,堪称川北古建中硕果仅存的化石。盖碗茶、古典住宿、独家菜品已成为辜家大院的核心产品,在辜家大院停留在让游客感受和品味川北文化的同时,也能激发其对幸福生活的追求。

柏林沟古镇位于四川广元市元坝区,地处古蜀道要冲,汉代以后,蜀地东防空虚,故在蜀道南路柏林驿筑城设防,利用蜀道与阆苑等城连成一片。其东有九龙山之险要,南有烟灯山之高峻，西有剑门、牛头山之屏障，北有梅岭关作后盾；至今古风犹存，古建民居保存完好，堪称残留在世的川北民居之"标本"。

（七）乡村文化资源

乡村文化资源主要包括苍溪梨文化博览园、元坝镇将军村，这两处乡村文化旅游资源均属广元市苍溪县，位于剑门蜀道沿线。

苍溪梨文化博览园地处嘉陵江流域生态文化旅游区，占地面积3 000亩，是国家4A级旅游景区、全国农业旅游示范点、全国百强农业科技示范场。景区由梨文化展示区、梨乡民俗与农耕体验区、梨休闲养生文化区三个各具特色的主题展示区组成。三大主题展示区浓缩了梨乡几千年的雪梨史话、博大精深的雪梨文化、纯朴的梨乡民俗风情，展示出了中国苍溪雪梨文化与梨乡民俗文化漫长的积淀过程，是中国最大的梨文化主题公园。

元坝镇将军村是苍溪县首批实施农村小康环保行动计划试点村，被中宣部、文化部授予"服务农民，服务基层全国文化工作先进集体"，全国妇联授予"美德在农家先进村"，是省级文明生态村、省级十佳卫生村、省级文明村。将军村现已成为远近闻名的乡村旅游新亮点，吸引了更多的城市游客前往旅游观光，体现乡村农耕农事以及生活习俗，乡村旅游红红火火。

资料来源：《剑门蜀道文化旅游发展规划（2018—2023）》《申遗视角下剑门蜀道风景区文化旅游资源的整合开发调研报告》。

思考：

根据资料，试着分析物质文化资源与非物质文化资源的特点与关系。

[本节小结]

本节重点学习了物质文化资源与非物质文化资源的概念和内涵，物质与非物质文化资源类型的划分，分析了物质与非物质文化资源的特点与关系，以及在现代社会的作用。从哲学的物质与意识的视角，人们将文化资源划分为物质文化资源与非物质文化资源。物质文化资源与非物质文化资源之间是一种相互依存、相互促进、水乳交融、客观联系的关系。物质文化必然体现非物质文化，非物质文化必然深化、丰富物质文化。

[复习思考]

1. 什么是物质文化资源？
2. 物质文化资源具有哪些特点？
3. 什么是非物质文化资源？
4. 非物质文化资源具有哪些特点？
5. 物质文化资源与非物质文化资源的关系是什么？

［参考文献］

［1］骆高远. 寻访我国"国保"级工业文化遗产［M］. 杭州：浙江工商大学出版社，2013.

［2］陈秋丽. 中国民族传统体育文化资源和产业发展研究［M］. 西安：陕西人民出版社，2019.

［3］郝雯婧，王雪梅，许志强. 四川非遗文化整合与传承［M］. 成都：西南交通大学出版社，2021.

［4］杨烁. 基于扎根理论的线性文化遗产游客感知评价研究［D］. 成都：成都理工大学，2021.

［5］谭必勇，张莹. 中外非物质文化遗产数字化保护研究［J］. 图书与情报，2011（4）：7-11.

［6］彭延炼，张琰飞. 民族地区非物质文化遗产保护的重要途径：旅游开发：以湘西苗族鼓舞为例［J］. 资源开发与市场，2009，25（3）：275-278.

［7］胥悦红. 全球化时代的民族地区文化产业发展研究：基于文化资源商业模式与全产业链建构的探讨［J］. 人民论坛·学术前沿，2016（22）：70-85，95.

［8］毕传龙. 大数据时代民俗文化资源的数字化［J］. 民族艺术研究，2016，29（3）：87-93.

［9］费孝通. 反思·对话·文化自觉［J］. 北京大学学报（哲学社会科学版），1997（3）：15-22，158.

［10］韩美群，周小芹. 近二十年来非物质文化遗产数字化传承研究回顾与展望［J］. 中南民族大学学报（人文社会科学版），2022，42（1）：65-74，184.

［11］盛玉雷. 让文化和自然遗产绽放新光彩［EB/OL］.（2022-06-10）［2023-05-30］.https://m.gmw.cn/baijia/2022-06/10/35800381.html.

［12］高丙中. 非物质文化遗产：作为整合性的学术概念的成型［J］. 河南社会科学，2007（2）：15-17.

［13］易玲，肖樟琪，许沁怡. 我国非物质文化遗产保护30年：成就、问题、启示［J］. 行政管理改革，2021（11）：65-73.

［14］赵亮，刘凌宇. 西北民族传统体育非物质文化遗产的传承与保护［J］. 宁夏社会科学，2016（4）：234-241.

［15］杨丽霞，喻学才. 中国文化遗产保护利用研究综述［J］. 旅游学刊，2004（4）：85-91.

［16］宋俊华. 非物质文化遗产概念的诠释与重构［J］. 学术研究，2006（9）：117-121.

［17］王云霞. 文化遗产的概念与分类探析［J］. 理论月刊，2010（11）：5-9.

［18］谢菲. 国外非物质文化遗产相关研究述评［J］. 贵州民族研究，2011，32（3）：93-98.

［19］李泡. 本土立场与概念的拓展：非物质文化遗产开发及运作模式中的政府行

为［J］.中共中央党校学报，2011，15（3）：95-97.

［20］彭燕.文化传承视角下土家族口述史料编目研究［J］.图书馆学研究，2019（3）：68-77.

［21］黄永林."文化生态"视野下的非物质文化遗产保护［J］.文化遗产，2013（5）：1-12，157.

［22］刘明阁.论民俗类非物质文化遗产的传承、保护和利用［J］.江汉论坛，2012（10）：119-125.

［23］宋俊华.文化生产与非物质文化遗产生产性保护［J］.文化遗产，2012（1）：1-5，157.

［24］朱以青.传统技艺的生产保护与生活传承［J］.民俗研究，2015（1）：81-87.

［25］刘志彪.工匠精神、工匠制度和工匠文化［J］.青年记者，2016（16）：9-10.

第二节　城市与乡村文化资源

■学习目标

通过本节的学习，达到以下学习目标：
➤熟悉并掌握城市文化资源的内涵与类型。
➤熟悉并掌握乡村文化资源的内涵与类型。

导入案例

成都200余处文化地标 勾勒出全景文化地图

成都，别称"蓉城""锦城"，是古蜀文明的重要发源地，"天府之国"的中心，有着2 600多年的建城史。成都美食闻名中外，被誉为"世界美食之都"。作为中国最佳旅游城市，成都拥有青城山、都江堰、武侯祠、杜甫草堂等名胜古迹。

据《成都历史文化名城保护规划（2019—2035）》统计，成都市域历史文化资源包括历史文化名城5个；历史文化名镇名村40个；历史文化街区14处；历史建筑314处；成都市域各级文物保护单位625处，其中全国重点文物保护单位41处，省级文物保护单位108处，市级文物保护单位163处，区县级文物保护单位313处；尚未核定公布为文物保护单位的不可移动文物6 914处；世界遗产2处，世界灌溉工程遗产1处，世界文化遗产预备名录3处，世界自然文化双遗产预备名录（蜀道申遗点）2处；传统村落59处；大遗址6类35个遗址点。

成都拥有丰富的文化地标。这些文化地标就是文化名片，是地方历史文化的象征，更是生长在这片土地上的人们的精神坐标。

华西坝的钟楼、少城的宽窄巷子、成都画院、鹤鸣茶社……一块块古色古香的标志牌，让人在成都深厚的历史底蕴中沉醉。

普通地名大有来头。金牛坝、九里堤、天回镇、黄忠小区……这些地名对老成都而言已耳熟能详。不过更多人也许正是通过一个个文化地标，才了解了它们背后的历史。

你知道黄忠小区这个名字，是因为三国蜀中大将黄忠埋在这里吗？九里堤的由来，也是因为诸葛亮当年为防成都水患，曾在那里修了一段九里长的堤？每一处文化地标，浓缩的都是一段成都历史。

九里堤片区，如今已是繁华都市。但也许很多人通过文化地标才知，蜀汉时期，诸葛亮主持修建蜀国防水工程，位置选在成都西北。当时的堤坝长约9里，故得名九里堤。九里堤在唐宋时期都还在使用，唐末四川节度使高骈和宋代太守刘熙都曾组织修复过堤堰，不过随着时间推移，堤坝逐渐毁损。后来考古发掘时，仅发现28米长的土埂遗址。这段不长的土埂，便成为成都的文化地标之一。

仅在成都的金牛区，这样大有来头的地名还包括黄忠祠墓旧址、金牛坝等多处。袁庭栋说，据《蜀王本纪》等史书记载：战国晚期秦惠文王向蜀王赠送会便金的石牛。蜀王派五丁力士开凿蜀道，迎入石牛。相传金牛坝便为蜀王安置便金石牛之处。结合历史，你就会发现"金牛坝"这个普通的地名，竟然能够和古蜀先民与中原的交流扯上关系。黄忠小区，这个成都有名的老小区，则是因为三国名将黄忠逝后葬于此处。清道光5年（公元1825年），当地农民在农耕时发现黄忠墓的墓碑，几根人骨、一把剑和一块玉。后来，当地乡绅捐资在这里修复黄忠墓，墓旁新建黄忠祠。

跟随文化地标的指引，我们可以在拥挤的正通顺街98号，找到"巴金故居"的原址；小南街与文庙西街的交汇处附近，原来是尊经书院旧址。这座创办于清同治年间的书院，是近代蜀学兴起的重要标志，后来与锦江书院等合并成为四川通省大学堂，是四川历史上第一个具有近代意义的高等学校，也是现在的四川大学的前身。锦里西路的罗城遗址，是唐代所建的罗城城墙所经之处，正是罗城，奠定了宋、元、明、清时期成都城市的基本格局。1990年的考古发掘，在这里发现了唐代城墙、城门和排水渠遗迹。

成都在3 000多年的历史中，城址从未有过变化，也因此拥有了丰厚的文化积淀。虽然很多古迹随历史变迁而逐渐消逝，但在其旧址处设立标牌，能带领大家走近历史，了解老成都。

《成都市"十四五"文化广电旅游发展规划》提出，成都将推动规划建设东华门遗址公园、成都图书馆总馆、天府大剧院、天府艺术中心、天府科技艺术中心、天府创意设计中心、天府文脉展示中心、东部新区文化艺术中心、凤凰新城文化艺术中心、中国皮影博物馆等新时代城市十大文化地标。

资料来源：四川在线. 200余处文化地标展开老成都画卷［EB/OL］.（2015-09-17）［2023-05-30］.https：//sichuan.scol.com.cn/ggxw/201509/54013538_2.html、成都市规划和自然资源局. 成都历史文化名城保护规划（2019-2035年）［EB/OL］.（2021-12-24）［2023-05-30］. http：//mpnr.chengdu.gov.cn/ghhzrzyj/ztgh/2021-12/24/content_e0-

aa8a0802501482989c7f590fb59288f.shtml、成都市文化广电旅游局. 成都市"十四五"文化广电旅游发展规划［EB/OL］.（2022−09−20）［2023−05−30］.http://www.cdqingyang.gov.cn/wgl/bmwj/2022−09/20/content_d1a578e2f9a341759d3e598c73f36c1a.shtml。

思考：

城市文化地标作为城市文化资源在城市形象建设中具有什么作用？

一、城市文化资源

习近平总书记指出："城市是人民的城市，人民城市为人民。"城市是人类生产生活的重要场所，是人口、产业和要素资源的聚集地，在党和国家工作全局中具有举足轻重的地位。在新时代新阶段，我国社会主要矛盾发展变化呈现新特征新要求，人民对于丰富而有品位的城市文化需求更加旺盛，对于优美人文环境、优质文化服务、优质文化活动的期待更为迫切，对提高社会文明程度的期待更为高涨。习近平总书记对城市的文化情怀的阐释为："要像爱惜自己的生命一样保护好城市历史文化遗产"。

"城，所以盛民也。"城市文化是什么，城市文化怎样作用于城市建设，城市文化资源包括哪些内容，哪些城市文化资源能够作为城市发展的核心因素、能够促进文化创新，是本节探讨城市文化资源的关键和核心。

城市文化（urban culture）也称为都市文化，它与乡村文化具有很大不同，这由其所依赖的社会基础的不同决定的。城市文化的根基在城市，它是伴随着城市的出现而形成的一种文化形态，从起源上来看，它比乡村文化的出现要晚。下面简要谈谈城市的起源及其文化的产生。

（一）城市文化资源的形成

1. 城市的起源

城市起源于何时？考古发掘表明，城市最早在四大河流域产生，分别是两河流域（底格里斯河和幼发拉底河）、尼罗河流域、印度河流域、黄河与长江流域。在中国，早在夏王朝建立之前，城市就开始出现了，时间大约在公元前3 500年至新石器时代公元前21世纪夏王朝的建立，这期间出现了一些具有城市形态的城邦组织①。我国是世界上城市出现得较早的地区之一，是世界重要的城市起源地，城市文化遗址非常丰富。目前发掘出的多个商代都城遗址，表明我国早在商朝时期已经开始出现较成熟的城市形态，例如著名的安阳殷墟遗址，属于商朝后期都城遗址，1928年发掘出来，总面积24平方千米，四周有护城河、壕沟作为防御工事，城内有大型宫殿、手工作坊、陵墓、居民点等城市形态遗迹；再比如郑州商城遗址，它于1955年被发现，距今有3 600多年的历史，属商代前期城址，总面积25平方千米。它位于郑州市区东部，是一座以城墙为主体的商代都城遗址，城垣长度7千米，呈纵向长方形，城墙用土夯筑而成，体宽20~30米，城墙高度最高达10米，城内有巨大的宫殿建筑物遗址，还有大量珍贵文物出土。城市的形成是人类社会不断发展的必然结果，也是人类为了更好地适应自我生存和发展的需要。同时，从城市起源中还可发现，这个时候社会已分化为不同的阶

---

① 费孝通. 中国城乡发展的道路［M］. 上海人民出版社，2016：566.

层，城市的出现显然与社会阶层的分化有密切关系①。

古代城市是人类城市发展史上的重要时期，一方面城市数量大量增加，另一方面城市规模开始扩大，城市功能进一步完善。自古代起，城市开始逐渐走向成熟，城市的功能已不再是单纯满足实用的需要，还出现了其他的功能。由于受城市化发展程度的限制，我国古代城市在很多方面仍然带有相当浓厚的乡村文化的色彩，可以说是城市与乡村并存，这在中国古代城市中表现得比较突出。这主要反映在城市的非农业人口还不是很多，也并不彻底，即使是城市人口也与乡村生活保持着密切联系，这在生产方式和生活方式上明显地反映了出来。从历史上来看，到了唐宋以后，我国古代城市出现了越来越繁荣的局面，城市人口激增，城市规模不断扩大，出现了诸如长安（西安）、建康（南京）、汴梁（开封）、洛阳、临安（杭州）等较大规模的城市，这标志着我国古代城市化趋势开始出现，这对促进城市文明的发展起到了重要作用。

现代城市是在古代城市的基础上进一步发展来的，它在很多方面同古代城市具有内在联系，如它们都超越了村落文化所具有的社会组织形式，打破了村落的以家族、血亲和宗法观念为纽带的社会结构，强调以城市为核心的社会关系结构，形成了城市文明所具有的一种新型社会关系，这种社会关系不同于村落制的社会关系。另外，大量的非农业人口的涌入，使得城市出现了社会化的分工，同时也形成了不同的社会阶层。这些使得城市成为社会的核心，成为文化创造和文化传播的中心。

2. 现代城市的基本特征

一是多元性与异质性。现代社会是一个多元性的社会，这种多元性特点主要在城市中体现出来，多元性已经成为现代城市的重要标志。多元性崇尚多样性和异质性，重视个人的权利与价值，为人们提供丰富多彩的生活追求，这已经成为现代人的一种基本生活方式和精神特质。多元性和异质性也带来了城市文化和城市生活的丰富性与多样性，是城市精神的体现。

二是公共领域与私人空间。现代城市十分注重营造公共领域与私人空间之间的和谐，既打破了古代社会的封闭和保守的观念，强调一种更为开放、公开、民主和透明的社会氛围，注重人与人之间的交流、沟通和联系，又强调要尊重个人的权利，保护个人的隐私权。

三是市民自治性。现代城市强调市民自治性和公民权，反对封建专制和独裁统治，把参政议政看作是每一个市民所享有的基本权利，强调公民参与意识，这与体现专制性的古代社会是不同的。

四是集体情感与集体人格。现代城市是一个由不同的社会阶层、群体和人群组成的社会，大家生活在城市这一特定的空间之中，彼此之间形成一种相互依存的关系。在这样的一种社会中，人与人之间的合作与联系是非常重要的，他律原则取代了自律原则，作为建构人与社会关系的行为准则。这在那些现代化程度较高的城市中表现得尤其突出，已经成为一种城市文明的体现。

五是整体感与和谐感。现代城市的人对城市有一种依赖感和认同感，它是城市精神的重要来源。现代城市是由不同的人构成的一个复杂多样的社会群体，每个生活在

① 段俊霞. 城乡教育一体化的文化生态研究［M］. 四川大学出版社，2017.

其中的人都要注重社会公约和社会道德，不能去损害他人的利益；要通过每个人的一言一行去营造城市的整体感与和谐感，构建适合人居的和谐城市。这不仅对城市管理提出了更高的要求，而且对城市公民也有一种道德行为的规范。

3. 城市文化

城市文化是对乡村文化的超越，它特指现代社会以来所产生的城市文化与城市文明，它是现代城市发展所依赖的一种文化，代表着人类社会的发展水平，以及在这个基础上产生的城市文明及精神①。

城市文化是在人类城市发展的基础上进一步形成的较高形态的文明，因此城市文化又同历史上的城市文明的发展具有密切联系，每一种城市文化中都有它所包含的历史文化传统，即所谓的历史文脉。因此，城市文化中除了具有现代因素外，还具有传统因素，是传统与现代的交融。

城市文化是城市现代化的根基，是城市的气质和灵魂，也是城市发展的重要动力。党的二十大报告提出，实施城市更新行动，加强城市基础设施建设，打造宜居、韧性、智慧城市。城市更新需注重文化传承性、文化差异性与文化包容性。党的十九届五中全会通过的《中华人民共和国国民经济和社会发展第十四个五年规划和2035年远景目标纲要》中明确提出2035年建成文化强国的目标，为15年内文化领域政策法规的制定以及文化事业、文化产业各领域的实践等提供了基本遵循。2035年建成文化强国的目标，对城市的文化资源应如何释放其价值潜力，实现更快的发展，提出更高的要求。新的征程上，要大力提升城市现代化水平，我们需要坚定文化自信，在继承和发展历史文化的同时，促进城市文化推陈出新，不断提升城市文化内涵，增强城市文化竞争力。

（二）城市文化资源的内涵

城市文化资源泛指城市中人们从事文化生产和文化活动可以利用的各种资源的总和②。城市文化资源中"城市"与"文化"是一组历史和现实的联系都非常紧密的概念。城市文化是城市宣传推广的核心资源；城市文化是城市定位的基础；一个城市的文化在很大的程度上决定了城市个体的生活品质，并形成了城市一种特殊的张力，这便是这个城市的核心竞争力。城市是文化的主要组成部分和载体，文化是城市进步的表征和内因。城市文化资源成为依托城市的凝聚力和自信心的源泉。文化、城市文化与城市文化资源关系如图2-1所示。

图2-1　文化、城市文化与城市文化资源关系

（三）城市文化资源的类型

城市文化总体可分为物质文化、制度文化和精神文化，如表2-3所示。

---

① 单霁翔. 关于"城市"、"文化"与"城市文化"的思考［J］. 文艺研究，2007（5）：35-46.

② 高维和，史珏琳. 全球城市文化资源配置力评价指标体系研究及五大城市实证评析［J］. 上海经济研究，2015（5）：53-61.

表 2-3　城市文化分类表

类型	构成	意义
物质文化	由城市的可感知的、有形的各种基础设施构成，包括城市布局、城市建筑、城市交通设施、城市通信设施、公共住宅、水源及排水系统等，同时也包括各种商品的生产和流通	凯文·林奇指出，城市文化的物质方面是一个交流和沟通的媒介，是一些明确或不明确的符号，"这些符号告诉我们其所有权、社会地位、所属的团体、隐性功能、货物与服务、举止，还有许多其他有趣或有用的信息，这是感觉的一个构成，可以称之为'易辨性'，即在一个聚落里，居民用符号性的物质特征来与其他人沟通的有效程度"。这些环境标志系统几乎是整个社会的产物，不熟悉当地文化的外来者常常是无法辨别的，但任何观察者都能通过分析它们的内容、准确性及其所带信息的强度来了解它们
制度文化	由家庭制度、经济制度和政治制度构成	以城市的物质文化为基础，主要满足城市居民的更深层次的需求，即由人的交往需求而产生的合理处理个人之间、个人与群体之间关系的需求
精神文化	是城市文化的深层结构，是人们社会意识的总和，包括社会心理、价值观念、伦理道德、思维方式、宗教情绪、民族性格以及审美情趣等	生活于城市中的人，始终处于一种相互创造的关系中，在人与城市的相互创造中，人们的观念与文化因素起着很重要的作用

资料来源：笔者根据文献查阅综合整理。

　　向德平博士在其专著《城市社会学》中具体总结出城市文化 13 个方面的内容，包括城市公益文化、城市人文景观（也称城市环境文化）、城市观念文化、城市制度文化、城市娱乐文化、城市演出文化、城市专题文化、城市休闲文化、城市群体文化、城市科普文化、城市企业文化、城市校园文化、城市军营文化等[①]。徐康宁教授在其专著《文明与繁荣——中外城市经济发展环境比较研究》中认为城市文化包括历史文化、教育、科技和艺术、市民文化素质、群众文化活动[②]。基于已有的研究文献，从城市文化分类角度来分析城市文化资源的类型，认为城市文化资源主要包括以下九个方面。

　　1. 城市文化遗产

　　城市文化遗产，是城市历经数百上千年积累而成的宝贵财富，是国家优秀历史文化的结晶。具体而言，城市文化遗产是指在漫长的城镇社会历史发展过程中积淀下来的历史文化、人文景观、民俗风情等具有地方特色及文化传统的物质及精神资源[③]。城市文化遗产包括城市大遗址、历史街区、历史地段、历史建筑、文化廊道、工业遗产等要素，凝结了一个城市的独特风格和丰富的文化内涵，与日常生活紧密相关，具有独特性、不可复制和不可再生性。它们不仅是具有历史艺术价值的美学概念，也是附有文化记忆的重要资源。

　　正确对待城市文化遗产，是新时代高质量发展的重要内容。习近平总书记曾在河北正定、福建厦门、福建福州、浙江杭州、浙江金华、上海、北京、山西平遥等全国

①　向德平. 城市社会学［M］. 武汉：武汉大学出版社，2002.

②　徐康宁. 文明与繁荣：中外城市经济发展环境比较研究［M］. 南京：东南大学出版社，2002.

③　单霁翔. 城市文化遗产保护与文化城市建设［J］. 城市规划，2007（5）：9-23.

第二章　文化资源形态

多地指导相关工作，发表重要指示提出"城市文化遗产"重要理念，同时，国家"十四五"规划对文化遗产保护提出了新要求，即传承弘扬中华优秀传统文化，强化重要文化和自然遗产、非物质文化遗产的系统性保护，推动文化旅游融合发展，打造一批文化特色鲜明的国家级旅游休闲城市和街区。

［资料链接］

西安城市文化遗产

西安作为十三朝古都，见证了华夏民族的悠久历史，具有丰富的城市文化遗产。西安地处关中平原中部，北濒渭河、南依秦岭，自古有着"八水绕长安"之美誉，是联合国教科文组织于1981年确定的"世界历史名城"，是中华文明和中华民族重要发祥地之一，丝绸之路的起点，历史上先后有13个王朝在此建都，丰镐都城、秦阿房宫、兵马俑、汉未央宫、长乐宫，隋大兴城，唐大明宫、兴庆宫等勾勒出了"长安情结"。西安是首批中国优秀旅游城市，文化遗存具有资源密度大、保存好、级别高的特点，在中国旅游资源普查的155个基本类型中，西安旅游资源占据89个。西安周围帝王陵墓有72座，其中有"千古一帝"秦始皇的陵墓，周、秦、汉、唐四大都城遗址，西汉帝王11陵和唐代帝王18陵，大小雁塔、钟鼓楼、古城墙等古建筑700多处。

西安是中国最佳旅游目的地、中国国际形象最佳城市之一，有两项六处遗产被列入《世界遗产名录》，分别是：秦始皇陵及兵马俑坑、大雁塔、小雁塔、唐长安城大明宫遗址、汉长安城未央宫遗址、兴教寺塔。另有西安城墙、钟鼓楼、华清池、终南山、大唐芙蓉园、陕西历史博物馆、碑林等景点。西安拥有西安交通大学、西北工业大学、西安电子科技大学等7所"双一流"建设高校。2018年2月，国家发展和改革委员会、住房和城乡建设部发布《关中平原城市群发展规划》，支持西安建设国家中心城市，加快西安都市圈立体交通体系建设，建成具有历史文化特色的国际化大都市。

资料来源：西安市人民政府. 西安市人民政府关于公布《西安历史文化名城保护规划（2020—2035年）》的通知［EB/OL］.（2021-02-26）［2023-05-30］.http://www.xa.gov.cn/gk/zcfg/szf/603f3ff9f8fd1c2073f98737.html。

2. 城市文化景观

作为文化学意义上的景观，文化景观主要是指图像、图形、造型、色彩、线条等文化符号呈现出来的景观，或者是借助建筑、场域以及电影、电视等媒介呈现出来的视觉景观[①]。文化景观体现了人类有意识地对自然环境和天然材料的改造能力和改造意图。

城市文化景观是城市静态或物化的文化表态，如文物、古迹、名胜、建筑等，它是人类文化的集聚、积累和表征，也是文化的物质载体[②]。景观层面的文化资源开发多

---

① 汤茂林. 文化景观的内涵及其研究进展［J］. 地理科学进展，2000（1）：70-79.
② 李凡，朱竑，黄维. 从地理学视角看城市历史文化景观集体记忆的研究［J］. 人文地理，2010，25（4）：60-66.

形成观赏型的初级旅游产品，主要满足大众化的文化观光的消费需求。

我国城市文化景观的表现类型既遵循世界遗产保护的操作原则，又有自己的特点，大致可以分为美学景观、历史景观、场所景观和聚落景观四种类型。一是美学景观。由历史上的手艺匠人或设计师按照其所处时代的价值观念和审美原则规划设计的景观作品，代表了特定历史时期不同地区的艺术风格及成就。二是历史景观。基于生产或者生活的曾经并没有特别意义的建筑，因为幸存，见证了重要历史事件或记录了相关的历史信息的景观。三是场所景观。记录人类在生产、生活、审美、宗教以及政治、经济或者文化活动中某些特定行为方式的空间景观，例如南京夫子庙庙前广场、安徽棠樾村牌坊群等空间场所表现的文化活动和文化仪式。四是聚落景观。聚落景观延续着相应的政治、经济职能，展示了历史的演变和发展，是由一组组历史建筑、构筑物和周边环境共同组成，自发生长形成的建筑群落景观，反映的是族群的群体性生活方式和生活意义。

城市文化景观是地域的。城市文化景观受自然地理、城市性质、社会文化背景、聚居区的布局、街道的关系以及城市功能区的关系等方面的制约。城市文化景观因地而异，因而每个城市与其他城市呈现不同的城市结构布局。在世界文明的范围内，所有城市都具备各地区特色的地域文化，它们深植于当地人群的生活中，孕育出各自本土的城市景观文化所特有的"场所精神"①。

城市文化景观同时具有地域性与历史性，每个历史时期都有着自己的特色文化景观。历史的延续与当代文化的并存，使得文化景观在横向的地域空间上相互嵌套，并且在纵深的时间维度上也分异存在，由此可见，城市文化景观的可持续发展也关系到城市整体社会环境的可持续发展。

[资料链接]

北京历史文化景观

北京在历史上曾为六朝都城，在从燕国起的 2 000 多年里，建造了许多宫廷建筑，使北京成为中国拥有帝王宫殿、园林、庙坛和陵墓数量最多的城市。北京拥有世界上最大的皇宫紫禁城、祭天神庙天坛、皇家花园北海、皇家园林颐和园和圆明园，还有八达岭长城、慕田峪长城以及世界上最大的四合院恭王府等名胜古迹。北京市共有文物古迹 7 309 项，99 处全国重点文物保护单位（含长城和京杭大运河的北京段）、326 处市级文物保护单位、5 处国家地质公园、15 处国家森林公园。

资料来源：baike.baidu.com/item/北京市/fromtitle＝北京&fromid＝128981#10-3。

3. 城市文化风情

城市文化风情是动态文化或活文化，如民俗风情、节庆祭典、宗教礼仪、游艺竞技等。由于它们鲜明的地域性，城市文化风情往往是城市文化的历史性、地理性、人类性、文化性和美学价值的动态体现。该类文化资源在开发中往往要求城市居民和旅

---

① 陈育霞. 诺伯格·舒尔茨的"场所和场所精神"理论及其批判［J］. 长安大学学报（建筑与环境科学版），2003（4）：30-33.

游者以"角色"参与，融入当地文化中，去体验文化氛围，所以具有强烈的文化感染力。亲身参与的亲切感能使游客产生文化认同感，进而去发现美、体验美、认同美。

[资料链接]

曲阜市祭孔大典

曲阜市是中国古代伟大的思想家、教育家、儒家学派创始人——孔子的故乡，是黄帝诞生地、神农故都、商殷故国、周汉鲁都，拥有悠久的历史，是国家历史文化名城。孔庙、孔府、孔林为世界文化遗产，祭孔大典为国家首批非物质文化遗产。联合国教科文组织孔子教育奖颁奖典礼、尼山世界文明论坛等文化盛典在此举办，中国曲阜国际孔子文化节为中国最具国际影响力十大节庆活动之一。

祭孔，是华夏民族为了尊崇与怀念至圣先师孔子，而主要在孔庙（文庙）举行的隆重祀典，两千多年来从未间断，祭孔大典在古代被称作"国之大典"，成为世界祭祀史、人类文化节史上的一个奇迹。祭孔大典是集乐、歌、舞、礼为一体的综合性艺术表演形式，于每年阴历八月二十七日孔子诞辰日举行。祭孔大典一般从每年9月26日持续到10月10日，主要包括乐、歌、舞、礼四种形式的庙堂祭祀乐舞。乐、歌、舞都是紧紧围绕礼仪而进行的，所有礼仪要求"必丰、必洁、必诚、必敬"，有"闻乐知德，观舞澄心，识礼明仁，礼正乐垂，中和位育"之谓，自古以来具有巨大的文化和艺术价值。祭孔的最重要议程是三献礼，主祭人要先整衣冠、洗手后才能到孔子香案前上香鞠躬，鞠躬作揖时男的要左手在前右手在后，女的要右手在前左手在后。所谓三献，分初献、亚献和终献。

祭孔大典每年吸引了大量游客，不仅是对优秀传统文化的传承与展示，还呈现了曲阜市的城市文化风情。观看祭孔大典的时候，人们能够直观地感受古人如何施礼致敬、表达崇敬之情，这种崇敬不仅是对孔子的，也是对古代所有先贤乃至整个中华优秀传统文化的。游客通过参与特色鲜明的节庆活动，感受到曲阜城市文化中深厚的守礼节传统。

资料来源：baike.baidu.com/item/祭孔大典/1855844？fr＝ge_ala.。

4. 城市文化艺术

城市文化艺术决定了城市文化资源的性质，是文化差异的核心。城市文化艺术主要包括戏剧、舞蹈、音乐等表演艺术；书法、绘画、雕刻等造型艺术；语言艺术文学；建筑、工艺品等实用艺术等。它们不仅是旅游文化资源的高级形态，也是文化得以传承的重要方面，更是文化发展、创新的原动力。城市文化艺术资源具有抽象性和渗透性的特征，虽然文化艺术可以借助于载体（文字、形体、韵律等）表现和传达，但真正透过形式去领悟的艺术本身是抽象的；城市文化艺术的渗透性体现在艺术是由各个层面文化资源的精髓构成的。例如，文化景观中的绘画、雕刻、书法，文化风情中的戏剧、舞蹈、音乐等。

苏州昆剧

苏州是昆剧的故乡。昆剧是中国首个世界非物质文化遗产，由于得到革新而迅速兴盛，其时在苏州城镇、乡村，人们对昆剧迷恋到了如醉如狂的地步，组织业余班社，举行唱曲活动，一年一度的虎丘曲会，几至"倾城阖户""唱者千百"。在昆剧鼎盛时期，以苏州为中心，其流布范围几乎遍及全国各大城市，独霸剧坛二百余年。昆剧的繁荣，涌现了一大批优秀的演员，也出现了一批著名的作家，为后人留下了一大批著名的传奇剧本，如《牡丹亭》《窦娥冤》等。昆剧是苏州一张靓丽的文化名片，也是苏州城市文化艺术所在。

资料来源：江苏省苏州市文化广电和旅游局 http://wglj.suzhou.gov.cn/。

5. 城市文化精神

城市文化精神是一种城市意识形态。它是指以城市地域为依托，以城市居民为载体的群众认同感、共同价值取向和共同一致的一种城市意识形态。它以城市物质建设和城市文化建设为土壤，反映城市建设和城市居民的共同愿望和共同追求，是城市政治、经济、文化在精神领域的集中体现。城市精神作为一种价值取向，体现着国家和民族的最高利益和前进方向，具有一种定向功能。城市精神通过一种内在的感召力来引导市民齐心协力、奋发图强、奉献城市。城市文化精神对城市的精神面貌、市民行为有着重大影响，体现着城市的文明性质和文明程度。城市文化精神同样是个性化城市形象的基础，城市文化精神不断塑造着城市的品质、品格，是城市文明程度、精神面貌和人们综合生活质量的重要标志。

［资料链接］

"大庆精神"和"铁人精神"

大庆是中国最大的石油石化基地，是中国第　大油田、世界第十大油田"大庆油田"的所在地；是一座以石油、石化为支柱产业的著名工业城市，是世界能源城市伙伴组织 19 个会员城市之一。大庆油田含油面积 6 000 多平方千米，已探明石油地质储量 67 亿吨。20 世纪 60 年代，中国石油行业干部职工和人民解放军转业复员官兵数万人响应国家号召，来到荒凉的松嫩平原，在黑龙江西南部地区开展石油会战，开发建设大庆油田。以铁人王进喜为代表的大庆建设者在大庆石油会战中形成的"大庆精神"和"铁人精神"集中体现了中华民族和中国工人阶级的优良传统与优秀品质，而大庆这座城市也以"大庆精神"和"铁人精神"闻名于全国和世界。大庆精神、铁人精神孕育产生于 20 世纪 60 年代举世闻名的大庆石油会战，是中国共产党人精神谱系和中华民族伟大精神的重要组成部分。大庆油田从诞生之日起就始终高唱"我为祖国献石油"的主旋律，60 多年来，一代代大庆人弘扬伟大精神，赓续红色血脉，创造了令世人瞩目的辉煌业绩，将卓越贡献镌刻在了伟大祖国的历史丰碑上。大庆精神、铁人精神具有丰富的内涵：为国争光、为民族争气的爱国主义精神，独立自主、自力更生的艰苦创业精神，讲究科学、"三老四严"的求实精神，胸怀全局、为国分忧的奉献精神，可凝练为"爱国、创业、求实、奉献"。

2019年9月，习近平总书记在致信祝贺大庆油田发现60周年时指出："大力弘扬大庆精神、铁人精神，不断改革创新，推动高质量发展，肩负起当好标杆旗帜、建设百年油田的重大责任，为实现'两个一百年'奋斗目标、实现中华民族伟大复兴的中国梦作出新的更大的贡献！"

资料来源：大庆精神、铁人精神：奋斗的红旗永飘扬 https://baijiahao.baidu.com/s? id=1778269895718258119&wfr=spider&for=pc；习近平致大庆油田发现60周年的贺信 http://www.gov.cn/xinwen/2019-09-26/content_5433458.htm。

6. 城市文化品牌

品牌是关于产品、服务、企业或城市的、在公众头脑中共同作用并生成一系列独特联想的功能、情感、自我表现等战略性（识别）要素的多维组合。品牌是一种无形的资产。品牌的价值在于它能在消费者心中塑造独特、良好、令人瞩目的形象，从而实现商品价值的转化和增值。

从品牌的视角来审视城市文化，所谓城市文化品牌，是一个城市的历史文化传统、建筑设施外貌、社会文化活动、文化产品、文化氛围等所形成的鲜明特性，代表这个城市的、在国内外和社会公众心中形成总体印象和评价的、易于为人们所指认的形象表述①。一种城市文化要想在受众心中形成独特、美好、持久、令人瞩目的形象，也需要构建自己的品牌，形成一个有区别性的文化标志，借助品牌效用提升城市形象，形成城市文化吸引力。城市品牌是城市文化的外在表现形式，它不仅对外具有辐射力和感召力，对内也具有凝聚力和渗透力，像巴黎的"浪漫之都"、维也纳的"音乐之乡"、罗马的"古典文化集萃"、杭州的"人间天堂"等。这些城市通过城市品牌与城市形象，在吸引外来游客、高层次人才、学生、工作者等之外，还通过营造一个适宜产业发展的环境，推动文化产业发展。

在现代城市营销中，城市的文化品牌，有时比其地理位置影响更 。城市文化品牌涉及城市特 的塑造、主导产业的确定以及城市发展战略的制定等影响城市未来发展的重 问题。杭州的城市文化品牌为"世界休闲之都"；珠海的城市文化品牌是"世界婚礼文化名城"；山东滨州是孙武的故乡，其文化品牌为"兵圣之都"；景德镇是最古 的世界瓷器中 ，其城市文化品牌定位为"瓷都"。从物质文化来定位，经济发展、人口构成、地域风貌等都成为城市文化品牌重要的定位依据；从精神文化来定位，城市精神、历史积淀、文化发展战略都将为塑造良好的城市形象起到积极的推动作用；从行为文化来定位，城市管理模式、文化活动等都将为定位城市文化品牌，设计城市文化品牌，塑造城市文化品牌 提供依据。以文化资源决定城市发展的思路，以文化特 作为城市价值的所在， 个城市的文化品牌在很 的程度上决定了城市个体的生活品质，并形成了城市 种特殊的张力，这便是这个城市的核心竞争力。

---

① 苏萱. 城市文化品牌理论研究进展述评 [J]. 城市问题，2009（12）：27-32.

以西安市为例，西安市是十三朝古都，文化资源极其丰富，包括秦汉文化、唐文化、丝路文化、红色文化、宗教文化等，但是其最终抓住"唐文化"这个最具优势、最丰富的文化资源，开始进行活化利用。从文化角度出发，西安主要通过点状景区开发、街道风貌改造、举办大型文化活动三种方法形成全市的"唐文化"氛围。第一步是大家熟悉的"曲江模式"，重点推动一系列大型文旅与房地产项目落地，包括从最开始的大雁塔北广场音乐喷泉开发，到曲江新区房地产建设不更改唐代道路格局，再到大唐芙蓉园、大唐不夜城的建设，着力塑造该片区唐朝建筑风格与文化氛围，将唐文化融入人们日常的生活、工作和休闲中。紧接着，通过城市更新进一步营造城市内部的唐文化氛围，如大明宫遗址开发、小雁塔历史片区综合改造等，打造唐文化风貌展示区，重点保留唐代文化遗址、文物古迹和街巷的景观风貌。除此之外，通过举办多样"唐文化"活动，例如2019年推出"西安年最中国"中的《再回大唐》主题演出、盛世大唐及民俗荟萃主题巡游等活动来形成整个城市的唐文化的影响力与内生动力。近年来，西安的文化发展始终聚焦"唐文化"这一特色，从而逐步成为了全国乃至全球最具代表性的"唐文化"之都。

对于宁波象山来说，城市本身海洋文化丰富，有海防文化、海商文化、海上丝绸之路文化、海洋民俗文化、影视文化等，但是经过梳理后，其筛选出全国唯一渔港历史文化名镇和全国唯一以海洋渔文化为保护内容的国家级生态保护区这两个全国唯一的突出优势，再加上渔业资源极具竞争力，从而锁定"渔"文化发展定位。因此，象山在文化、经贸、旅游三大领域，活化利用象山"渔"文化，通过文化项目建设、历史文化名镇保护利用和举办大型文化类活动三个方向共同发力，打造出了浙江省唯一的渔文化特色小城。

资料来源：观察丨城市如何实现文化的高质量发展？ https://m.thepaper.cn/baijia_12786363。

由此可见，城市文化品牌是城市居民在生产、生活中所创造的能体现城市特色的价值观和意义体系，包括使这些价值观和意义体系具体化的物质实体。城市文化品牌是由可感知的物质实体，如文化景观文化与自然景观文化，和不可感知的价值观，如理念文化、商业文化等组成的。理念文化是城市的"原文化"，是城市品牌的历史背景和传播基点，商业文化则是城市发展的原点，文化景观文化和自然景观文化则构成了城市品牌的标志。没有城市文化的积淀，巴黎也不会成为时尚之都，维也纳的音乐之都也就无从谈起。城市文化是城市品牌的依托，城市文化深化了城市品牌的内涵，是城市品牌向心力和凝聚力的源泉，对城市品牌的建设、传播都具有重要价值。

可见，城市文化品牌是城市文化中参与城市经济建设的一个组成部分，选择合适的文化资源作为城市文化品牌，已经逐渐成为文化产业开发者、经营者和管理者在研究城市发展时必须调查和研究的问题。

一个城市的文化特色越是明显，越是能吸引外来资源的青睐。良好的城市品位和环境促进了资本、人才、技术等生产要素的流入，从而增强城市的吸引力与辐射力，也进一步提升城市竞争力。基于此,一个城市在形成文化主线后,只有着力向外输出城市品牌,才能持续有效地释放文化价值潜力。

[资料链接]

以天府文化品牌为例,虽然成都市政府在2017年才提出"天府文化"城市品牌,但是到2020年成都文创产业增加值已经跃升至1805亿元,涨幅超过600亿元。"天府文化"成功将成都地域文化进行精华提炼和浓缩,从聚焦提高知名度、增强辨识度、提升美誉度这三个方面来提升文化品牌并向外传播;运用文化IP优势、影像传达、科技融合等手段打造创意内容进行全媒体传播的策略,有效覆盖本地、国内和国际三类受众群体,提出"自在、凝聚和温暖""时尚、想象和机会""丰富、古典和友善"的关键词,并以"美"为核心,将成都从以前的"休闲之都"升级为"美学之城",形成国内国际循环传播的模式。尤其是成都借助"一带一路"优势,举办"2018世界文化名城论坛·天府论坛"、"一带一路"公益新闻接力、国家网络安全宣传周等活动,将天府文化逐步推向世界。如今,经过几年的经营,"天府文化"显然已经成为成都一张强有力的城市名片,有效提升了成都在全球范围内的城市竞争力和影响力,对内也形成了城市精神,从而增强了在成都生活工作的居民的凝聚力。

资料来源:观察 | 城市如何实现文化的高质量发展? https://m.thepaper.cn/baijiahao_12786363。

7. 城市文化科研与技术

城市的先进,在文化教育方面的表现就是学校数量的增多。科研、文化机构、娱乐场所的发展,又加大了城市的吸引力与凝聚力。科技创新与研发是一个地区未来发展的重中之重,当前发展可以依赖能源,现有技术和产业积累,但随着科技全球化进程的不断加快,现有资源很容易耗尽,这就需要各个城市时刻关注市场动向,不断开拓创新,研究创造,这样才能立于不败之地。在很长一段时间,全球科研几乎都被发达国家的高校、企业和科研院所垄断。但进入21世纪,沉睡百年的中国巨龙开始崛起,科研实力迅速增强,大有赶超之势。

[资料链接]

根据2021年全球城市科研实力排行榜单,中国首都北京科研份额达到了2895.37亿元,超过任何发达经济体城市,高居全球之首。上海科研份额1591.95亿元,排名全国第二,全球第五位,表现同样出色。南京为顶级科研城市,份额1001.69亿元,排名全国第三,世界第八。广州和武汉均超过700亿元,排名全国前五,分列世界第14和第15位。其他上榜的中国9大城市分别为合肥、杭州、天津、香港、深圳、西安、成都、长春和长沙,重庆、苏州、哈尔滨、沈阳和郑州等城市未上榜,具体如图2-2所示。全球科研城市50强,中国独占14城,占比28%,这可以充分说明,在科技研发领域,中国已经基本不逊色于任何国家。

图 2-2 全球城市科研实力排行榜单

（图片来源：网易新闻）

资料来源：白永杰观天文. 2021 年全球科研城市 50 强名单，南京超越广州［EB/OL］.（2022-10-09）［2023-05-30］.https://3g.163.com/dy/article/HJ93USFN0553HSIS.html。

2020 年 7 月，国家发展改革委等 13 部门联合印发《关于支持新业态新模式健康发展激活消费市场带动扩大就业的意见》，提出推动 15 种数字经济新业态发展，重点涵盖线上服务模式、产业数字化、个体经济、共享经济等领域，进一步为新兴文化产业培育提供土壤。同样的，国家"十四五"规划纲要也明确提出要"实施文化产业数字化战略"，对城市政府来说，这意味着未来谁先在数字化和智能领域率先发力，谁就可以占据未来文化发展的先发优势。

未来城市可以围绕 5G、文旅融合、电商、社交、垂直领域、VR、IP、AI、整合营销等数字文化投融资市场新热点做文章，通过文化与科技的融合发挥出文化产业的强大带动力，进一步释放文化资源潜力，实现文化产业的高质量发展。

8. 城市文化产业

城市与文化产业是共生的，文化产业的发展需要合适的土壤，合适的阳光，好的城市发展和口碑离不开良性的产业布局和发展，文化产业要符合城市整体定位和形象规划，好的文化产业项目要匹配这个城市的基因。文化产业是城市发展新的增长点。会使制造业升级，文化产业会使污染性产业更干净，这是文化产业对城市的贡献。城市是文化发展的"容器"，更是发展的"土壤"，城市的包容性应该跟文化产业的特性相匹配。美国社会学家刘易斯在城市与文化的关系上说过一个观点，"城市是文化的容器，专门用来储存并流传人类文明的成果，储存文化，流传文化和创新文化，这大概就是城市的三个基本使命。"我们从城市的使命当中可以看出文化产业和城市的关系，注意力价值、情感价值、文化产业、文化符号是使一个城市带有温度的最重要的方面。

[资料链接]

上海城市文化产业发展概况

2022年8月，中共上海市委宣传部文化改革发展办公室、上海市文化事业管理处和上海交通大学文化创新与青年发展研究院联合编写的《2021年上海文化产业发展报告》对外发布。

2021年电影市场回暖脚步加快，上海电影全年票房共计25.44亿元，占全国票房的5.4%，放映场次421.9万场，观影人次4986万人次，上海作为全国唯一突破25亿元电影票房的城市蝉联年度全国城市票房冠军。为积极打造更平衡、健康、繁荣的电影市场，上海深入落实《关于推进五个新城、乡镇影院建设和农村电影放映工作的意见》，推进嘉定、青浦、松江、奉贤、南汇五个新城及乡镇影院建设，2021年共有195家乡镇影院贡献了11.48亿元票房，其中五个新城53家影院共产生2.76亿元票房。

2021年上海演出行业克服新型冠状病毒感染的影响，演出场次较上一年大幅增长。据上海市文化和旅游局统计，2021年上海共举办营业性演出38 366场，日均演出105场，较2020年增加24.7%，其中专业剧场演出8 894场，同比增加25.6%，场次数量基本与2019年的38 960场持平。

上海电竞产业、电竞市场在政策引导、大环境催生下持续做大做强，"全球电竞之都"成为城市新名片。产业环境进一步优化，产业发展呈现良好势头，电竞赛事数量、俱乐部数量、市场规模等关键指标在国内独占鳌头。上海交通大学发布的《全球电竞之都评价报告》显示，上海电竞综合排名位列全球第二，在亚洲电竞之都综合排名中名列首位。中国音像与数字出版协会发布的《2021全国电竞城市发展指数评估报告》显示，上海力压北京、深圳、杭州等城市，综合排名位列全国第一。市场规模持续增长，2021年上海电子竞技市场规模达到228亿元（含电竞游戏收入），电竞赛事收入全国占比超50%，继续保持稳步增长态势。其中，电竞赛事相关收入增加到55.2亿元，在全国的占比超过50%。

围绕建设具有全球影响力的动漫游戏原创中心的目标，上海动漫游戏产业继续保持全国领先优势、稳步发展。游戏产业呈现高质量发展态势，网络游戏销售收入1 250亿元，占全国市场份额1/3。同时，上海获批的版号数量全国第一，思想精深、艺术精湛、制作精良的精品佳作不断涌现，上海首届中国游戏创新大赛在沪成功举办，共征集267款游戏作品，最终评选出《原神》等15款优秀原创游戏，8个优秀创新团队与个人，大赛和获奖游戏受到各界好评。

动漫产业发展态势向好，产业链要素进一步完备。2021年，上海动漫产业规模已达到了280亿元，占全国总产值10%，各类动漫公司数量达到7.85万家，其中专门从事动漫内容生产的经营主体有1 984家，广播电视制造机构许可证有效的持证机构达到2 683家，庞大的上海动漫企业群体全方位支撑起完整的动漫产业链。阅文集团拥有

900 多万作家和 1 390 万部网文作品，月付费用户达 1 020 万，其作品成为动漫产品、影视剧改编的重要资源库，哔哩哔哩月活用户达 2.02 亿，拥有全国最大规模的二次元用户群体。

在视频版权领域，中央广播电视总台等主流媒体深度布局，SMG 旗下五岸传播发行网络已遍布国内 31 个省区、超过 300 家电视台以及 120 多个国家和地区的海外平台，民营平台 100wa 成为生产者集成型版权交易平台的代表，与来自全球 35 个国家的制作人建立了独家合作关系，梨视频短视频版权销售平台在全球拥有 6 万多名核心拍客，日产短视频超过 1 000 条，建构了遍布全球的拍客生产体系。在音频版权领域，上海已具备较强的竞争优势，SMG 旗下的阿基米德 FM 为全国广播电台提供了线上聚合平台，上海本土成长的喜马拉雅 FM、蜻蜓 FM 等音频行业龙头平台，行业独占率达到 54.61%，领先地位稳固，欢唱网络科技（看见音乐）已积累涵盖全球 7.4 万家机构、约 65 万全球创作者、1 800 多万首独家全球音乐资产，音乐资产管理规模处于全球前沿地位。

围绕建设具有世界影响力的"国际数字之都"的目标，上海抢先布局"元宇宙"等前沿虚拟现实空间技术，推进虚拟内容建设，积极探索行业应用。"元宇宙"赛道布局全面，2021 年，上海在数字基建产业领域结构完善，行业统计显示主流 5G、IOT 芯片企业研发设计人才 52% 集中在上海；VR/AR 技术内容创作发展高地地位稳固，亮风台、影创、视辰信息、叠境数字等本土企业快速发展；云计算领域产业集聚，上海优刻得、网宿科技、七牛云、声网等紧跟行业前沿；应用场景丰富，哔哩哔哩、阅文集团、米哈游、盛趣游戏、小红书等互联网企业纷纷加快赛道布局。文化行业领域加强合作研讨，2021 年上海元宇宙文化周成功举行，来自科技、互联网和区块链等多领域人士围绕"探寻元宇宙身份"这一主题开展探讨交流。

资料来源：中共上海市委宣传部 2021 年上海文化产业发展报告［EB/OL］.（2022-08-04）［2023-05-30］.http://www.sfa.org.cn/zxzx/detail.asp？id＝1741。

二、乡村文化资源

习近平总书记在党的二十大报告中强调："加快建设农业强国，扎实推动乡村产业、人才、文化、生态、组织振兴。"这为新时代新征程全面推进乡村振兴、加快农业农村现代化提供了根本遵循。乡村文化振兴是乡村振兴的重要内容和有力支撑。推动乡村振兴，既要塑形，也要铸魂，不断丰富人民精神世界、增强人民精神力量，更好培育文明乡风、良好家风、淳朴民风，提高乡村社会文明程度，焕发乡村文明新气象。

纵观社会发展的历史进程，乡村是一个承载着文化意涵的动态概念[①]。在以农业为主的发展阶段，人类社会在人与乡土交织互动的过程中不断衍生出独特的意义系统与价值体系，具象为各式各样的乡村文化资源。在宏观的时代背景之下，每种文化资源的发展都是传承与创新相统一的过程，遵循着从"历史"经由"现实"流向"未来"的必然规律。正如习近平总书记指出："只有坚持从历史走向未来，从延续民族文化血

---

① 刘守英，王一鸽. 从乡土中国到城乡中国：中国转型的乡村变迁视角［J］. 管理世界，2018，34（10）：128-146，232.

脉中开拓前进，我们才能做好今天的事业。"从时间维度出发，精准理解乡村文化资源在历史脉象中的价值呈现以及在新时代坐标中的意义指涉，是关涉它能否在当前中国社会转型中发挥自身优势并得以发展的重要前提。习近平总书记高度重视乡村以及乡村文化，一直以来强调推进乡村振兴。党和国家提出多项重大战略部署以及相继出台大量政策文件推进乡村振兴。2023 年中央一号文件公布，提出做好 2023 年全面推进乡村振兴重点工作，以更大的力度推进乡村文化建设。

乡村文化资源属于一种民间形态的文化资源。中共中央办公厅、国务院办公厅印发《"十四五"文化发展规划》，强调要利用好乡村文化传统和资源。乡村文化（rural culture）也称为乡土文化，其特点是带有鲜明的乡土气息和乡村文化色彩。乡村文化是人类早期农耕文明的反映，它成为与现代都市文化并存的一种文化形态。乡村文化资源是构成人类社会其他文化资源的重要资料，它为人类社会文化提供了许多丰富多彩的文化来源。在人类历史发展中，乡村文化曾经是人类最主要的文化形态，它为后来的许多文化的产生奠定了基础。

（一）乡村文化的本质

乡村文化是一种庶民文化，在过去，它是与官文化、士文化、工商文化等相对立的一种文化。庶民文化是一种平民百姓的文化，具有广泛的民众基础，它最早的根基是在乡村，乡村为庶民文化的产生提供了深厚的土壤。后来随着城市文明的出现，乡村文化中的一部分逐渐脱离了乡土形态而发展演变为城市文化。

乡村文化存在于日常的田间地头，是生活于乡村的广大民众的日常生活方式和精神世界的反映，人们日常生活万象中所表现出的饮食、居住、耕作、交往、礼仪、习惯、信仰、邻里关系、婚姻家庭、节庆活动等，都是构成乡村文化的最基本的内容。

乡村文化所表达的是一种俗文化的内涵，它生长于民间，既具有明显的地域性特征，又与古老的宗法观念和家族血亲相联系。因此，乡村文化的各种文化因子之间可以说与生俱来地具有一种紧密联系，这种联系形成了与乡土观念联系在一起的乡土文化意识，并具体表现为乡村特有的生活方式、人际关系和生活情调。它可以把不同的人凝聚在一起，这是明显不同于都市文化的地方。中国人传统文化意识中普遍具有的"故土难离""叶落归根""美不美，家乡水，亲不亲，故乡人"等观念，这正是乡土文化的反映。而这种乡土文化观念的形成首先离不开自然环境所赋予的地域性特征，我们所说的"乡土情结"，正是地域性文化观念的表现。正如学者杨知勇指出："同一地区的人，世世代代生活于相同的自然条件之中，过着大体相似的经济生活，有着大体相似的生活习惯，沐浴于本地区重大历史事件、重要历史人物的行为所造成的特殊感情之中，共同祭祀本地区的守护神，共同祭祀地区的神灵，参与地区性的节日活动，参加地区性的庙会，在同一市场做买卖，在许多方面有着共同的利害关系。这一切，形成了地域观念和地缘感情，成为地区性行为模式代代传承的心理基础。"

（二）乡村文化资源类型

1. 乡村历史文化资源

乡村历史文化资源包括有形的历史文化资源和无形的历史文化资源。

有形的乡村历史文化资源指的是借助一定的物质载体，具体化、物态化的文化资源，通常指乡村遗留下来的具体的物质形态，如乡村聚落。乡村聚落，主要是指民居在历史实践中反映出本民族地区最本质的和代表性的东西，特别是要反映出与各族人民的生活生产方式、习俗、审美观念密切相关的特征。中国传统民居的结构形式主要分为：木构架庭院式，一颗印式，大土楼，窑洞式，干阑式，三合院和四合院。在中国民居中，皖南民居和山西民居齐名并列，一向有"北山西，南皖南"的说法。明清时期，深居内陆的晋商、徽商勤俭自强、诚信经营而富甲海内，在家乡修建的深宅大院，成为中国民居文化的一笔宝贵财富。

无形的乡村历史文化资源主要是指借助人作为基本载体的各种生活生产技艺以及人们在社会生产生活中所形成的精神观念、民风民俗等。如山东柳编技艺，陕西安塞的腰鼓舞蹈，云南黎族的鱼衣制作等。

[资料链接]

西江千户苗寨——世界最大苗族聚落，现实版的"千与千寻"

我国除了汉族之外，其他民族在一些地区有着自己的村落族寨。例如在广西壮族自治区内有着壮族、彝族等少数民族，辽宁省有着满族、朝鲜族等少数民族，这些民族都有着民族村落族寨。而在贵州省生活的苗族，他们大多数居住在一个在中国甚至世界都很难再找出比其还大的苗族聚居村寨——西江千户苗寨。

西江千户苗寨位于贵州省黔东南苗族侗族自治州雷山县西江镇南贵村，共有6 000余人，苗族人口占总人数的99.5%，是世界上最大的苗族聚居地，浓郁的民族风情遍布村寨。云雾缭绕的千户苗寨与山峰等交相辉映，形成一道亮丽的风景线。

西江千户苗寨由十余个依山而建的自然村寨相连成片，四面环山，层峦叠嶂，梯田依山顺势直连云天，白水河穿寨而过，将西江苗寨一分为二。西江千户苗寨在半山建造独具特色的木结构吊脚楼，千余户吊脚楼随着地形的起伏变化，层峦叠嶂。西江千户苗寨主要景点有西江苗族博物馆、鼓蔵头家、活路头家、酿酒坊、刺绣坊、蜡染坊、银饰坊、观景台、嘎歌古道、田园观光区等。西江千户苗寨是一座露天博物馆，展览着一部苗族发展史诗，成为观赏和研究苗族传统文化的大看台。

讲到西江千户苗寨的历史开始，那便要提及黄帝炎帝时期的历史，那时由于部落的冲突，彼此的征战，部分苗族人民不断向外迁，之后与迁徙地的原著苗族民融合。其后，由于封建王朝的征讨战争等原因，这批苗族人最终到达了如今贵州省境内的雷公山麓安家建寨。西江千户苗寨周边有着极为秀美的景色，青山环绕，清水潺潺，如同人间仙境。西江千户苗寨依山而建，人们走进西江千户苗寨就能感受到苗族浓厚的历史氛围。西江千户苗寨内有着多个村落，其中最为知名且不容错过的便是寨内的银匠村，听名字便能够知道这个村落以制作银饰为主，而苗族的传统服装便由银饰来作为配饰进行佩戴，通过这些银饰我们也能感受到苗族独特的文化和民俗，它们不仅有着使用价值，也体现着苗族对美的追求。苗寨内基本都是三层或者四层的吊脚楼，底层用于养殖、存储物品等，二层则以苗族人的生活居住为主，三层基本用于谷物、饲料的储存。这些吊脚楼有着苗族的文化特征。此外每个吊脚楼层层叠叠，无论是白天还是夜晚登上寨内的观景台，一览苗寨的大好风光，让人心旷神怡。

西江苗族是黔东南苗族的重要组成部分之一，现主要居住的是苗族的"西"氏族。作为全世界最大的苗寨，西江千户苗寨拥有深厚的苗族文化底蕴，苗族建筑、服饰、银饰、语言、饮食、传统习俗不但典型，而且保存较好。西江苗族过去穿长袍，包头巾头帕，颜色都是黑色的，故称"黑苗"，也称"长裙苗"。西江苗族的语言属于汉藏语系中的苗瑶语族的中部（黔东）方言的北部次方言，这里现在使用的文字是通用的汉语言文字，尽管汉语言是西江苗族与外界交流的必备语言工具，但苗族之间的语言交流仍然使用传统的苗语。在苗家迎接贵客的最高礼仪——"拦门酒"上，苗家人会身着盛装，拿出自家酿的香甜米酒来迎接贵客。2005年，西江千户苗寨吊脚楼被列入首批国家级非物质文化遗产名录。目前为国家4A级旅游景区。

资料来源：佚名. 西江千户苗寨：中国乃至全世界最大的苗族聚居桂冠［EB/OL］.（2023-05-30）［2023-05-30］.http://www.163.com/dy/article/I60E2VV005562JRP.html。

2. 乡村生产文化资源

乡村生产文化资源主要是指与乡村生产活动具有相关潜在联系的一切相关因素，包括农业物质文化与农业智能文化。农业物质文化即几千年农业生活、生产活动中创造、培育以及传承下来的带有历史痕迹或文化附加成分的物化品，例如生产方式、生产工具、生产技术、生产对象等。

生产方式是指社会生活所必需的物质资料的获取方式，在生产过程中形成的人与自然之间、人与人之间的相互关系的体系。生产方式的物质内容是生产力，其社会形式是生产关系，生产方式是两者在物质资料生产过程中的统一。

生产工具指在传统的农业生产生活过程中，得以延传至今的实用性工具。生产工具是劳动资料基本的和主要的部分，是机械性的劳动资料。从原始人的石斧、弓箭，到现代化的各种各样的工具和机器设备等，都同样起着传导劳动的作用，均属生产工具。如水车、耕犁等传统农业生产工具，联合收割机、播种机等现代农业生工具。

农业智能文化即农业生产与生活中经乡村民间总结提炼而成的具有理论化、文学化、经验化、习俗化的内容，农业智能文化有农谚、农趣、农节等。

［资料链接］

万松村——长江边上，30万个石磨"装"出来的村子

石磨——中华大地古老传统的粮食加工用具，在我国使用已有两千年的历史，千百年来，饱经沧桑、风雨洗礼，始终以古老单调的姿势，慢慢旋转吐乳汁，默默辛勤碾食粮，养育着一个伟大的民族。它是一枚特殊的印章，标注着一段深刻的记忆。

中国是古老的农耕文明，几千年来留下数不清的农耕的文化遗产，许多已经成为深刻文化符号，比如石磨，是当时非常实用的农业工具，其种类繁多，有手推磨、驴拉磨、水磨等，那些坚硬的石头，耐得住风雨侵蚀，保存完好。据资料记载，由鲁班发明的石磨至少已有两千年的历史。这样的石磨是由两块相同的短圆柱石块和磨盘构成，通过磨的上扇与下扇旋转挤压，磨制各种谷物。

万松里民俗文化村，位于重庆市涪陵区蔺市镇万松村，是一个是以万松村为中心，

集约周边村组农民及土地，以传统农耕文化为核心，以石器石磨文化为特色，以"公司+农户+土地"为股权模式，以"休闲农业+乡村旅游"为产融模式，以生态农业观光、农耕文化体验、民宿休闲度假等为经营业态的"田园综合经济体"。

万松村万松里石磨纪收集有全国各地的 30 万个石磨，遍布全村的每一个角落，形成了独特的石磨石器文化。无论是赏景观"磨"，或是登高望远，还是休闲散心，这个以传统农耕文化为核心、以石磨石器文化为特色的景点正在吸引越来越多的游客打卡。

万松里民俗文化村，主要包括三大核心板块，分别是万松里民俗文化庄园、万松里石磨文化特色一条街、石磨纪主题文化公园。沿着蜿蜒的山路攀爬而上，首先映入眼帘的便是道路两旁堆放的石磨，迎接着远道而来的游人。经过精心设计后，原本普通的石磨有了千变万化的造型，它们或成石墙静静伫立路旁，或成容器盛满绿草鲜花，清澈的活水滴滴答答穿石而过，冰冷的石器也透出生机盎然的灵气。在这里的民俗文化庄园里，形状各不相同的石磨更是具有特色，蘑菇、马车、元宝、花盆等形状的石磨应有尽有，绿色的蔬菜与缤纷的鲜花点缀其中，相映成趣，重现着农耕时代的别样风景。就连寺庙也被石磨包围，游客漫步其间，脚下石子沙沙作响，耳边微风柔柔呢喃，远处竹林窸窸窣窣，却给人万物静谧的错觉。

如今的山村，机械化早已代替了人工，甚至不用动火便可以吃上随便想吃的任何美食，披星戴月推磨的岁月早已一去不复返了。那些凝结着前人智慧的石磨，被沉在了记忆的深处。走在公园的小径、高高的景观台上偶尔还会发现石磨的影子，它们作为一种农耕文化的符号，一直被现代人怀念着，唤醒乡愁记忆，体验乡村文化。

资料来源：30 万个石磨"装"出来的村子 就长在长江边上 https://sohu.com/a/435239878_120388781。

3. 乡村名人故里与历史遗迹资源

乡村名人故里，就是经过多方考证，证实历史上的文人墨客、政治家等具有一定影响力的人物曾经在乡村居住过的地方，是一种特殊的文化载体，它历经时间的洗礼依然记录并留下了这些人物日常生活的点点滴滴，具有一定的文化价值。目前新的乡村产业结构开始从第一产业和第二产业向第三产业转变，旅游观光业也成为各地乡村积极发展的第三产业。若乡村中曾经出过名人，则给乡村中的旅游观光业提供了一个很有发展潜力的项目，这就是所谓的名人效应。人们通过对名人故居的规划，可以将其发展成为乡村休闲观光产业的基础。近年来，许多农村地区开始依托名人故居开发旅游项目，产生了不错的经济效益。

乡村遗迹资源，是指人类各种活动遗留下来的历史痕迹，包括遗址、墓葬、灰坑、岩画、窖藏及游牧民族所遗留下的活动痕迹等，可以细分为城堡废墟、宫殿遗址、村址、作坊址、寺庙址、水渠、水井、窑址等。由于地域、时代以及民族的不同，历史遗迹的面貌也各不相同，显示着区域、时代及民族各自独特的风俗、风格。一般来说，历史遗迹是经过人类有意识加工的，因而能够反映当时人类的活动。通过各种历史遗迹及文物的综合研究，我们可以了解古代社会的发展史。对乡村历史遗迹进行开发，可以为乡村的观光旅游、餐饮服务等第三产业提供可观的经济效益和社会效益。

[资料链接]

朱德故居

朱德故居始建于清代嘉庆末年（公元 1820 年），是朱家先辈从广东入川的第二住地，已有 200 多年的历史。这是一座坐北朝南的土木结构房屋，典型的川北农家小院。朱德从 9 岁开始在这里住了整整 14 年，度过了他的青少年时代。屋内按照朱德离家时的原貌陈列着朱德及其家人使用过的物品，堂屋门楣上方的匾额系一代文豪郭沫若亲笔书赠，屋侧的"双柏树""琳琅井"是朱德当年劳动、生活、学习的见证物。1988 年国务院公布其为全国重点文物保护单位。2016 年被国家评为 5A 级景区。

朱德故居为土木结构建筑，是典型的川北三合院民居，现保存完好。整个建筑占地 2 000 多平方米，建筑面积 336 平方米。整栋建筑由三个部分组成：正面是堂屋、歇屋、厨房，均为原始的土墙壁，青瓦房盖，黄土地板；东厢房为客房、蚕房和煮酒作坊，全是土木穿斗结构建筑；西厢房是歇屋和猪、牛圈，猪、牛圈顶是茅草天盖。整个建筑为单檐悬山布瓦顶，土墙板壁混缀的典型民间用房，显得古朴雅致。堂屋西侧第一间是朱德祖父朱邦俊夫妇的卧室，楼上是朱德的卧室兼书房，里面转角处是厨房。厨房外隔壁是朱德养父朱世连夫妇的卧室。堂屋东侧第一间至第三间是朱德的三叔朱世和、四叔朱世禄夫妇的卧室，那时全家十四口人就挤在这座房子居住。朱德故居，还存列着他少年读书时用过的条桌、桐油灯盏、蓝麻布文帐、装书的背篓、算盘、砚台等遗物。蚕房里还存放着当年朱德家中的织布机、缫丝用的"东洋车"。在朱德故居周围，还保留了很多朱德少年生活时的遗迹、遗物，如门前养鱼的四方田，院坝内的石碾、石磨，田埂上他亲自栽植的嘉陵桑，东侧有他亲手掏挖的琳琅井，屋后竹林旁有他锻炼身体用来翻单杠的双柏树。

朱德纪念地分布在琳琅山四周，处于朱德故里琳琅山景区内。山坡和山梁上林木苍天，植被良好。四周多山丘、农田、池塘，前下方有条小河叫潘家河，流经永乐、二道，入嘉陵江。该处的三级柏油公路与朱德故居纪念园区环形公路相连，与周边的轿顶山、琳琅山、琳琅湖等名山、名湖相邻。当地村民生产、生活条件优越，国家投资打造农房，村民享受国家饮水、生活、低保等优补政策待遇，部分村民已在园区内就业，开办农家乐、小商店，人均收入在 7 000 元以上。景区内的丁氏庄园又被当地老百姓称为"丁氏地主庄园""丁家大院"等，是当地客家后裔主持修建的一处豪华庄园。作为"湖广填四川"的典型代表，丁氏庄园既保留了客家民居的特点，又体现了战争年代人们对房屋设计的需求，在民国时期号称"川北第一庄"，由此也可见客家文化的繁荣以及客家人的智慧。丁氏庄园是客家文化在四川"繁衍"的突出代表。

依托优美的自然生态资源和丰厚的红色文化底蕴，结合"景区带村"的旅游扶贫模式，仪陇县致力打造德乡慢村精品民宿群项目，助力乡村振兴。该项目位于朱德故里景区核心区，环琳琅湖而建，项目概算总投资 4 000 万元，包括打造 30 个民宿院落和 1 个民宿服务中心。其中，德乡慢村·筑梦阁民宿以"山、水、田、村"宜居生态系统为本底，以红色文化、川北客家文化为脉络，融入"慢宿、慢食、慢行、慢游"

的川北客家慢生活美学，回归生产、生活、生态本原，为游客提供生态康养的休闲场所。

青瓦屋面、穿斗屋架、土黄色外墙，门前一方藕塘，屋后一丛竹林，屋旁一畦菜地，一派乡村田园风格……充满设计感的农家老屋让人感受到星级酒店的品质。筑梦阁民宿庭院为两层框架结构，建筑面积627平方米，共有7间大床房，配备有茶室、餐厅、会客厅、书房、厨房等。位于民宿一楼的"小型图书馆"还能实现仪陇县内通借通还；不仅能体验现代化装潢与客家特色建筑风格的完美融合，还能感受到客家文化与乡村文化。乡慢村精品民宿群项目落成弥补了朱德故里景区没有高端住宿的短板，改变过去游客"白天看景、晚上走人"的状况。朱德故居景区还将秉承"着眼保护、修旧如旧、尊重自然、不大拆大建"原则，打造大路学堂、手艺人体验馆、田园牧歌等配套项目，让游客体验精致的新型乡村生活。

资料来源：中国青年网. 传承红色记忆［EB/OL］.（2021-05-14）［2023-05-30］.http://sxx.youth.cn/jxqc/gwsh/202105/t20210504_12912652.htm。

4. 乡村民情民俗文化资源

乡村民情民俗文化，是对民间民众的风俗生活文化的统称，也泛指一个国家、民族、地区中聚居的民众所创造、共享、传承的风俗生活习惯。它是普通人民群众（相对于官方）在生产生活过程中所形成的一系列物质的、精神的文化现象。它具有稳定性和变异性、多元性与复杂性、神秘性与实用性。它是依附人民的生活、习惯、情感与信仰而产生的文化。由于民俗文化的集体性，民俗培育了社会的一致性。民俗文化的核心要素是集体遵从、反复演示、不断实行的功能，所以具有增强民族认同，强化民族精神，塑造民族品格。

民俗涉及的内容很多，直至今日它的研究领域仍在不断地拓展。就目前民俗学界公认的范畴而言，民俗包含以下几大部分：生产劳动民俗，日常生活民俗，社会组织民俗，岁时节日民俗，人生礼仪，游艺民俗，民间观念，民间文学，宗教及巫术，婚丧嫁娶等。

［资料链接］

摩梭人的"走婚"习俗

摩梭人，这个素有"女儿国"之称的民族，这里仍保留母系社会制度，摩梭人的一切都由女性支配。摩梭人有一种独特的婚姻方式——走婚，走婚在摩梭语中叫"色色"，意为"走来走去"，它形象地表现出走婚是一种夜合晨离的婚姻关系，男女双方没有婚姻关系，只有在晚上男方会到女方家居住，白天仍在各自家中生活与劳动。一到夜晚，男子会用独特的暗号敲开女子的房门。走婚的男女，维系关系的要素是感情，一旦感情转淡或性格不合，可以随时切断关系，因此感情自由度较高，女方占主要地位，女方一旦不再为男方开门，走婚关系就宣告结束。不管是过去人民公社、生产队或个体经济，摩梭人至今都保存着古老的"共耕分食"的形式。这种生产劳动过程给男女青年提供了相互了解的机会，爱情也就在这种土壤中产生了。

这种走婚的形式最看重的就是双方之间的感情。在这种关系维持的过程中，双方得到的束缚也不是很多。男方会称自己的女情人为"阿夏"，而女方称自己的男情人为"阿注"。他们所生下来的孩子并不是由男女双方共同抚养，他们不存在传统观念上的夫妻法律义务。生下来的孩子都是由女方的家人抚养，最主要的就是由孩子的母亲的弟弟，也就是由孩子的舅舅抚养。如果孩子出生之后是没有舅舅的，那么这个问题也会由家族内部的人去解决，基本上是由女方的家人来抚养，男方不需要考虑这个问题。而孩子的父亲也会有自己的姐妹，她们生下来的孩子就会需要这些摩梭男孩去承担。那么，通过走婚形式生下来的孩子，他们需不需要知道彼此之间的关系呢？这一点是需要着重强调的，父亲和子女之间，从怀孕到生子再到后面的教育，整个过程中双方都是知道彼此之间的亲子关系的。

但是这种婚姻形式不具备多重约束力，只要男女双方之间的感情冷淡了之后，他们便会宣布分手。男孩也不会再出入女情人的花楼里，他们可以继续把目光放在其他人的身上，再通过集体活动进行下一段走婚，所以他们的爱情观和婚姻观显得更加自由一些。

尽管这种走婚习俗广受外界关注，但是这也主要集中在云南省永宁镇摩梭人内。除了这种习俗，分布在其他地区的摩梭人还有很多有意思的婚姻习俗。但有趣的是，不论是有怎样的婚姻习俗，他们都不会提倡没有感情的两人继续在一起，而是呼吁人们要为了感情在一起。所以即便是一妻一夫者后来分手，他们也可以进行下一段走婚。

资料来源：佚名. 云南摩梭人的走婚风俗 [EB/OL]. (2021-10-14) [2023-05-30]. http://www.163/com/dy/article/GLF62GPNO552DM4O.html。

5. 乡村景观文化资源

乡村景观与城市景观（以高度密集的人与建筑群、工业、服务体系为主），与自然景观（以原生态景观为主，少有人居和人为经济活动）有本质差异。它是自然与人为因子交互作用下的景观基本类型之一。乡村景观是乡村地区范围内，经济、人文、社会、自然等多种现象的综合表现。研究乡村景观最早从研究文化景观开始，文化景观是"附加在自然景观上的人类活动形态"。文化景观随原始农业而出现，人类社会农业最早发展的地区即成为文化源地，也称为农业文化景观。从景观生态学的角度看，乡村是一种人口相对聚居的、以耕种为主业的田园景观。在生态结构和特征方面，乡村以幅员广大的农田，呈板块状的村庄，呈廊道状的河流、农渠和道路为主。

从乡村地理学角度看，乡村景观是在乡村地区具有一致的自然地理基础、利用程度和发展过程相似、形态结构及功能相似或共轭、各组成要素相互联系、协调统一的基础上存在的。它是指乡村区域范围内不同土地单元镶嵌而成的嵌块体，包括农田、果园、林地、农场、水域、民居等生态系统，以农业特征为主，是人类在自然景观的基础上建立起来的自然生态结构与人为特征的综合体。它既受到自然环境条件制约，又受到人类经营活动和经营策略的影响，兼具经济价值、生态价值、社会价值和美学价值。

新疆禾木村——中国仅存的图瓦人村落之一，美成俄罗斯油画

中国最美秋色在新疆，新疆最美秋色在喀纳斯，而喀纳斯最美的秋色则是在禾木村。禾木村在新疆的最北部，是一个被白桦树、雪山和河流包围的美丽村庄，位于喀纳斯湖畔，是图瓦人的集中生活居住地，总面积 3 040 平方公里，是仅存的 3 个图瓦人村落（禾木村、喀纳斯村和白哈巴村）之中最远和最大的村庄，素有"中国第一村"的美称。此外，禾木村还被中国国家地理杂志评为"中国最美村庄"，并先后荣获中国少数民族特色村寨、中国乡村旅游重点村、中国最美的六大古村古镇之一、CCTV 中国十大最美乡村之一等荣誉称号。

禾木村坐落于一座开阔的山谷之中，远处被巍峨的雪山环抱，近处被一排排的白桦林、胡杨林包围，禾木河从旁边缓缓流淌，穿过古旧而敦实的禾木桥，远处草原上牛羊、马在悠闲吃草。一阵风吹过，金黄色的树叶落在身上，此时此刻仿佛处在世外桃源一般。禾木村现有 1 800 余人，其中蒙古族图瓦人有 1 400 多人，以蒙古族图瓦人和哈萨克族为主，据说他们是成吉思汗的后裔，也有人说，这是俄国十月革命后，落魄贵族和军官无藏身之地，就流浪到了此地，看到一片与世隔绝的净土，就在此地隐居生活。

因禾木村接壤俄罗斯，所以这里的村庄建设具有俄罗斯农庄风情的特点，充满了原始的味道。一座座房子全是用胡杨木或白桦原木搭成的，院子、房子的屋顶还有窗框上都用了鲜艳的色彩，十分赏心悦目。如今这些小木屋成为了图瓦人的标志，越是靠近禾木河，这里的小木屋越原始古朴，有的已有几十年或者百年的历史。

禾木村一年四季皆有令人眼花缭乱的美景，来过这里的游客无一不被这里的景色陶醉，但其最出名的是红遍万山的醉人秋色。九月中旬，放眼望去，一片秋色，禾木村炊烟袅袅，周围的白桦林、胡杨树开始染上黄色，层林尽染，绚丽多彩，如油画般围绕原木搭建的木屋，到处充满了诗意，在那一刻，人们仿佛走进了纯美、宁静的童话世界。清晨，整个村庄、白桦林笼罩在烟雾之中，金黄色的树木、小木屋、牛羊都在雾色中若隐若现。随着太阳渐渐升起，白色的雾气像飘带一样掠过屋顶、树梢，飘向远处的山腰。站在远处的小山坡上，俯瞰禾木村，景色尽收眼底，小桥流水、炊烟袅袅……一条弯曲的公路把禾木村一分为二，成群的牛羊、放马的牧民停留在路边，与远处的白桦林构成一幅优美、恬静、色彩斑斓的俄罗斯油画，如痴如醉。这一刻佛世界都安静下来了，让人内心充满宁静与放松。

资料来源：佚名. 童话般的新疆禾木村，中国仅存的图瓦人村落之一，姜成俄罗斯油画［EB/OL］.（2022 – 09 – 14）［2023 – 05 – 30］. http://baijiahao.baidu.com/s? id = 1743960144875442872。

6. 乡村饮食文化资源

饮食文化又称为食文化、饮馔文化、烹饪文化、美食文化、厨艺文化、餐饮文化或膳食养生文化。乡村饮食文化资源主要指广大农村地区在日常生活之中，根据所在

地区的环境，食物原料开发利用、食品制作和饮食消费过程中的技术、科学、艺术，以及以饮食为基础的习俗、传统、思想和哲学，即由人们饮食生产和饮食生活的方式、过程、功能等组合而成的全部食事的总和。

从沿革看，乡村饮食文化绵延千年，分为生食、熟食、自然烹饪、科学烹饪四个阶段；从内涵看，乡村饮食文化涉及食源的开发与利用、食具的运用与创新、餐饮的服务与接待；从外延看，乡村饮食文化涉及民俗、文学艺术、人生境界，展示不同的文化品位；从影响看，乡村饮食文化直接影响到亚洲国家，是东方饮食文化圈的轴心，与此同时还间接影响欧美等国，如素食文化、茶文化以及酱醋、面食等传遍世界。

7. 乡村传统工艺文化资源

乡村传统工艺资源主要指传承至今的各种技艺技术的总称。中国传统工艺是指世代相传、具有百年以上历史的完整工艺流程，具有鲜明的民族风格和地方特色。从其功能来看，乡村传统工艺可分为实用类工艺、欣赏类工艺、宗教类工艺。

乡村传统工艺的手工形态是传统的自然经济、农耕社会的产物，也是与特定环境相适应的智慧的体现，民间传统工艺往往与人们的生产生活密切相关。它不仅为人们提供了生活、生产的需要，更通过产品传递了人与人之间的一种关系，密切了社会成员之间的互动，是一定社会人群交往的重要方式。一件工艺品就是一个民族或地区的历史与文化的缩影，映射出文化演绎的过程。

[资料链接]

道明竹编，展现传统非遗之美

四川省崇州市道明镇是民间文化艺术"竹编"之乡，优良的生态环境和深厚的人文底蕴，赋予了这里传承文化记忆、保留艺术技艺的天然条件，也为蜀风雅韵的川西林盘增添了别样的吸引力。如今，国家级非物质文化遗产道明竹编已经不仅仅是一项单纯的民间文化艺术。借力乡村振兴推进、城乡融合发展，道明竹编已经实现价值提升，形成了"群众体验有所乐、群众参与有所得、群众传承有所获"的良好态势，其辐射面、覆盖面不断扩大，艺术性、文化感持续增强。

道明镇位于四川盆地西部的川西平原（俗称"川西坝子"），以其独特的地理环境和人文环境铸就了其与竹相辅相成的命运。据《华阳国志》记载，远在2 000多年前的秦朝，道明镇的群众就已经开始种竹和使用竹子了。到了清朝年间，道明竹编逐渐由粗篾器发展到细篾器，编织品类也逐渐丰富了起来，工艺水平也随之提高。据《崇庆县志》里所说清代的道明竹编"所作竹器最繁，凤称优美"。20世纪早期，道明竹编技艺取得进一步的发展，其竹编产品已经开始在省内外市场驰名。《崇庆县志》里便有关于"畅销境外，以获盈利"的记载。

道明竹编，盛于方篼，首创瓷胎技艺，因产品编织精致、造型新颖而饮誉中外。穿行于道明镇，满眼是穿越了两千多年的竹编产品，治水筑堰的"笼篼"，陆游避雨的"斗笠"，背婴儿的"背篼"都布满了道明竹编的"密码"。在充满竹篾清香的作坊里，从艺人们的指尖跳跃出的不仅是美妙的生活与竹器，更是优秀传统技艺的保护与传承。一根根慈竹经过去青皮、剖片、日晒、划篾丝、染色等工序后，再通过编、绞、琐、插、穿、扣等工艺技法，编制出造型优美、工艺精湛、丰富多彩的竹编工艺品、日用品等。

近年来，崇州以国家级非物质文化遗产道明竹编为核心，挖掘民间艺术特色资源，提炼文化艺术特色符号，实践艺术介入乡村建设，通过改变乡村建筑与空间形态，打造文化体验和消费场景。在道明竹艺村这个因"竹文化"而兴旺的川西林盘，全景呈现着道明竹编的美学，从生产生活用具到文创设计作品，道明竹编从竹林中萌芽，在岁月的更迭中焕发活力。道明竹编这项民间艺术孕育新生，走出乡村，走向世界，传递着独特的文化内涵，展示着崇州的生活美学和劳动智慧。

资料来源：崇州市人民政府 http://www.chongzhou.gov.cn/chongzhou/c139129/bm_wlj.shtml。

8. 乡村口述文化资源

乡村口述文化资源又称无形遗产，是相对于有形遗产，即可传承的物质遗产而言的概念，口述文化（口头传说和表述）是非物质文化遗产媒介的语言。农村是人类社会最基本的生产基地，其交流方式以简洁的口语表达为主，口口相传的口述文化是主要的文化形式。其内容广泛、形式多样，比较常见的有地方方言、山歌、民谣、歇后语、民间传说、地方戏曲等。

［资料链接］

乡村歇后语

小肚子上搁暖瓶———热心肠。形容为人热情。

三十夜饲年猪——来不及。每当过年的时候就要开始杀年猪了，而在大年三十的时候看到别人家里杀猪了，才想起要好好饲养猪，这还来得及吗？以前这句话都是老人用来劝说小孩子的，其比喻的是平时做事马虎、不用功，临到头来拼命去补救。

问客杀鸡——虚情假意。以前家家户户都养猪、养鸡，如果家中来客人了，也很少去买肉的。但如果是尊贵的客人来了就会杀鸡，不过当着客人的面问要不要杀鸡，那客人应该怎么说呢？所以这句话的意思不言而喻。

苍蝇采蜜——装疯（蜂）。采蜜是蜜蜂干的事情，而苍蝇去采蜜，就是假装正经。所以这句歇后语比喻的是有的人装疯卖傻，或者是假正经。

资料来源：佚名.农村 20 句歇后语，妙趣横生［EB/OL］.（2019-01-14）［2023-05-30］.https://baijiahao.baidu.com/s？id=1622637880042879090&wfr=spider&for=pc。

（三）乡村文化资源的特征

乡村文化资源的特征主要表现在以下四点：

1. 乡土性

乡土性实际上是一种带有鲜明地域性色彩的文化观念，可以说长期以来已经深深地渗透到人们思想意识的深层。通过物质和精神的方式传达出来的乡土观念是中国文化传统中最持久和最根深蒂固的观念，它形成了人们对故土、对家园、对亲人、对乡里的依恋与怀旧之情。这是人们普遍具有的一种心理情感。例如，中国文化中的家族观念可谓根深蒂固，中国传统社会结构和社会关系在很大程度上都依赖于家族观念，家族观念的影响力远远超过其他。

2. 大众性

乡村文化代表的是一种最广泛的民众文化，它的社会基础是生活在乡村的广大民众，具有大众的属性，可以被不同阶层的人们广泛接受，为乡村人们所喜闻乐见，是乡村人们的一种基本生活方式。比如，常常可以看到的各种不同类型的地方戏曲、歌舞娱乐、庙会和节庆习俗等，这些富有地方特色的民间文化事象乃是乡村文化所培植起来的，已经成为一种最能体现乡村文化内核的文化资源。

3. 地域性

乡村文化是在特定的地理空间范围内产生的一种文化形态，带有突出的地域文化色彩。每一种文化都存在于特定的地域之中，但相比之下，乡村文化的地域性特征是最突出的，这是因为乡村作为地方组织的一种形式，最早是由地方政权（如过去的乡治）演变来的，在这个基础上形成的乡村文化传统自然具有鲜明的地域性特征。

4. 亲缘性

乡村文化与乡村特有的政治组织、经济结构、制度形态、乡村伦理、人际关系等有直接关系。亲缘性来源于远古社会时期代代相传而形成的家族关系、血亲关系、宗法关系等，形成了带有突出亲缘性的文化传统和社会习惯。从文化渊源上来看，根据上面所说的家族关系、血亲关系、宗法关系等来考察，少数民族村寨文化是家族关系、血亲关系和宗法关系在文化上的突出表现，体现了文化的一种亲缘性。

（四）乡村文化资源的价值

乡村文化资源囊括很多富有地方特色的风俗习惯、民间工艺、民间节日、生活方式和民间信仰，这些文化资源在都市文化中已经随着时代发展、社会变迁和社会转型而不同程度地发生嬗变，甚至消失，但在乡村文化中仍有很多得以保存。例如，东北的二人转，作为一种极富有地方特色的民间文化形式，长期在东北民间流传，深受人们的喜爱。再如，在胶东一带长期流行的秧歌、柳腔、茂腔、剪纸、年画等民间艺术活动，代表了这些地方悠久深厚的民间文化传统。实际上这些都是从乡村文化中发展而来的，是人类非物质文化遗产的重要组成部分。这些文化资源体现出的内涵代表了中国民间文化的特色，且具有广泛的民众基础。作为乡村文化资源，它们至今仍然对人们的日常生活和精神世界产生着深刻的影响。

［本节小结］

本节重点学习了城市文化资源与乡村文化资源的概念和内涵，城市文化资源与乡村文化资源类型的划分，分析了城市文化资源与乡村文化资源的特点与关系，以及在现代社会的价值。从城乡二元结构视角，我们可以将文化资源归纳为城市文化资源和乡村文化资源。本节内容可以让读者了解城市文化是什么，乡村文化是什么，以及城市与乡村文化是如何形成的。熟悉城市文化资源和乡村文化资源的内涵，掌握城市文化资源和乡村文化资源分别包括哪些内容，理解哪些文化资源能够作为城市和乡村发展的核心因素，能够促进文化创新。

[复习思考]

1. 什么是城市文化资源？有哪些类型？
2. 城市文化资源具有哪些特点与价值？
3. 什么是乡村文化资源？有哪些类型？
4. 乡村文化资源具有哪些特点与价值？
5. 城市文化资源与乡村文化资源的关系是什么？

[参考文献]

[1] 费孝通. 中国城乡发展的道路 [M]. 上海：上海人民出版社，2016.

[2] 段俊霞. 城乡教育一体化的文化生态研究 [M]. 成都：四川大学出版社，2017.

[3] 单霁翔. 关于"城市"、"文化"与"城市文化"的思考 [J]. 文艺研究，2007 (5)：35-46.

[4] 向德平. 城市社会学 [M]. 武汉：武汉大学出版社，2002.

[5] 徐康宁. 文明与繁荣：中外城市经济发展环境比较研究 [M]. 南京：东南大学出版社，2002.

[6] 单霁翔. 城市文化遗产保护与文化城市建设 [J]. 城市规划，2007 (5)：9-23.

[7] 汤茂林. 文化景观的内涵及其研究进展 [J]. 地理科学进展，2000 (1)：70-79.

[8] 段友文，王禾奕. 论古村落传统文化资源与创意产业的深度融合：以山西省万荣县阎景村为例 [J]. 山西大学学报（哲学社会科学版），2014，37 (1)：131-140.

[9] 孙明泉. 古村镇历史文化资源的再生营造与体验化开发 [J]. 西北大学学报（哲学社会科学版），2009，39 (5)：60-65.

[10] 费孝通. 西部开发中的文化资源问题 [J]. 文艺研究，2001 (4)：5-9.

[11] 陈育霞. 诺伯格·舒尔茨的"场所和场所精神"理论及其批判 [J]. 长安大学学报（建筑与环境科学版），2003 (4)：30-33.

[12] 梁婉颖，杨军. 乡村振兴战略背景下农村文化资源传承创新法治保障方略 [J]. 云南民族大学学报（哲学社会科学版），2020，37 (1)：58-65.

[13] 费孝通，方李莉. 关于西部人文资源研究的对话 [J]. 民族艺术，2001 (1)：8-19.

[14] 高维和，史珏琳. 全球城市文化资源配置力评价指标体系研究及五大城市实证评析 [J]. 上海经济研究，2015 (5)：53-61.

[15] 苗红培. 城市更新中的历史文化遗产保护 [J]. 重庆社会科学，2014 (8)：79-84.

[16] 杨潇，张毅. 城乡统筹背景下的成都全域历史文化保护利用研究 [J]. 规划师，2013，29 (11)：94-100.

[17] 李家寿. 重视和加强新农村传统文化的生态保护与发展 [J]. 生态经济，

2007（12）：164-167.

　　[18] 李军红. 创意乡村的路径及意义：基于朱家峪村实践的探索 [J]. 广西民族大学学报（哲学社会科学版），2015, 37 (6)：17-23.

　　[19] 周锦. 民族文化与区域文化产业的融合发展研究 [J]. 学术交流，2014 (11)：117-122.

　　[20] 苏萱. 城市文化品牌理论研究进展述评 [J]. 城市问题，2009（12）：27-32.

　　[21] 索晓霞. 乡村振兴战略下的乡土文化价值再认识 [J]. 贵州社会科学，2018 (1)：4-10.

　　[22] 刘守英，王一鸽. 从乡土中国到城乡中国：中国转型的乡村变迁视角 [J]. 管理世界，2018, 34 (10)：128-146, 232.

　　[23] 赵勇，张捷，章锦河. 我国历史文化村镇保护的内容与方法研究 [J]. 人文地理，2005 (1)：68-74.

　　[24] 赵旭东，孙笑非. 中国乡村文化的再生产：基于一种文化转型观念的再思考 [J]. 南京农业大学学报（社会科学版），2017, 17 (1)：119-127, 148.

　　[25] 黄震方，黄睿. 城镇化与旅游发展背景下的乡村文化研究：学术争鸣与研究方向 [J]. 地理研究，2018, 37 (2)：233-249.

　　[26] 张蔷. 中国城市文化创意产业现状、布局及发展对策 [J]. 地理科学进展，2013, 32 (8)：1227-1236.

　　[27] 卢渊，李颖，宋攀. 乡土文化在"美丽乡村"建设中的保护与传承 [J]. 西北农林科技大学学报（社会科学版），2016, 16 (3)：69-74.

　　[28] 徐勇. 乡村文化振兴与文化供给侧改革 [J]. 东南学术，2018 (5)：132-137.

　　[29] 卜彦芳，唐嘉楠. 短视频对城市文化记忆的书写与建构机制 [J]. 西南民族大学学报（人文社会科学版），2022, 43 (10)：154-161.

　　[30] 邓秀军，唐斯琦. 跨文化传播视阈下城市形象短视频的符号整合与文本重构 [J]. 中国电视，2022 (9)：79-83.

　　[31] 李凡，朱竑，黄维. 从地理学视角看城市历史文化景观集体记忆的研究 [J]. 人文地理，2010, 25 (4)：60-66.

第三节　民族与外来文化资源

■学习目标

通过本节的学习，达到以下学习目标：

➤了解民族与外来文化资源的形成。

➤熟悉民族与外来文化资源的类型与构成。

➤正确看待民族与外来文化资源的存在及影响。

一、民族的产生与民族文化的形成

民族是人类社会发展到一定历史阶段的特定产物，它构成了国家的基础。而世界上很多文化都与民族联系在一起，是由民族赋予和决定的。可以说，文化都是指民族的文化，是依赖于民族而存在的，带有民族特定的印记，因此，文化资源本身便带有突出的民族属性。

人类是由不同的民族构成的，而民族也是一个非常复杂的问题。当今世界很多重大的问题，包括热点问题和地区性冲突，其根源都是与民族问题联系在一起的。民族是在历史的作用下形成的一种人类稳定的共同体，民族在古代或者现代对于人类社会生活和发展都有重要的影响，但世界各国对待和解决民族问题的道路和方式不尽相同，这是由于其具有不同的历史文化背景，因而选择的国家结构形式也不同。

斯大林在《马克思主义与民族问题》当中，对于民族的基本特征进行了概括："民族是人们在历史上形成的有共同语言、共同地域，共同经济生活以及表现在共同的民族文化特点上的共同心理素质的稳定的共同体。"[①]

"共同语言"指的是一个民族的人使用同一种语言，作为本民族交流的工具，这是作为同一个民族的最突出、最显著、最稳定的要素。"共同地域"指的是一个民族，长期以来共同生活在同一个地域当中，这是形成民族的地理环境要素。"共同经济生活"是指一个民族内部具有经济上的密切联系，形成了生产方式和生活方式上的一致性。"共同心理素质"指的是一个民族长期在历史发展中，自然形成的具有共同心理要求的东西，集中体现为一个民族文化传统中表现出的某种精神性要素，是一个民族精神世界的反映。

民族文化指的是一个民族共同体所创造和传承的文化事象，民族文化的形成与民族的形成是同步的，民族文化是民族形成的重要标志，其物质文化和精神文化共同构成一个民族外在的和内在的特征。

民族文化的产生，在学术界尚未达成共识。在西方民族学研究当中，著名理论学派，如文化传播学派和文化功能主义理论学派，都对民族文化的产生作出了解释。文化传播论学派的理论核心是：传播是文化发展的主要因素；文化的借用多于发明，认为不同文化圈的相同性是许多文化圈相交的结果；文化彼此相同的地方越多，发生过历史关联的机会就越多，如战争、贸易、通婚、迁徙等。同时，文化传播论学派还认为文化要素只有一个起源，其他支流都是经由传播而来的。文化的创造，只在世界某一些区域由一些优秀的民族一次性创造出来，然后以这些地域为中心，形成若干文化圈，其他民族的文化现象都是从这些文化圈中传播、借用产生的。但该理论存在着明显的缺陷，即从根本上否定了每一个民族文化具有自我创造的能力，这种"文化中心论"体现了西方学术界并不承认文化创造的独立性，即世界上每一个民族都有创造自己独立文化的可能性。[②]

另一个在西方民族学理论当中，规模最大、影响最广、持续时间最长的学派——

---

① 中国社会科学院民族研究所. 斯大林论民族问题［M］. 北京：民族出版社，1990：28-29.
② 黄淑聘，龚佩华. 文化人类学理论方法研究［M］. 3版. 广州：广州高等教育出版社，2004.

文化功能学派，其核心理论思想认为，民族学研究的主要任务是把每一种文化都作为在功能上相互联系的系统，要在弄清楚各部分对整体所做贡献及其相互关系的基础上，试图找出作为整体人类社会功能的一般法则。文化功能学派认为，任何文化现象都是在特定的社会历史条件下产生的，其目的是满足某个民族的需要。这种需要包括了物质需要和精神需要，它们共同构成了一个民族的文化价值系统，这个文化价值系统决定着民族的文化观念、思维方式和行为模式，这就是文化的功能。

民族文化是民族社会历史发展的产物，是各民族认识、适应和改造生存环境的结果。民族文化不仅对外反映了民族间的差异，是不同民族之间相互区分的重要标志，而且也能对民族成员产生凝聚作用，是联结民族内部成员的心理纽带。文化反映了民族成员的生产方式和生活方式，表现为民族群体的社会生活状态；文化是民族的知识积累和行为准则，能够将本民族成员团结在一起，影响着本民族社会的发展。同时，在民族形成和发展的过程当中，共同的文化发挥了凝聚成员的重要功能，推动了民族社会的不断进步；在民族产生后，民族群体成为文化的创造者和承载者，文化开始以民族文化的形式表现出来。①

二、民族文化资源的内涵与特点

我国作为一个统一的多民族国家，在漫长的历史进程当中，各族人民相互交流、相互联系、相互依存、相互促进，共同创造了丰富多彩、灿烂辉煌的文明，形成了以汉文化为主体，少数民族文化并存的多元一体文化格局。各个民族在发展当中，逐渐形成了各具特色的民族民俗风情，历经上千年而绵延不绝。民族文化资源是中华五千年文明史中珍贵的艺术精华，也是华夏文明的重要组成部分。

中国共产党第二十次全国代表大会报告中，习近平总书记高度重视民族文化和民族文化资源，提出了一系列重要思想和举措，为推进文化自信自强、铸就社会主义文化新辉煌指明了方向。

习近平总书记强调，全面建设社会主义现代化国家，必须坚持中国特色社会主义文化发展道路，增强文化自信，围绕举旗帜、聚民心、育新人、兴文化、展形象建设社会主义文化强国。这是对中国特色社会主义文化建设的总要求，也是对民族文化的高度概括和深刻阐释。

习近平总书记指出，坚持以人民为中心的创作导向，推出更多增强人民精神力量的优秀作品。繁荣发展民族文化事业和产业。发展面向现代化、面向世界、面向未来的，民族的科学的大众的社会主义文化，激发全民族文化创新创造活力。这些都是对民族文化创新、传承和发展的具体部署和明确要求。

习近平总书记还强调，讲好中国故事、传播好中国声音，展示可信、可爱、可敬的中国形象。加强国际传播能力建设。深化文明交流互鉴，推动中华文化更好走向世界。这些都是对民族文化资源的有效利用和有力推广。

总之，党的二十大报告中关于民族文化的部分，体现了习近平总书记对民族文化的深刻认识和高度重视，为我们做好新时代的民族文化工作提供了根本遵循和行动指南。

---

① 高永久. 民族学概论［M］. 天津：南开大学出版社，2011.

（一）民族文化资源的内涵

民族文化资源是一个庞大的认知体系，涵盖了从物质文化到制度文化，再到观念形态文化等诸多内容。从内容上来说，民族文化资源包括各民族民间的语言文字、文学艺术、生活习惯、风俗观念、宗教信仰、生产技术，等等。在形态上，民族文化资源包括有形的物质文化资源和无形的精神文化资源。具体而言，民族物质文化资源是指各民族创造的物质产品和赖以生存的物质资料和物质环境，比如各民族的饮食民俗，民族服饰，民族建筑等。民族物质文化资源可划分为三个部分：一是不可移动的，如古代遗址、建筑物等；二是可移动的，如传统的生产工具、手工艺品、生活用具、传统服饰器物等；三是半可移动的，即介于可移动和不可移动二者之间，本质可移动，但又受到某些条件限制，如手工作坊等。①

民族精神文化资源是指各民族创造的意识形态观念和各种文化内容与形式，包括民族信仰、民族文艺、民族风俗、节庆礼仪、工艺技能等。民族精神文化和各民族民间文化的传承关系密切，民族精神文化在民族的不断传承当中积累与发展，具有相对稳定性和历史延续性，也是民族个性和民族特征"活"的体现。民族精神文化资源是民族民间文化存在与发展传承的根源，也是民族族群交流、凝聚、认同、沟通的重要途径，是维系民族生生不息的纽带。

（二）民族文化资源的特点

民族文化的特点表现在以下方面：

1. 独特性

文化都是由该民族共同体所创造的，是为该民族所独有的。每一个民族的文化都是不同的。这种不同决定了每一个民族在物质文化、精神文化、制度文化、行为文化、语言文化等文化层面上的差异。各民族在特定的地域、环境中，创造出不同特点的文化，从文化考察、文化欣赏等方面，构成了民族文化资源开发和利用的优势。但是，民族文化的独特性也不是绝对的，尤其是当国家产生以后，民族文化会受到国家观念和意识形态的影响，使得某些层面的文化和统一国家的其他民族的文化呈现出相同的特点。例如，中国是一个统一的多民族国家，其境内拥有 56 个民族，都认同中华人民共和国这一国家主体，因而在制度文化上表现出了一致性。这显然是受到了国家观念的影响。除此之外，在其他方面，各个民族仍然保有各自的文化传统和习俗，呈现出各自不同的文化特点。

此外，在全球化的背景之下，民族文化的独特性也不排斥人类共同性，它会积极地吸收和借鉴其他国家和民族的优秀文化资源来丰富自己，使本民族的文化自觉融入人类共同文化之中，这在物质文化领域表现得尤其突出，如生活方式等。美国未来学家约翰·奈斯比特认为，21 世纪人类社会发展的十大趋势之一就是生活方式的同一化。他认为，全球化将会使这种同一化趋势变得越来越突出，为人类社会共同性的存在提供了更多的可能。

2. 传承性

文化都具有传承性，它是构成民族文化传统的重要来源。民族文化是在民族的形

① 徐永志. 中国近现代政治社会史论 [M]. 北京：中央民族大学出版社，2009.

成与发展过程当中逐步被创造出来的，是一个民族赖以生存的基础和精神内核所在，民族文化为一个民族的生存与发展提供了必要的保障，只要民族存在，这个民族的文化就会被不断地传承。文化传承，也是民族生存与繁衍的必要条件，如果没有文化传承，就会动摇民族发展的根基。民族文化传承和民族的发展是密不可分的。从这个意义上说，继承民族文化传统是维护社会稳定不可缺少的要素。

3. 创新性

民族文化的传承并不是被动地对文化传统的继承与延续，而是需要以一种积极主动的姿态去顺应时代发展的潮流，并且为文化传统不断注入新的文化特质，使其更加具有生机与活力。所以文化传承并不意味着一成不变，而是一种在文化继承基础上进行的文化创新。这是由文化的总体演进规律所决定的。从空间上看，任何文化都不是孤立的存在，不受到外界的影响，在文化的发展过程当中，民族文化始终与其他文化保持着密切接触与联系，尤其是当代文化更加如此。从时间上来看，文化不可能总是停留在传统形态而不发生改变，文化总是不断发展演变的。它必定要从过去走向未来，这个历史发展的趋势是不可改变的，顺应这个趋势的民族，其文化就会迎来新生，反之，则会走向衰落，甚至灭亡。总的来说，民族文化资源随着时代的变化而发展和创新，在与异质文化沟通、交流时，能取人之长，补己之短，并与其他经济、文化形式相结合，产生出新的民族文化内容与形式。

4. 整体性

民族文化的整体性也是民族整体性的反应，指的是民族文化的内部始终有一种一致的或统一的文化因子，在遇到异质文化的入侵和渗透的时候，它可以起到抵制和抗拒的作用，同时，可以维护本民族文化系统的稳定性与连续性。民族文化的整体性主要是通过民族文化的内在属性，如文化观念、文化心理、文化情感、文化精神等来进行体现。

民族文化的整体性使得文化成为一个民族内在的凝聚力，是民族内部进行整合时，必不可少的一种力量和要素。民族文化的整体性是通过文化认同来实现的。

文化认同表达的是民族的一种自我意识，代表了民族的价值取向。这种价值取向当中表现出认同或者排斥的民族心理，这是一种深层文化观念的体现，也是民族精神的集中体现。例如，在中国很多民族中，无论是汉族或者少数民族都具有非常突出的"家族"或者"宗族"意识。尤其是在传统社会当中，家族和宗族成为维系人与人之间社会关系的重要纽带。"家族""宗族"意识最初是建立在血缘之上的一种亲属关系的表达方式，但是具有明显的社会功能，构成了民族整体性的基本单元；在此基础上进一步整合形成了"我族"与"他族"的概念，超越了血缘关系，上升成为民族意识，形成了一种更具广泛性的东西。①

---

① 张胜冰，文化资源学导论［M］. 北京：北京大学出版社，2017.

少数民族的聚居地——云南

云南是我国民族种类最多的省份。除汉族以外，人口在 6 000 人以上的世居少数民族有彝族、哈尼族、白族、傣族等 25 个。其中，哈尼族、白族、傣族、傈僳族、拉祜族、佤族、纳西族、景颇族、布朗族、普米族、阿昌族、怒族、基诺族、德昂族、独龙族共 15 个民族为云南省特有。云南少数民族交错分布，表现为大杂居与小聚居，彝族、回族在全省大多数县均有分布。在云南哀牢山腹地一带，从海拔 100 多米至海拔 2 900 多米的不同等高线上，分别生活着傣族、壮族、彝族、哈尼族、苗族、瑶族六个不同的民族。这些民族的文化渊源不一样，族属不同。傣族、壮族属于壮侗语系的民族，祖先是居住在东南沿海一带的"百越人"；彝族和哈尼族属于藏缅语系的民族，祖先是远在西北高原的"氐羌"；苗族和瑶族属于苗瑶语系，祖先为发源于湘沅荆楚之间的"武陵蛮"。这些民族有着不同的语言，具有不同的文化传统，但他们跨越了千山万水，汇聚在哀牢山中传承繁衍。他们按照彼此不同的生活习性选择其生存环境，有的居住在海拔较低的山脚，有的住在山腰，有的则住在山头，形成了所谓"十里不同天，一山居六族"的奇特的立体文化生态的分布现象。虽然这些民族都生活在哀牢山一带，彼此相融共处，但各个民族之间"我族"与"他族"的概念其实是非常明确的，各民族仍然保持着作为民族整体的特点。

资料来源：史军超. 居住在不同等高线上的民族 [J]. 山茶，1995（1）：35。

民族的整体性不仅可以在其物质生活方式当中反映出来，在他们的精神世界中也有表现。如每个民族都有自己的宗教信仰，有属于本民族的图腾崇拜，有古老的神话、仪式、传说和文学艺术形式，这些都是构成民族整体性内涵的要素。

5. 符号性

符号是民族文化的一种特殊表达方式，是民族内在文化意义的外在显现，通常是构成民族文化特征的某种标志物，因而具有象征含义，成为一个民族的文化符号。如每个民族的传统节日庆典、习俗惯例、宗教信仰、建筑、工艺、服饰、语言、色彩、认知等，都构成一种文化符号。

符号是表达某种观念的载体和象征物。人类精神世界的复杂性决定了人类具有符号性的需要。发明符号和使用符号，也是人类区别于动物的重要标志。对于人类来说，符号的存在是人类对世界的一种认知方式，人类通过符号化创造了他们的全部文化。人类的各种文化创造物，如建筑、工艺、服饰、语言、神话、艺术、宗教等都能与符号联系在一起，并且以符号的形式对隐含于其中的意义世界进行揭示。

三、民族文化资源的类型

根据民族文化在旅游活动中所处的地位和作用，以及民族文化的不同表现形态，我们可以将民族文化资源划分为以下七类：节日文化、游艺文化、礼仪文化、生活文化、工艺文化、制度文化、信仰文化。

（一）节日文化

节日文化是在特定的时节进行的程式化的群体生活样式，包括各种生活内容的特殊文化。总览各民族的节日文化，其有两个突出的特点：一是节日数量众多。据不完全统计，我国各民族的各类节日有 1 000 多个。各民族均有自己传统的民间节日，以贵州省为例，曾有学者对贵州省的苗族、侗族、壮族、彝族、布依族、仡佬族、瑶族等近十个民族的节日做了较为准确的统计，每年的各种节日集会达 1 046 次。二是广泛的群众性。在民族节日中，有众多大型、超大型的节日是整个民族的大聚会。例如，内蒙古草原的那达慕大会，每年参加的人数均以万或十万计；布依族的"查白歌节"；藏族的"藏历年"；维吾尔族；回族、哈萨克族等民族的"古尔邦节"，均是全民族或多民族共庆的节日，具有非常广泛的群众基础。按照节日的主要功能不同，我国民族节日大致可以划分为三类，分别是农事类节日、祭祀类节日、纪念类节日等。

1. 农事类节日

我国不少民族是从事农业生产的，因此有许多节日与农事活动、生产季节有密切的联系，或祈求风调雨顺，或配合春耕秋收，或驱杂草虫害，等等。如云南纳西族的"农具会"是民间农事类节日，流行于云南丽江地区，每年农历正月二十于现汇城郊白沙村举行。纳西族农具会原为藏传佛教庙会，后演变为交易会。节日这天，人们扛着马笼头、鸡笼、犁、耙、桶、锄等各种木制农具涌向云南省丽江市纳西族自治县大研镇进行交易。其中以斧把、锄把、镰把、锤把等的棒棒最多，故称棒棒会。棒棒会之后，春耕大忙即将开始。因此，棒棒会实际上是为春耕作准备的一次农具交易的盛会。在寺前殿后，设摊位卖小吃，场面热闹非凡。除此之外，苗族"动春节"、俄罗斯族"春耕节"、珞巴族"昂德林节"、哈尼族"阿包念"等节日，都具有协调生产、保障丰收的积极作用。①

2. 祭祀类节日

祭祀类节日既有以家庭、家族为单位的小型祭祖活动，也有以全村社、全民族共同聚集的大型祭祀日，祭祀类节日在各民族节日中占有一定的比例。少数民族所祭祀的对象有祖先、家神，有土地、山石、树木、五谷，还有火、星、月、日、风、霜等。例如，基诺族人认为主宰大自然的有"阿嫫腰北"女神，主宰五谷生长的有谷神，主宰生儿育女的有"披莫娘娘"，大自然中的山、水、树等都有神灵主宰，每年都要定期祭祀，形形色色的祭祀节，充分表现了人们求生存、祈幸福的愿望。

3. 纪念类节日

一般来说，纪念类节日是为了纪念本民族的重大历史事件，或追忆民族先祖和英雄的丰功伟绩，往往具有传授民族历史、进行民族传统教育的作用。

此外，类似的纪念类节日还有布依族的"六月六"、锡伯族的"四一八节"、白族的"火把节"、苗族的"踩山坪"和"四月八"、藏族的"燃灯节"、傈僳族的"刀杆节"等。

当然，节日往往具有庆贺、娱乐、社交等功能。例如，"那达慕"是蒙古语，亦称"那雅尔（Nair）"，"那达慕"是蒙古语的译音，意为"娱乐、游戏"，以表示丰收的

---

① 中国民俗学会. 中国民俗学研究（第一辑）[M]. 北京：北京中央民族大学出版，1994.

喜悦之情。那达慕的前身是蒙古族的"祭敖包"，是蒙古族在长期的游牧生活中，创造和流传下来的具有独特民族色彩的竞技项目和游艺、体育项目。那达慕大会的主要活动包括摔跤、射箭、套马、掷布鲁、唱歌跳舞等各种游戏、娱乐活动①，现在已发展成为蒙古族人民欢歌载舞、物资交流、相互联谊的欢乐盛会。在我国 56 个民族中，还有一些具有独特社会功能的民族节日。例如，朝鲜族的"敬老节"、哈尼族的"老人节"、德昂族的"洗手脚日"等，旨在通过开展节日活动教导晚辈敬老爱幼；还有一些民族节日是供青年人联谊交友的节日，如黎族的"爱情节"、侗族的"三月三讨葱节"、土家族的"挑葱会节"、苗族的"偷菜节"等。

节日是民族历史生活的产物，又伴随着民族生活的发展、变化，而不断演变。考察现存的许多节日，可明显地看出原有的活动内容随着时代的变化而变化，有些节日也改变了最初的主旨。当前，很多借助于传统的民俗节庆举办的各式会展活动已经取得了巨大的成功。例如，壮族的"三月三"、白族的"三月节"、瑶族的"盘王节"、汉族的"端午节"、彝族的"火把节"、蒙古族的"那达慕"、傣族的"泼水节"等，都是具有较高知名度的民俗节日庆典。此外，有些地方为了促进经济贸易和旅游业的发展，创新了节庆形式，比如"风筝节""啤酒节""橘子节""山水节"等具有地方特色的现代节日。

（二）游艺文化

游艺文化是指民间传统的娱乐文化，其表现形式有口头语言表演、动作表演、综合艺术手段表演。游艺文化主要包括民间口头文学（如讲故事、讲传说、唱歌谣、讲神话）、民间歌舞乐（如歌舞、乐舞、民乐）、民间游乐竞技（如赛力竞技、赛技巧竞技、赛技艺竞技）三大类。各民族的游艺文化是民间娱乐的基本单元。例如，中国是世界上驯养斗鸡的古老国家之一。《列子》有"纪渻子为周宣王养斗鸡"的记载。斗鸡也是维吾尔族古老的民间游戏，在我国新疆的南部，以及北部的伊犁和吐鲁番等地，每到冬季，在小巷深处都有民间自办的斗鸡比赛。此外，新疆还有斗羊、斗狗等民间游戏。

（三）礼仪文化

礼仪文化是各族人民在人际交往中的礼节或某些重要活动的仪式，其内容几乎涉及人类生活的各个方面。具体而言，礼仪文化主要包括生活礼仪、人生礼仪、生产礼仪和宗教礼仪四个方面。每个民族都是通过它特有的方式来度过人生中的特殊阶段。对一个民族来说，它的仪式规则、风俗习惯不仅是一种形式，而是基于一定的信仰，具有一定的社会功能。例如，赫哲人在饮第一口酒前，要用筷头蘸少许酒甩向空中和洒向大地，以示敬祖先和诸神。每个民族的礼仪规则具有稳定性和不变性的特点，有时它所反映的意义被人们忘却了，而形式却一代代传承下来，透过这些礼仪的形式，可以追溯其表现的意义。

（四）生活文化

生活文化是各民族人民在生产生活过程中，为满足人们的衣、食、住、行方面的生活需要而创造的文化。生活文化以物质的形式表现，主要包括饮食文化、服饰文化、

① 孙懿. 从萨满教到喇嘛教：蒙古族文化的演变 [M]. 北京：中央民族大学出版社，2002.

建筑文化和交通文化四个部分。饮食文化指各民族的食制、饮食结构及调制方法的习俗，包括主食、菜肴、风味小吃、茶文化、酒文化、餐具、饮食嗜好等。例如，蒙古族共同的饮食是奶茶、炒米、鲜奶、酸奶、奶豆腐、奶渣子、黄油、奶油、奶酪、马奶酒、手扒肉、烤全羊、全羊席、蒙古八珍、蒙古火锅等。① 服饰文化是人们制作穿戴的衣服、鞋帽、佩饰以及有关的种种习俗。例如，生活在高原草场并从事畜牧业的蒙古族、藏族、哈萨克族、柯尔克孜族、塔吉克族、裕固族等少数民族，其穿着多取之于牲畜皮毛，用羊皮缝制的衣、裤、大氅多为光板，有的在衣领、袖口、衣襟、下摆镶嵌色布或细毛皮。建筑文化是指住屋的设施和格局、住屋的造型和工艺、住屋的分布和坐落、有关住屋的信仰等。南方少数民族的建筑形式主要是干栏式建筑，如云南傣族的竹楼，贵州苗族、布依族的吊脚木楼，广西瑶族的半边楼，壮族的麻栏木楼，海南黎族船型屋等。交通文化是指各少数民族独特的交通工具和运输方式的习俗。交通文化与各民族所处的自然地理环境和经济活动有关。如交通设施有广西壮族的石板路，四川羌族的栈道，怒江傈僳族、岷江羌族的溜索，独龙族的藤桥，藏族的吊桥，佤族和傣族的竹桥，侗族的风雨桥等。

（五）工艺文化

各民族人民因地制宜，就地取材，制作许多各具特色的民族工艺品。民族工艺文化可分为纺织类、印染类、锻铸类、陶瓷类、建筑类、漆器类、雕刻类、编织类等。很多的民族工艺品经过开发，成为游客们竞相购买的旅游纪念品。如各族的刺绣、挑花、织锦（壮锦、侗锦、傣锦、苗锦、黎锦），苗族、瑶族的蜡染，苗族、侗族的银制品，彝族的漆器，傣族的竹器，景颇族的竹木刻，黎族的椰雕和贝雕等旅游工艺品，均畅销国内外。

（六）制度文化

制度文化是社会某一群体内部约定俗成，被群体成员一致认可并共同遵守的行为模式。制度文化具有协调各民族人际关系，规范人们的行为等作用，主要包括各民族的社会组织、社会政治制度，以及民族传统、民族禁忌等。它属于社会文化，又是符号文化资源的一种。例如，海南黎族的合亩制、云南独龙族家庭公社、景颇族的山官制、广西瑶族瑶老制、四川凉山彝族的家支制、贵州苗族的鼓社制、广西壮族的都老制等，都属于民族社会组织和社会政治制度。

（七）信仰文化

信仰文化是指各民族的宗教信仰、吉祥崇尚和禁忌习俗。自然崇拜广泛流传于各民族。史载汉时的匈奴就自称"天之骄子"，匈奴单于自称"撑犁孤涂单于"。"撑犁"是蒙古语族和突厥语族对"天"的称呼，也有译为"腾格里"的，"孤涂"是"子"的意思，合起来就是"天之子单于"。图腾崇拜也较为普遍。例如，我国新疆远古的游牧氏族多以狼为图腾。维吾尔族英雄史诗《乌古斯可汗的传说》中把乌古斯可汗的形象描写为"腿像公牛的腿，腰像狼的腰，肩像黑貂的肩，胸像熊的胸，全身长满了密密的厚毛"，该描写是把古代维吾尔族的几个核心氏族的图腾集于一身，反映了由氏族而联合为部落的过程。此外，各民族还存在广泛的宗教信仰，例如，藏族信仰藏传佛

---

① 宝音，论蒙古族传统文化的开发和利用［J］，内蒙古民族大学学报（社会科学版），2007（1）：6-9.

教，云南傣族信仰南传上部座佛教等。

四、外来文化资源的内涵与特点

外来文化是与本土文化相对的一个概念，常被用于文化交流的研究领域。文化传统往往具有鲜明的民族性、地域性，而一切从他民族、他地域传播来的，非本民族、本地域原有的文化，都是外来文化。外来文化的内涵因对民族、地域的多层解释而带有一些非实质性的区别。一般地说，这里的地域就是指国家；而民族则是指广义的民族，即具有同一文化传统的群体，而非种族学意义上的民族。通常所谓"中华民族"就是这样一个宽泛的民族概念，包括生存于中国境内、具有同一文化传统的 56 个民族。就此而言，传播、影响到中华文化的欧美文化、印度文化、日本文化，都是外来文化。此外，地域、民族也在另外的意义上使用，即在其原本的种族学意义上使用，比如，女真文化相对于中原汉族文化就是一种外来文化。地域又可以在更多的层次上使用，它既可指超越国界的广阔的地域，也可指国家之内的不同地域。因此，民族文化就有诸如欧美文化、东方文化、西方文化、北冰洋文化、美洲文化，美国的南部文化、北部文化、西部文化，中国的吴越文化、楚文化、齐鲁文化、三秦文化、燕赵文化等这样一些概念。值得注意的是，地域与民族往往是复合的，美洲印第安人文化，就是从地域与民族双重意义上界定的。

外来文化是分层次的。其有属于物质层次的，如东方的香料、茶叶之于西方，西域的葡萄、乐器之于中原；有属于制度层次的，如西方的民主政体对中国封建社会的专制政体；有属于方式层次的，如认知方式、思维方式；有属于精神层次的，如思辨理性的德意志哲学、实用理性的中国智慧等。从性质上考察，我们又可把外来文化分为异质的和非异质的两种。异质外来文化就是与本土传统文化性质相异的文化，如近代西方文化之于中国传统文化；此外就是非异质文化，比如汉唐之际传入中国的印度佛教文化与当时中国的文化就是一种非异质的外来文化。

外来文化具有两个基本特性。其一是冲击性，即与本土文化接触时发生抵牾和冲突，引起后者的震荡、反思或抉择。其二是二重性，即普遍意义上所谓的积极性、消极性或进步性、落后性；也包括本土文化因文化差异而对外来文化作出的"好""坏"的主观评价。由此，外来文化一部分得以融入本土文化，一部分则被本土文化排斥、拒绝。

五、外来文化资源的构成

从历史时间发展的角度看，我们可以把外来文化分为古代外来文化、近现代外来文化和当代外来文化。

（一）古代外来文化

在西汉的张骞和东汉的班超打通西域通道之前，相对于中原文化来讲，外来文化主要是中国境内不同民族之间的文化交流。西域通道打开以后，随着"丝绸之路"的延伸，西域诸国特别是印度、波斯等国的文化，开始传入中国，前后长达数百年，在唐朝更是达到了顶峰。其对华夏文化的影响，涉及音乐、舞蹈、绘画、雕塑、文学、建筑等多个方面，特别是公元 1 世纪左右佛教的传入，改变了中国的文化结构，影响到社会的方方面面，并实现本地化，成为中华文化不可或缺的一个组成部分。中国传统文化的突出特点之一，就是以儒家文化为核心、儒释道三教合流。此后，随着西域部分领地正式归入中国版图，西域文化也成为中华文化的一部分，阿拉伯文化也逐渐传入中土。

伊斯兰教传入中国后，形成了众多信仰伊斯兰教的民族，共十个，包括回族、维吾尔族、哈萨克族、柯尔克孜族、东乡族、撒拉族、塔吉克族、乌孜别克族、保安族和塔塔尔族。中国大陆的穆斯林遍布全国各省（区、市）的大多数城乡，主要聚居于新疆、宁夏、甘肃、青海、陕西、河南、河北、云南、山东、山西、安徽、北京、天津等地区。中国台湾、香港、澳门地区亦有穆斯林分布，主要以大分散小集中为特征。穆斯林聚居区均建有规模不等的清真寺，形成以清真寺为中心的穆斯林社区。

伊斯兰教对信仰其的各民族的历史文化、伦理道德、生活方式和习俗产生了深刻影响。伊斯兰文化同中国传统文化交流融合，成为信仰其的各民族文化不可分割的组成部分，并丰富了中华民族的历史文化宝库。伊斯兰教适应了中国文化，也影响着中国文化。中国的医学、武术、建筑，还有其他很多中国文化，都受到伊斯兰文化的影响。但这一时期外来文化对中国的影响主要是宗教信仰和生活方式，其对中国封建统治制度和经济基础影响不是很大。

明朝初期，三宝太监郑和率领船队七次下西洋，最远到达了非洲大陆东岸。郑和下西洋的直接目的不是通商，也不是文化交流，而是向海外各国宣示中央大国的强大。但这在客观上加强了中国与中亚和非洲国家的联系，也带回了这些国家的文化，但这些文化对中国文化的影响可以说是微乎其微的。

明末清初，一批西方传教士来到中国，如意大利人利玛窦、德国人汤若望、比利时人南怀仁等人受到了朝廷的礼遇和重用。他们带来了西方的科技如天文观测、武器制造等技术，但这些文化因素没有引起统治者的重视。

（二）近现代外来文化

19、20世纪之交的清末民初，以英、法、美、德为代表的进入资本主义扩张阶段的西方列强，以武力上的绝对优势，强行撞开了中国的国门。从此，"西洋文化"便潮水般地涌入中国。这时期外来文化进入中国有两种形式：

一是"送来的"，是西方国家在武力的支持之下强行进行的经济和文化输出，在文化上主要是西方的传教士在传播基督教和天主教教义的同时，把西方的文学、科技也带到了中国。

二是"拿来的"，中国的一些有识之士为了寻求救国救民的真理，积极学习、引进西方的文化、科技甚至政治思想。

中国对西方文化的引进，主要包括以下五个阶段：

第一个阶段是清末以魏源、严复、郑观应等人为代表留学西方的人士，积极向国内介绍西方的政治、文化，开始了"西学东渐"的进程。

第二个阶段是以"自强运动"（洋务运动）为代表，"师夷长技以制夷"，学习西方的科学技术，走"科技救国""实业救国"之路。

第三个阶段是师法西方君主立宪制的戊戌变法的改良运动。

第四个阶段是以孙中山为代表的民族资产阶级学习西方民主政治的"反对帝制、

建立共和"的资产阶级民主革命。

第五个阶段是以新文化运动为标志开始的新民主主义革命。新文化运动提出了"打倒孔家店"的口号,全面否定中国传统文化,倡导西方文化特别是引进了马克思列宁主义,彻底动摇了中国传统文化的统治地位,使中华文化走上了一条全新之路。

（三）当代外来文化

20世纪70年代末80年代初,中国开始了改革开放。随着开放的深入,大量外来文化涌入,特别是随着微电子技术、互联网技术、通信技术的发展,外来文化的影响也越来越大,中国传统文化面临了前所未有的冲击。

当代中国的外来文化,最主要的是以美国为代表的西方文化,它涉及社会文化的方方面面,也涉及生活方式和意识形态。

六、外来文化资源的存在形态

在当代,外来文化的形态已经覆盖了文化的方方面面,归纳起来,主要包括以下八个方面:

（一）外国古代典籍、文学作品和民间传说

这一类主要包括历史的和现代的外国文学名著、外国民间故事、外国童话等。如美国著名女作家玛格丽特·米歇尔的《飘》、俄罗斯著名作家托尔斯泰的《战争与和平》、罗曼·罗兰的《约翰·克里斯朵夫》等名著;普希金等人的诗;阿拉伯故事集《一千零一夜》、德国的《格林童话》、丹麦的《爱徒生童话》等。现代科幻作品如《星球大战》《哈利·波特》等,均在中国有广泛的受众群体。以英国作家 J·K·罗琳撰写的系列小说《哈利·波特》为例,2000年10月,人民文学出版社推出"哈利·波特"系列的前三部中文版:《哈利·波特与魔法石》《哈利·波特与密室》《哈利·波特与阿兹卡班的囚徒》。此后,中文简体版基本上与英文版保持同步出版,从2001年到2007年,哈利·波特小说每一部简体中文版出版,在中国都掀起了一阵魔法热潮。统计数据显示,到2017年年底,"哈利·波特"小说在中国的销量超过2 000万册。①

（二）外国音乐、戏剧、舞蹈、歌曲

这一类主要如彼得·伊里奇·柴可夫斯基、约翰·施特劳斯、弗里德里克·肖邦等人的音乐作品,苏联时期的歌曲,日本民歌,印度、斯里兰卡民歌乐曲舞蹈,莎士比亚的戏剧,意大利歌剧《图兰朵》,朝鲜歌舞《阿里郎》,等等。以英国著名作家莎士比亚为例,其名气在19世纪中期便已传入中国。在20世纪初,他的戏剧故事集翻译成了中文。五四新文化运动以后,他的戏剧陆续翻译成了中文,并开始在舞台上演出。今天,莎士比亚更是中国人民熟悉的外国作家之一。书店里能够买到装帧漂亮的《莎士比亚戏剧集》,近年我国还举办过几届莎士比亚戏剧节,根据他的戏剧改编成的电影经常在电视台播映,高中语文课本里也节选了他的《威尼斯商人》的片段。

（三）外国节日习俗

诸多外国节日习俗传入中国,并逐渐成为中国人民常见的庆祝节日,如元旦节、

---

① 澎湃新闻. 哈利波特中国上映 20 周年,超级魔法生意仍在狂奔[EB/OL].（2022-01-28）[2023-05-30].ht-tps://m.thepaper.cn/baijiahao_16467410.

母亲节、父亲节、愚人节、情人节、万圣节、圣诞节等。佛教的节日有很多已经成为中国人自己的节日了，如盂兰盆节，已经和中国的中元节（农历七月十五）合而为一了。情人节、万圣节和圣诞节更是备受中国商家欢迎的节日，在此期间举行的多样化的促销活动丰富了中国人民的休闲生活。

［资料链接］

从"圣诞节"商业文化看传统文化元素

王蓓（2011）认为，在中国，圣诞节呈现出一种由非教徒参与的节日现象，而主要成为一种社会流行现象。中国社会流行的圣诞节，远非原生意义上的圣诞节。除了宗教徒之外，中国的圣诞节有明显的地区性（城市）、阶层性（文化教育水平较高的群体），这两个属性都说明在中国，圣诞节表现出与中国传统文化重构的特征。

众所周知，圣诞节是基督教的一个重要的节日，纪念耶稣基督的诞生。最初，在美国以及其他一些西方国家，只有基督教徒才庆祝圣诞节。不过时至今日，圣诞节已经变成了宗教和西方传统文化的混合体。而在中国，圣诞节也越来越受到了商家和年轻人的喜爱。

每值"圣诞节"来临，商场、饭店、宾馆摆放起"圣诞树"，悬挂起"庆祝圣诞"横幅，员工们戴起"小红帽"；幼儿园孩子们围绕在"圣诞树"前载歌载舞，期盼着老师分发"圣诞礼物"；学校里大红大绿的"圣诞舞会"、"圣诞联欢"的海报占据了抢眼的位置；网络、报刊、电视、电台充斥着各种"圣诞信息"；数以万计的"圣诞贺卡"和数以亿计的"圣诞短信"满天飞舞；人们相逢互祝以"圣诞快乐"。"平安夜"里，人们聚众狂欢，流连忘返。

从商业的角度来说，圣诞节无疑是营销得十分成功的产品。而从本质上来讲，圣诞节的走红与近年来中国传统文化与西洋文化的碰撞密切相关。

事实上，"中国式"圣诞节更接近于一个世俗化、商业化的狂欢节，与宗教关联度不大。其最大动力，来自那些具有超敏锐市场嗅觉的商家，如商店、酒店以及厂家，利用"圣诞节"为噱头赚个盆满钵满。绝大多数参与者，尤其是年轻人，都是把"圣诞节"狂欢视为纾解现代生活压力的机会，或寻找一个快乐的理由，如购物、聚餐、唱歌跳舞、约会等。

对圣诞节的走红，我们除了要看到商业的成功操作，还要看到现代社会对人类群体带来的影响与冲击。改革开放 40 多年来，随着社会经济的发展和人们生活水平的提高，人们不仅有钱了，也有闲了，生活不像过去那么艰难。人们积累的工作生活压力需要得到释放，享受更多更好的物质体验，像圣诞节这种短平快的消费节日自然很容易引起人们的兴趣和喜爱。也正基于此，越是发达的城市圣诞节越火爆。

资料来源：佚名. 从"圣诞节"商业文化看传统文化元素［EB/OL］.（2018-12-25）［2023-05-30］.https://www.sohu.com/a/284388015_120047057。

（四）外国建筑文化

外国建筑文化对中国近代建筑影响深远。根据部分学者的研究，1930 年前后的中国建筑界有两点史实十分清楚。其一，在上海、天津、南京、武汉、青岛，以及当时被日本人侵占的大连、沈阳、长春、哈尔滨等地出现了现代建筑式样，或称"摩登式""现代风格""万国式""国际式"等，其中包含有为数不多但较纯粹的现代主义风格的作品。其二，西方现代建筑文化及思想通过报纸杂志、建筑师的交流、建筑教育等方式在中国广为传播。

西方的建筑师以及西方培养的中国建筑师在上海开埠以后引进了欧洲建筑文化，在19世纪下半叶和20世纪初建造了一大批富有艺术性和功能性的建筑，完全打破了传统的建筑形制和建筑空间。从新古典主义、哥特复兴式、折中主义到盛行欧美的现代主义建筑、复兴中国传统建筑艺术的中国新古典建筑等，各种风格的建筑鳞次栉比，数量之多、种类之繁杂、规模之宏大在世界上也是罕见的。这段时期，我国的建筑文化受冲击是比较大的，我国近代建筑体系从整体上说是对西方建筑体系包括技术、制度和思想多个层面的模仿与移植，在本国特有的政治、经济和文化传统的反对、制约和钳制下带有鲜明的特征，从而产生了所谓的中国近现代建筑思潮，近现代建筑在我国积极地发展起来了。最具代表性的建筑集群莫过于上海外滩。外滩的多层和高层建筑，式样五花八门，诸如英国古典式、英国新古典式、英国文艺复兴式、法国古典式、法国大住宅式、哥特式、巴洛克式、近代西方式、东印度式、折中主义式、中西掺合式等，呈现世界各国建筑共存的局面。因而，北起苏州河外白渡桥，南至中山东一路金陵东路的这一片建筑群，被誉为"外滩万国建筑博览群"。这些古典主义与现代主义并存的建筑，已成为了上海的象征。

（五）外国服饰和饮食

这一类主要包括如西装、日本和服、朝鲜（韩式）服装、苏格兰服饰、印度服饰等，外国饮食如西餐、日本料理、韩国泡菜和冷面等。

在中国解放初期，来自苏联的服饰思潮进入了中国，男士"伊凡诺夫"式的鸭舌帽，"哥萨克"式小偏襟立领衬衫，女性的"娜塔莎"式大花"布拉吉"，灰布卡其列宁装等在中国颇为流行。20世纪80年代，是中国受到西方文化的影响最大的一个时期。由于西方欧美国家在思想意识的开放，女性内衣的出现，标志着女性在封建传统习俗束缚下解放出来，他们希望自由发展，不仅在思想上，而且在身体上。中国的服装业首次引进了无数令人眼花缭乱的流行样式，如踩蹬裤、牛仔裤、夹克衫、皮大衣、A字裙、迷你裙等，这些时装新概念铺天盖地地进入了人们的日常生活中。

[资料链接]

日本餐企纷纷重返中国淘金，千亿日料品类，如今是谁的天下？

一、新型冠状病毒感染疫情（简称"疫情"）期间撤出中国，如今想吃"回头草"

"唐扬"在日语中就是"炸鸡"意思，以炸鸡搭配简单的主食饮料，形成小面积的快餐店，客单价在50元左右，在商业体的餐饮业态当中比较独特。在偶然看到外媒消息后，内参君才知道这家"唐扬天才"是什么来头。

相关报道称，疫情期间退出中国市场的日本知名餐饮企业和民，正在重新进入中国。这次和民以旗下的炸鸡的连锁加盟店"唐扬天才"打头阵，年内还可能拓展到烤肉业态。

据了解，此次和民重返内地市场，是由中国餐饮巨头国际天食集团拿下了主要特许经营权，一周前，"唐扬天才"首家店铺已经在上海北外滩来福士开业。据了解，此后"唐扬天才"将会持续开店，并开展加盟业务。

根据此前的媒体报道，和民是首家因疫情退出中国的日本企业。它于2005年进入内地，陆续在上海、深圳等地开店，主打日式居酒屋业态。旗下的和民居酒屋、饗和民、内亭等品牌曾大受好评，2015年达到鼎盛时期，一度是内地日式居酒屋的第一品牌。

2017年后，本土日料创新品牌纷纷崛起，和民辉煌不再，门店数量一路走低，而疫情则带来了最后一击。

2020年2月份，和民集团发表声明表示，由于疫情其在中国的店铺营业时间缩短，来店顾客数量以及销售业绩都呈大幅下降趋势，加之对疫情平息时间无法预估，将在今春前退出中国市场。同年4月份，其位于大陆的门店全部关闭，一度引发行业热议。

二、国内市场增长无望，日本餐企争相越洋捞金

努力开拓中国市场的日本餐企并非和民一家。日本快餐连锁巨头泉盛控股（Zensho Holdings）2021年度的海外门店创历史新高，达到了388家店，旗下主要品牌"食其家"在中国北京上海等一线城市已深耕多年，其开店速度加快。

另据报道，该集团的8成利润都由海外市场贡献。

日本经济新闻于2021年5月下旬实施的调查显示，日本100家主要餐饮上市企业的2021年度海外新增开店至少达到730家，预计比2020年度增加2成以上。日本食品服务协会的数据则显示，日本国内的餐饮市场2020年萎缩15.1%。

而日本野村综合研究所发布的数据显示，中国的餐饮市场规模在受到疫情影响的2020年，比2019年减少17%，但2021年1、2月比上年同期增长7成。分析人士认为，在日本国内复苏迟缓的背景下，到海外寻找增长空间的日本餐饮企业正在增加，中国正是他们的主要目的地。

三、日料在内地保持高速发展，但主角早已不再是日企

出于地缘和文化的优势，日料在很长一段时间内都是国内增长速度最快的外国菜系。有统计显示，2015年全国日料餐厅的门店数在2.3万家，如今这个数字或已突破8万。

在北京新开业的商业体丽泽天街，内参君注意到，整个商场的日式餐馆达到了6家，而西餐仅2家。6家日料店各自经营着不同的细分品类，有日式拉面、日式烤肉、日式快餐、居酒屋，还有寿司料理，除了味千拉面以外，全都是本土日料品牌。

而放在全国层面来看，日料品类的竞争格局也大致如此，区域性本土品牌层出不穷，不少品牌拓店十分凶猛，如北京的村上一屋、九本，湖北的仙隐小鹿，浙江的山葵家，河南的白石深夜食堂，等等。而日本餐企的存在感并不高。

村上一屋导师、投资人郭晓东表示，品牌将自己定位为"国民日料"，这两年立足

北京迈向全国，积极发展同时也注意节奏，懂得克制，以人才的培养和储备为基石，稳定发展。

曾旅居日本十几年的极十咨询创始人史远把日料品类的掘金潮分为大致三个阶段。

第一阶段在十年之前，日料品类被港台餐饮人带进内地。彼时日料还披着神秘的外衣，是高端餐饮业态的象征，强烈的差异化让他们很快赚得盆满钵满。日本餐企看到了如此机遇，随即来寻找机遇，在 2013 年至 2018 年大批入华，形成了日料的第二波风口，和民就是它们当中的典型代表，此即第二阶段。

日本餐企凭借更加专业、正统的产品，赢得了一时风光，但是日企普遍管理模式传统，决策机制不灵活，产品和品牌不能很好地适应中国消费者的需求。很快，第三批日料餐饮人迎着风口入局了，此即第三阶段。

史远说，当下活跃在中国餐饮市场的日料餐饮人，很多并没有长期的日本旅居经历，而是在日本人开的餐厅里工作过。他们既掌握了日料的产品和运营体系，又对中国消费者的需求有着天然的敏感，成为了当下日料品类的创新主力。

四、日料品类受众两极分化加剧，品牌机遇蕴藏其中

从 2017 年的《中国餐饮报告》中可以看出，日料在中国餐饮市场的营业额位列第八名，市场占有率高达 4.5%，高于除了川菜以外的中国七大菜系。在随后的几年里，日料的增长速度始终很可观，据一位业内人士估计，如果不是因为疫情，国内日料的体量已经超过了 8 000 亿。体量庞大，巨头不多，这让日料成了一个创新活跃度极强的领域。

资料来源：餐饮老板内参《日本餐企纷纷重返中国淘金，千亿日料品类，如今是谁的天下？》https://baijiahao.baidu.com/s?id = 1706768780267805048&wfr = spider&for = pc。

（六）国外各种文化思潮

国外文化思潮主要以西方社会思潮为主。西方社会思潮是指产生于西方社会，发生于 20 世纪，特别是第二次世界大战以后的社会思潮。它派系庞杂、学说众多，就学科领域而言，社会思潮可表现为政治思潮、经济思潮、文化思潮、哲学思潮等。诸如政治自由主义、政治保守主义、货币主义、市场社会主义等属于经济思潮；理性主义、非理性主义、抽象主义等属于文化思潮等。如中国的心理学领域受到了西方文化的影响。西方现代心理学是在 1879 年建立的，中国第一个心理学系是 1920 年建立的，其中的很多教材都是翻译西方的著名心理学著作，如华生、弗洛依德、弗洛姆等人的经典著作。

除此之外，还包括各种艺术风格，如 19 世纪后期在法国兴起并逐渐在全球形成巨大影响的绘画艺术流派——印象派，对中国当代绘画的创作理念、色彩运用、绘画技法等方面产生了巨大的影响。

（七）国外的物质和非物质文化遗产

国外的物质与非物质文化遗产对于中国游客具有极大的吸引力，不管是古代遗迹中的埃及金字塔和英国巨石阵，抑或是现代建筑中的巴黎埃菲尔铁塔，纽约的自由女神像等都是中国游客外出游玩的重要目的地。

而古罗马、古希腊的各种文化成就，古代雕塑，意大利文艺复兴时期的艺术作品，

如达·芬奇的绘画、米开朗基罗的雕塑、莎士比亚的、戏剧等在中国都受到了广大民众的欢迎。

(八) 现代传媒下的文化产品

这类主要包括电影，电视剧，动漫产品，出版物如书籍、报纸杂志、互联网视听产品、唱片、影碟、电子书、玩具造型，主题公园如迪斯尼的主题公园等。这些都是可以为我国所用的文化资源。

[资料链接]

日本动漫在中国的传播与影响——以火影忍者为例

日本是当今世界上最大的动漫制造和输出国，素有"动漫王国"之称，并以其上乘的质量和产品数量的优势独霸世界动漫市场。日本的动漫产业发达，成为仅次于旅游业的国民经济第二大支柱产业。动漫在日本是一种独特的文化。格拉维特认为，"动漫开启的是日本人的第二人生空间"。日本动漫界还积极将动漫输出，印售给世界各国以获得经济和文化上的最大效益。日本贸易会在2004年公布的数据表示，日本动漫及其相关产品在美国的总收入为43.59亿美元，是日本出口到美国钢铁收入的四倍。在亚洲国家，不仅有介绍或发表日本动漫的杂志，日本动漫还远销至欧洲国家，这种全球化的传播战略不仅为日本带来丰厚的经济利益，更使得日本动漫中所蕴含的文化价值观得以在全球范围内传播。

被誉为"日本动漫之父"的手冢治虫制作了家喻户晓伴随着我国"70后"、"80后"成长的动画片《铁臂阿童木》，将日本动画片的水平提升到前所未有的档次，揭开了人们对动画片制作探索的帷幕。另一位知名的动画大师宫崎骏在中国也颇具影响力，宫崎骏的动画唯美、自然、清新，思想触及人类心灵的深处。影片里天、地、人、神和谐相处，充满了人对神的敬畏和对生命的思考。宫崎骏以无人能及的成就，在日本已成为动画的代名词。宫崎骏动画中的插曲也非常经典，如《天空之城》《Summer》等，受到广大动画迷和音乐迷的追捧。

日本动漫中的经典《火影忍者》在中国获得了很多青少年的喜爱，这些"火影"迷不光被动地欣赏，还主动地去研究分析《火影忍者》中的相关问题。当"火影"作品无法满足他们无尽的求知欲时，他们会为了解开心中的疑团，在"火影"作品以及与之相关的各个学科领域中寻求答案，从而加深和拓宽了对"火影"作品的研究。

中国的"火影"迷还积极地利用《火影忍者》进行再创造。比如扩充剧情内容，对原剧中似乎没有说清楚的地方进行历史背景或具体细节的补充说明、混搭再造，对火影剧中人物或情节进行创造性的改编等。

《火影忍者》动漫在中国的成功传播是时间的契合、传播媒介的成熟以及日本政府文化产业政策等因素共同作用的结果。《火影忍者》动漫进入中国市场恰逢中国城市化蓬勃发展的时期，形成了《火影忍者》的主干消费群体——城市青少年。他们生活相对宽裕，具备购买动漫杂志和"火影"数字文化产品的能力。20世纪90年代末以来，中国的文化传播媒介由纸质媒体向影音媒体、网络媒体等发展的过程，也恰好与"火影"作品的多元化传播相契合。

《火影忍者》丰富了中国青少年的业余文化生活，对他们的爱情观、友情观、人生观的养成也发挥了比较积极的作用。然而，它作为热血动漫的代表作品，充满着打打杀杀的暴力场景，虽然迎合了青少年喜欢做英雄梦的特性，却也给正值青春期、缺乏区分和自控能力的青少年带来了一些不良的影响。另外，《火影忍者》中所宣扬的暧昧的善恶观也值得关注。剧中模糊了情感与道德、人伦与法律的区别，甚至将献身精神本身视为善的标志，而淡化了对献身行为的目标是否正义的思考。

资料来源：百度文库《日本动漫在中国的传播与影响——以火影忍者为例》：https://wenku.baidu.com/view/34a397dd6edb6f1afe001f65.html？fr=income2-doc-search&_wkts_=1669014465815&wkQuery=日本动漫在中国的传播与影响——以火影忍者为例。

七、正确对待外来文化

（一）正确处理本土文化和外来文化的关系

人们在看待外来文化上，一般来说可能出现三种态度：一是盲目排外，二是崇洋媚外，三是科学吸收。我们应该以自己的文化为本，客观地审视外来文化，接受外来文化里有益于自己的成分。科学地吸收外来文化不仅不会使自己原有的文化传统中断，而且会大大促进自身文化传统更快更健康地发展。当今文化的发展，必定是全球意识和民族意识的结合。这种态度，通常只有在自己的民族自信心建立以后，才有可能出现。当民族国家处于兴盛时期，文化认同不仅强烈，文化态度通常比较开放、宽容，也易于接受外来文化，从外来文化中吸收有益于自己发展的东西。

当今的时代是一个日趋多元的时代，各种价值观、文化形态以及各种各样的信息，都在改变着我们。随之而来的，这样的现实格局也必将影响着我们的文化性格。我们不再像一百年前的中国人那样闭关自守、妄自尊大，我们开始具有了睁眼看世界的能力，我们变得开放而包容，开放而包容正是一个文化多元时代应有的文化性格，也正是不同于以往那种文化性格之所在。

（二）要学会充分利用国外文化资源

文化无国界，特别是非物质文化遗产，更是人类的共同财富，各国都可以对其进行开发和利用。如，花木兰本是一个流传于中国且妇孺皆知的故事，但美国迪斯尼却把它进行再开发并推向世界。熊猫在中国被当做吉祥物和宠物，但迪斯尼却把它开发成了《功夫熊猫》。前面讲到的，日韩等国对中国文化素材的抢先开发，也说明了这个问题。别人可以用我们的资源，我们同样也可以利用别人的资源。这里的关键是发掘和创意。以动漫产业为例，从目前的情况来看，我国技术人员制作动漫的技术比美国和日本一点也不差，甚至有的方面还要先进，但我们的产品的受欢迎程度和市场占有率却远远落后于美日。有好的技术设备不一定就能生产出好的产品，有好的摄影机和好演员不一定能拍出好的电影或电视剧，关键是还要有好的题材和剧本。我们现在缺乏的就是好的创意，缺乏的是文化创意人才。我们写剧本的人才也就是作家和编剧严重缺乏，现有的人才也存在许多问题，最主要的是缺乏想象力。结果是自己的资源看不住，用不上，让别人抢走了，而别人的东西又抢不来。

[本节小结]

本节重点学习了民族文化与外来文化的内涵，了解两种不同文化资源类型划分的方式，分析了民族文化资源和外来文化资源的特点，以及如何正确对待外来文化资源。在当今全球化的潮流之下，本民族文化受到了外来文化的冲击，但两者并非竞争关系，而是可以融合共存，这需要我们正确认识民族文化资源和外来文化资源。

[复习思考]

1. 民族文化资源与外来文化资源是否对立存在？

2. 如何看待外来文化资源对中国的影响？

3. 民族文化资源该如何进行开发？开发时应注意什么？

4. 互联网技术的发展带来了新的技术变革，我们该如何结合互联网技术和民族文化资源或外来文化资源为其带来新的活力？

[参考文献]

[1] 王贞辉. 浅谈西方建筑对中国近代建筑的影响 [J]. 魅力中国, 2009 (7): 103-104.

[2] 姜强. 印象派绘画对中国当代绘画的影响 [J]. 大观·东京文学, 2020 (9): 151-152.

[3] 林春宇. 关于国外文化思潮对青年学生影响的探讨 [J]. 辽宁高等教育研究, 1989 (5): 57-60.

[4] 郭海燕. 浅谈西方文化对中国当代服装的影响 [J]. 武汉科技学院学报, 2005 (11): 64-66.

[5] 高永久. 民族学概论 [M]. 天津: 南开大学出版社, 2011.

[6] 牛淑萍. 文化资源学 [M]. 福州: 福建人民出版社, 2019.

[7] 徐永志. 中国近现代政治社会史论 [M]. 北京: 中央民族大学出版社, 2009.

[8] 张胜冰. 文化资源学导论 [M]. 北京: 北京大学出版社, 2017.

[9] 中国社会科学院民族研究所编. 斯大林论民族问题 [M]. 北京: 民族出版社, 1990.

[10] 黄淑聘, 龚佩华. 文化人类学理论方法研究 [M]. 广州: 广州高等教育出版社, 2004.

[11] 徐万邦. 节日文化与民族意识 [J]. 云南社会科学, 1994 (2): 38-44.

[12] 中国民俗学会. 中国民俗学研究（第一辑） [M]. 北京: 北京中央民族大学出版, 1994.

[13] 宝音. 论蒙古族传统文化的开发和利用 [J]. 内蒙古民族大学学报（社会科学版）, 2007 (1): 6-9.

[14] 澎湃新闻.哈利波特中国上映 20 周年,超级魔法生意仍在狂奔[EB/OL]. (2022-01-28)[2023-05-30].https://m.thepaper.cn/baijiahao_16467410.

第四节 历史与智能文化资源

■学习目标

通过本章的学习,达到以下学习目标:

➤了解历史文化资源和智能文化资源的内涵、历史文化资源的产业化开发问题。

➤熟悉历史文化资源和智能文化资源的基本特征以及历史文化资源的开发利用模式。

➤掌握历史文化资源和智能文化资源的形态以及产业化开发策略。

导入案例

创意唤醒国风舞蹈,让当代观众与历史对话

中秋月圆,与月遥相对望的书法家王献之在静思间妙手偶得,起身赋诗一首。他着墨挥毫,仿佛舞人跃然于纸上,中国歌剧舞剧院舞蹈演员陈炳睿化作书写者笔端的墨点,抖袖似泼墨,腾空抛袖与苍劲有力的笔法相融,展现书法艺术的精妙和中国舞的飘逸。舞作《墨舞中秋帖》竭力挖掘王献之书法中"极草纵之致""一笔书"等特质,使人感叹墨舞流韵空中挥毫,实为创意妙门。

洛阳城内飞翔的仙鹤渐渐幻化人形,在殿堂、湖面、月旁的翩跹之姿尽显仙鹤高雅轻盈之态。舞者凌空而跃辅以镜头的 360 度旋转,似乘云驾鹤往来于天地之间,舞作《鹤归来兮》中舞者以身拟鹤,寓意着吉祥康健、纯真忠贞。

这是让观众沉浸其中的"中秋奇妙夜",这些让观众遐想联翩的舞蹈,无论是《墨舞中秋帖》《鹤归来兮》,还是《东都行者》《少林·功夫》等,别出机杼的编导创意将问道、修行、武功、水墨等传统精神融入舞蹈里,以高科技的融媒体手段,给观众以奇妙的艺术视听体验,"当代"与"传统"跨越时空的对话,为传统舞蹈的当代呈现,画上了靓丽一笔。

自 2021 年年初的《唐宫夜宴》始,细数河南卫视此类传统题材的舞蹈创作,"端午奇妙游"中《洛神水赋》《唐印》等作品相续萌生新奇创意原点,"七夕奇妙游"中《龙门金刚》返本开新再次成为国民看点,"中秋奇妙游"更是延续其国风雅韵,重拾历史记忆,以鲜活的形式呈现今人的视域,将"中国风""古典美"等审美意境传递给当代青年群体,探求将传统舞蹈、传统文化的创造性转化、创新性发展。

资料来源:http://www.whb.cn/zhuzhan/xinwen/20210928/426047.html。

思考：

1. 如何拉近传统舞蹈、传统文化与当代受众之间的距离？

2. 如何以赋予舞蹈创意的方式，唤起当代人对传统文化的兴趣？

一、历史文化资源

（一）历史文化资源的含义

对于历史文化资源的含义，向志学、向东（2006）认为历史文化资源是人类历史文化遗存诸多实体当中具有独特功能、现代资财价值、能够科学合理开发利用，甚至进行扬弃升华的部分。[①] 董雪梅（2008）认为历史文化资源就是在过去人类历史发展过程中，人们创造和使用的各种物质文化资源和精神文化资源的总和[②]，秦枫（2014）也认可这种观点[③]。赵东（2014）对历史文化资源的界定是以历史为核心的文化资源或是历史上的文化资源，是指人类过去发生的事物及其所产生的影响而成为满足人们精神需求的精神要素以及附着在物质上的精神要素。可见，历史文化资源相对于自然资源而言，是由人类历史结晶得出，是人类文明的宝贵财富。

一般意义上，历史文化资源是指历史上的文化资源（需要与"历史和文化资源"相区别），尤其是指以历史为核心的文化资源，实质就是"历史资源"，强调"历史"。如此，关于历史文化资源的内涵就必须主要关注"历史"的四大基本要素：事（物、件）、人（物、群）、时（间、代）、地（点、域）。事、人、时、地，也是历史文化资源的基本要素。

由于历史即"往事"，因此历史事物是历史文化资源不可缺少的要素。历史事物包括历史事件和历史实物。如前所述，历史事件包括社会事件和自然事件。历史实物包括文物、遗址、遗迹、历史文献（古籍是其非常重要的组成部分）、口述史资料、历史景观以及传统观念、习俗、文艺作品等。这些历史事物对人类产生了影响从而具有了能够满足人们精神需求的要素，因而形成了历史文化资源。

历史人物在历史文化资源中最为活跃，不管是历史事件，还是历史文物、遗迹、景观，或是历史观念、习俗，都与历史人物密切相关。历史人物可以是个人，也可以是群体。历史事件和历史人物影响越大，其自身历史文化资源品相价值越高，与其有关的事件、文物、遗迹、习俗等历史文化资源品相价值也越高。

历史文化资源必须有确切的时间或时代。没有确切的时间或时代，就不能成为历史文化资源。历史文化资源的时间因素极为重要，被联合国教科文组织认可并公布的我国世界文化遗产周口店北京人遗址、甘肃敦煌莫高窟、长城等，都表现了历史文化资源时间的重要性。

历史文化资源不能缺少地点或地域因素。绝大多数历史文化资源具有明确的地点或归属地域，地点或地域不够明确的所谓的历史文化资源，就需要通过文献和文物进行考证，否则就不能成为该地的历史文化资源。由于历史事件具有多发地性、历史人

---

① 向志学，向东. 谈谈资源和历史文化资源 [J]. 武汉大学学报（人文科学版），2006（3）：331-336.

② 董雪梅. 公共历史文化资源的产业开发 [D]. 济南：山东大学，2008.

③ 秦枫. 文化资源概论 [M]. 合肥：中国科学技术大学出版社，2014 年 8 月（第 1 版）.

物具有流动性以及历史文物、历史观念、习俗等散落各地，因此历史文化资源的地点或地域因素具有众多性，以致多地可以共享同一历史文化资源。如果历史文化资源只在一个地域发生形成，该地开发此历史文化资源则具有垄断性。①

（二）历史文化资源的特征

1. 客观性

和现实文化资源的主观创造不同，历史文化资源属于过去形成并积累起来的文化资源，像"历史往事"一样，具有客观存在性，一经发生形成，就不以人们主观意念为转移，比如孙子兵法具有光辉的军事思想，汉唐都城长安，中国共产党在陕北领导中国人民革命年，这些都是铁定的客观存在，谁也不能改变。历史文化资源的客观存在性，使其不可再生和替代，历史文物一经损毁，就永远失去。

2. 公共性

历史文化资源不仅是某个地域和某个民族的财富，也是人类社会的共同财富。历史文化资源最重要的属性就是公共性。历史文化资源的公共性可以从两个方面来理解：一方面，历史文化资源是在人类文明进程中由全人类共同创造出来的；另一方面，历史文化资源是人类社会共同的财富，能为整个社会公众服务。历史文化资源在整个经济建设、社会发展和对外文化交流中，都发挥着重要作用。

3. 神秘性

历史文化资源通常是在历史上形成的，往往和现实有一段或很长时间的间隔，这种时间间隔形成了"历史往事"的神秘。由于种种因素，"历史往事"给后世留下了众多的奥秘，人们总是喜欢知道历史奥秘甚或体验"历史往事"是如何发生，例如埃及金字塔的建成、秦始皇兵马俑，等等。历史文化资源的神秘性往往对后世公众有着强烈的吸引力，为他们所好奇、所向往，希望与历史人物同在一起。

4. 时代性

"历史"是由众多的不同时代组成，不同的历史时代发生着不同的"历史往事"，由不同"历史往事"所形成的历史文化资源往往带有鲜明的时代性。历史文化资源所具有的不同时代性也通常是吸引公众目光的所在，也通常是其文化资源卖点之一。不同时代的历史文化资源，其品相价值往往也不同，越是离现实久远的历史文化资源，其品相越高，价值也越大。

5. 知识性

一方面，历史文化本身就是重要的知识；另一方面，历史文化又几乎蕴涵了人类以往所有的知识，这使得历史文化资源具有浓厚的知识性。利用历史文化资源，人们可以大大丰富自己的知识视野，提高自己的个人修养、智慧。所谓"读史使人明智"，"明智"关键在于掌握知识，因为"知识就是力量"。历史文化资源的知识性不仅仅可以从历史文化图书中汲取，更可以从名胜古迹、各种文物、各地风俗中汲取。

6. 教育性

和一般文化资源相比，历史文化资源具有强烈的教育性，这种教育性，"随风潜入夜，润物细无声"，渗入身心。历史文化资源，尤其是历史遗存，是人类形成、发展、

---

① 赵东. 数字化生存下的历史文化资源保护与开发研究［D］. 山东大学，2014.

壮大、繁荣的实录，是先人们一代又一代用劳动和智慧构筑家园的见证，也是无数英雄豪杰用生命和鲜血写下的反抗旧统治、抗击外来侵略的不朽业绩的剪影。因此，向人们特别是青少年展示历史文化资源，教育他们，具有强烈的感染力。

（三）历史文化资源的类型

1. 按时间顺序

我们可以把它们划分为原始资源、古代资源、近现代资源。古埃及象形文字、浙江余姚河姆渡遗址、陕西西安半坡遗址等属于原始资源；唐诗宋词元曲、故宫等属于古代资源；遵义会议会址、广播电视塔等属于近现代资源。

2. 按地域方位

我们可以把它们划分为藏文化资源、中原文化资源、巴蜀文化资源等等。

3. 结合基本要素情况

历史文化资源可以被划分为历史事件文化资源、历史实物（文物、古籍等）文化资源；历史人物（一般是名人）文化资源；原始文化资源、古代文化资源、近现代文化资源等；地域历史文化资源。

历史文化资源的基本要素——事、人、时、地紧密交织，不能简单分割，因此以上几种类型的历史文化资源之间也不能完全分割。[①]

4. 按属性

历史文化资源可分为物化型资源、精神型资源、交叉型资源三大部类。

对于我国而言，物化型资源有数不尽的宫殿园林、琼楼玉宇、画栋雕梁、奇珍异宝、古物珍玩，在地下和海底我们还拥有许多珍宝王国（如秦始皇陵、乾陵、三千多艘沉船等）。此外，像古老的岐黄之术，气功文化和作为活化石的"老字号""老名牌""老商标"，鬼斧神工式的绝技、绝招、绝活，如古建筑、园林、丝绸、陶瓷、服饰、美食、木雕、铜雕、微雕、针绣、挑花、青铜器、雕漆、蜡染、剪纸……都能在现实和未来的国内外大市场上大显身手，有的甚至能立即转化为现实的生产力，有着特别坚挺的发展前景。此外，我国还有博大精深的精神型资源，像传统的知识框架、主义学说、价值观念、制度体系、元典精神、审美意境……我国其实很早就形成了自己的精神支柱，一般来说它是以儒学为核心，以儒、释、道为主干，兼容诸子百家，囊括纲常名教，形成一套独特的观念形态和思维模式，此中确有深意。另外，我国古代天人合一有机、生态的世界观，朴素的人本主义或人文主义倾向，博大精深的伦理道德思想，温馨和谐的文化氛围，集聚深厚的管理理念以及重视伦理、重视家族、重视教育、重视权威，重视人际和谐、重视政治一致这样一些独特价值观正在当代新的大格局中得到广泛的应用。而交叉型资源主要存在于社会组织和民俗风情之中，是精神文化在物质或社群组织中之外现，我国自古就是乡俗淳朴，家庭和睦，民风节俭，节令繁多，有许多实质性传统可资发掘和继承。[②]

5. 按是否有实物形态

历史文化资源可分为有形文化历史资源和无形文化历史资源，其典型代表是文化

---

① 赵东. 数字化生存下的历史文化资源保护与开发研究［D］. 济南：山东大学，2014.

② 向志学，向东. 谈谈资源和历史文化资源［J］. 武汉大学学报（人文科学版），2006（3）：331-336.

遗产（物质文化遗产和非物质文化遗产）。

（四）历史文化资源的开发利用模式

1. 景观化，在保护历史文化资源的条件下开发旅游景观

我国有数千年历史，文化遗产十分丰富，但历经战乱动荡和自然灾害，也受到不少破坏，需要大量投入以保护和修复。为解决投入的回报，建立自身的造血机制，结合旅游业的发展适当开发为旅游景观已成为当下较普遍采用的一种模式。如江南水乡古镇周庄、乌镇、西塘、朱家角等都已开发成为旅游胜景。

2. 以故事力活化资源，以艺术秀增强感染力

故事也是可以开发利用的历史文化资源，著名戏剧家莎士比亚笔下有许多感人的故事，如家喻户晓的"罗密欧与朱丽叶"，故事的主人公原来是一个杜撰的人物，但意大利的一座小城，就开发出了"朱丽叶出生地"，成为当地的著名旅游景点，游人络绎不绝，这就是故事的力量。

3. 凸显文化特色，策划项目，吸引社会资本

许多地区经济建设发展面临资金瓶颈和招商引资的难题，人们利用历史文化资源，通过创意策划和市场运作，在吸引社会资本联合开发上往往会取得良好的效果。比如在成都锦江上的年久失修的廊桥，当地政府缺乏翻建资金，通过创意策划，将廊桥建成两层，下层维持原貌，仍然免费通行，而上层新增加数千平方米的空间供投资商用作营业场所。这使得廊桥没花政府一分钱就建设起来，上层开设的饭店（廊桥饭店）借助廊桥的历史文化氛围和优美的锦江风光成为成都一处上好的用餐地，不仅客人纷至沓来，也提升了餐饮服务的附加值。这种政府与投资商的双赢，依靠的就是对资源的有效经营。

4. 提炼文化符号，塑造品牌

通过提炼文化符号，塑造品牌可以为历史文化资源创造价值。例如生产石库门老酒的上海金枫酒业公司诞生于1939年，原来生产"金枫"牌黄酒，虽然品质不错，但是通常被用作烧菜的料酒，一瓶酒售价约两三元。后来，借助于石库门的文化符号，酒厂成功推出了石库门老酒，以现代的独具创意的理念重新打造品牌。全新概念的包装设计精美，产品配方合理，口味口感良好，酒瓶造型新颖，具中西文化交融及海派文化底蕴，打破了以往黄酒瓶圆形和方形，设计了偏方的椭圆形，这样使石库门的形象更宽大，更容易捕获消费者猎奇的目光。石库门采用近似版画的简洁手法，表现了石库门的历史感。"石库门上海老酒"一上市就为消费者所接受和青睐。因为它卖的不仅是酒，而还有酒的文化，上海人的石库门生活情结，是现代人的怀旧时尚。石库门除了用作酒的品牌，还被用于打造酒店和酒家的品牌。

（五）历史文化资源产业化开发问题

1. 资源内涵挖掘不足

在文化生产过程中，对文化资源的内涵进行深度挖掘，使其转化为文化资本，即文化资源的资本化运营，是文化产业发展的重要内容。历史文化资源是多层次资源，可以由浅入深进行多次开发。遗址类和故居类文化资源通常可以直接进行旅游开发，以直接展示为主，其内涵和形式的多样性决定了旅游产品的深度和品质。

内涵挖掘有两层目的。一方面，在符号传递中，由于意义的交换有一个前提，即交换的双方必须要有共通的意义空间，为了保证历史文化产品中所传递的文化内涵被消费者在一定程度上准确接收，我们应当尽量在共同的文化背景下寻找传递双方可能重叠的精神信条，以消除消费者的理解障碍。另一方面，不同于其他直观或可以直接理解的文化产品，历史物品需要说明，历史故事需要讲述，没有解释的历史物品是没有生命且没有意义的。以旅游产品为例，历史文化景区的游客相对于自然景区游客更偏重求知欲的满足，他们希望能够在景区得到新鲜的、已有文化知识以外的信息，而不是观赏不知所云的旧楼房和旧物件。除此之外，历史文化旅游景区的线路设计通常具有一定的主题，展示品之间由历史脉络贯穿，互为一体。

国内一些城市在进行历史文化旅游开发的过程中缺乏整体规划，忽视调研考证及对史料的收集和整理，追求短期效益。某些经济基础较弱的地区在旅游项目建设初期进行低成本、浅层次开发，以确保资金短期内回笼，带动地方经济增长。也有一些城市的老牌景区几十年如一日，开发滞后，建成至今仍然以粗放型旅游参观为主，没有进行深入的文化内涵挖掘，消费方式单一，景区整体显得低端和低品质，无法满足年轻消费者和中高端消费者的消费期待，不具备长远的经济增值能力。以古镇旅游为例，游客在古镇中，想看到本地人的生活状态，想感受的是古镇市井的生动与鲜活，想尝试的是在地理环境和民俗影响下的特色小吃，以及体会漫长的历史是如何塑造当地文化的。古镇旅游的开发者不能仅仅满足于造造建筑，需要在对当地历史文化资源进行完整、详细梳理的基础上，充分理解地方特色，挖掘文化内涵，才能做好古镇开发，同时也要在商业化和地方文化保护中做好平衡。

2. 产业化开发次序不当

历史文化资源的产业化，离不开文化产品，历史文化资源产品化，是对精神内涵的提炼和表达。根据符号学，产品化可以看作符号编码的过程，对符号形式的选择会在一定程度上影响解码。在产业化开发之初，新产品需要尽快进入市场并被消费者所熟悉，因此，产品的形式和内容的传达应当以简单并容易理解为主，如果选择意指性太强的符号形式，消费者可能会由于理解困难而失去对新产品的兴趣。除此之外，还有一些市场化因素会影响经营者对产品形态的选择。

一方面，不同产品之间存在着相互依存的关系。国内对物化资源的旅游开发已经日趋成熟，非物化资源的产品化形式比较灵活多变，同一资源在产品化以后面对的消费者市场可能截然不同，不同的产品在市场化过程中也存在着相互依赖的关系。比如，旅游演艺和文化旅游的消费者可能发生重叠甚至一致，这是由于旅游演艺作为特殊的演艺形式，以本土历史文化无形资源作为其产业内容，与本地旅游产品存在一定的依存关系。如果没有旅游项目作为支撑，受到交通成本的制约，第三级旅游市场几乎没有契机成为其潜在消费者。旅游演艺开发之初是为了填补旅游文化的空白，是旅游产品的有效补充，起着画龙点睛的作用。这种产品形态，通过演员表演和声光电虚拟技术的组合，使无形化为有形，恰好突破了传统旅游产品对文化内涵展示的限制。因此，在选择开发旅游演艺之前，开发者要充分考虑本地旅游市场现状。成熟的旅游市场是旅游演艺开发的根基，是游客量的保证，而可供挖掘的文化内涵则是旅游演艺的灵魂，直接影响消费者对产品的价值评价。旅游演艺其实可以看成是旅游加演艺，如果仅仅在某一个地区单独地举办一台秀，没有环境的营造、旅游目的地的烘托、区域文化给予的演出将是空中楼阁。

另一方面，不同产品之间存在着潜在开发次序。潜在的开发次序意味着，同时选择几种产品形态进行开发之时，要根据本地实际状况，注意开发先后顺序。历史文化资源不同于其他创意资源，在开发之初，资源评估和史料整理是必经阶段。同时，具有历史积淀的物化资源是历史文化资源特有的，通常可以作为产业化开发的基础，促使其他非物化资源向物化产品转化。例如，文化创意产品在初期可能作为文化旅游的衍生品，作为旅游产业链的延伸，依存于旅游目的地的开发。在旅游开发伊始，旅游衍生品常常呈现为粗糙的复制品和无秩序的小商贩销售，销售量受到游客数量的直接影响。严格来说，这种产品形式是对历史文物的直接复制，没有创意可言，其意义仅限于旅游纪念。在旅游开发成熟期，一些较有经济实力的地区开始开发文创产品，此时的产品形态呈现为一种以历史为元素、以创意为基因，精美实用且充满设计感的小物件，旅游衍生品和文创产品不再局限于景区商街的实体销售模式，而是利用互联网销售平台，因而消费者市场范围在无形中扩大，此时的销售量在很大程度上受到旅游目的地品牌化程度的影响。

3. 产业化路径选择不理智

一是同质化严重。历史文化产品的同质化主要表现在产业化过程中的无理性模仿。一方面，产品没有特色，盲目模仿跟风，在同类产品中不具备竞争力。另一方面，产品同质化，直接导致供给市场中的同类产品数量的增加。根据经济学原理，人们更愿意放弃他们已经拥有的数量较多的物品，而不愿意放弃他们不多的物品。消费者已经拥有的某种物品越多，额外一单位该物品所提供的边际效用就越低。因此，没有购买过该产品的消费者，则会倾向于选择口碑较好的产品来保障自己的消费效果，而购买过该类产品的消费者，在面对此类产品和其他新产品的选择中，会毫不犹豫地转向后者。以古镇旅游为例，2003—2008年，古镇旅游开发成为一股风潮。当下的古镇旅游大都以一日游参观为主，模式单一、文化内涵不足和体验性较差，尤其是江南古镇的同质化更为严重。在国内古镇开发中，乌镇、周庄、凤凰等知名古镇已经抢占市场，新开发的古镇旅游如宏村，借助电视媒介的宣传后来者居上，而一些特色不明显、知名度较弱的古镇旅游始终处于不瘟不火的状态。在一项针对成都古镇的市场调研中，来自成都市区及其周边的游客分别占调查样本总量的44.25%和37.63%，而四川省内其他地区和外省市的游客所占比重较小。从客源市场来看，古镇旅游市场趋于饱和，加之同质化严重、创新不足，如果不转型，其将面临被市场淘汰的危机。

二是没有充分考虑地区经济基础。一些地区不顾经济发展现状，没有对资源进行科学理性的评估，冲动地投资建设高投入项目，效果却不好。经济基础较弱的地区，在产业化开发项目选择中要注意结合地区实际，充分考虑产业化开发成本和预期收益。例如，主题公园属于周期长、投入大、耗时耗力的项目，不宜在旅游开发初期盲目投入。[①]

---

① 张紫霄. 历史文化资源产业化开发的现状审视与对策思考 [J]. 广西社会科学, 2016 (10)：188-192.

（六）历史文化资源产业化开发策略

1.加强地区文化研究，建立资源评估体系

地方政府对历史文化资源的产业化开发，必须建立在成熟的历史文化研究基础上。系统的研究以及可查证的史料，可以为产业化提供源源不断的创作素材，成为产业化取之不尽的灵感宝库，从而提升未来和现有产品的文化内涵；资料的丰富和累积，亦可以成为传统文化产业转型升级的动力。文化研究是产业化根基，文化资源评估是产业化保障。文化资源评估主要综合考虑资源的品质、价值、效用、发展预期和传承能力几项指标，根据不同的评价结果，选择合适的产业化路径。历史文化资源由于时间的久远和资料的分散，其研究和评价可能是一个漫长的过程，如果地方政府没有树立起正确的政绩观，试图追求短期快速的市场回报，产业化开发就会像没有地基的大楼，在市场竞争下将难以维生。

以"三山五园历史文化景区"建设为例，北京市海淀区在对"三山五园"历史文化资源的开发时，把文化研究和资源评估作为重要的工作，为产业化打下了坚实的基础。该区在旅游产业已经成熟的基础上并没有冲动冒进，而是采取了"研究→评估→规划→传播→资源深度整理→多元化开发"的步骤，产业化开发循序渐进，在不同阶段形成了不同的文化产品。研究阶段形成了出版物，传播阶段形成了展览和文创产品，且正在同步进行景区规划建设，未来将推出影视产品、文化旅游、实景演出等更多形式的产品。

2.推动产品创新，强化竞争意识

追求新事物、新意义是人类的一种基本价值。"新"意味着"创造性"、"时代性"和"个性化"，而这些永远是人们追求的价值和目标。如上所述，历史文化资源在被编码成为符号之后，消费者并不是被动接受，而是经过了一个主动的选择过程。在这个过程中，消费者根据以往的消费经验，判断不同产品可能会为自己带来的消费体验，从而选择自己感兴趣的产品。一方面，文化产品是为满足消费者精神需求而生，消费者在消费过程中会无意识地考虑自身的"满足感"和"幸福感"，在相似产品中，创新的产品会使消费者产生"新奇感"，由此带来消费的冲动。在经济学领域，产品创新是差异化竞争战略的重要手段。在已经成熟的产业中，无论是新进入者还是现有竞争者，产品的创新尤为重要。迈克尔·波特认为，新进入者采取差异化战略，可以建立起对付产业竞争中五种竞争作用力的防御地位，可能会赢得超常收益；而产业内现有经营者进行产品创新，则可以使产品为新的需要服务。另一方面，文化产品的创新过程也是经营者对已有消费市场的进一步细分。在《竞争战略》一书中，波特将这种方式称为目标集聚战略，即主攻某个特定的顾客群、某产业链的一个细分区段或某一个地区市场。差异化战略和目标集聚战略同时进行，经营者可以抢占空白的目标市场，抵抗其他同质产品（替代品）带来的竞争威胁，使自己的产品迅速成为具有竞争力的优势产品。

一方面，产品创新可以是产品形式的创新，即结合新的时代和消费特征，创造新的产品和服务形式以及销售方式等。例如，故宫博物院在历史文化资源的二次开发中，没有僵守固有的成熟模式，而是进一步细分市场，主动迎合"互联网+"的时代趋势，通过结合新媒体和互联网O2O销售模式，以创意为主要元素，创新产品形式，抢占了

年轻消费者市场。

另一方面，产品创新也可以是旧产品的改造升级，如内容创新，最常见于旅游产品的一种方式是增强产品的体验性。历史文化旅游产品的体验性，强调了在理性资源开发中消费者情感的回归。历史文化景区不仅要传递知识，还要营造情境，让游客在短时间内通过语言和文本进入历史时空，得到关于人物和物品的完整信息，这些信息千丝万缕，但最终将以各种情感的形式在游客脑中留下一个又一个的记忆点。体验经济时代，旅游业可以通过游客体验旅游产品来确认价值，促成互信之后能自动贴近旅游产品的大批忠诚客户。

3. 建立品牌意识

品牌是符号价值的一种呈现形式，品牌化使消费者感受到了实际上并不存在的产品差别，一些昂贵的品牌化手段很可能使消费者认为这代表着经营者对产品的自信，从而使品牌与品质两个本来毫不相干的概念产生了关联。在市场竞争中，品牌化直接增强了产品的识别性，实现了差异化。同时，品牌化意味着知名度和口碑，游客对于相关文创产品的关注也会随之上升，从而增加旅游相关产品的销量。

一方面，建立品牌意识，强调地区一体化意识。基于一个地区的历史文化资源产业化开发，无论采取什么样的形式，都应该以地区为核心成为一个统一的整体，产品定位、产品宣传不能脱离地区整体的产业政策和消费氛围。地区一体化可以使产业化开发"借势"而起，依托地区已有的成熟品牌和宣传效果，免去前期宣传的大笔投入。如果产品自身并无太大特色，市场定位又太过"标新立异"，就意味着要在成熟的地区消费者市场中争夺新的注意力，自立品牌，不免将是一场"攻坚战"。

另一方面，地区一体化并不意味着要舍弃产品特色，一味"攀附"其他成熟产品。地区特色宣传通常是稳定不常变化的，但时事是多变的，经营者要保持敏感性和宣传主动性，抓住合适时机，如国家特殊节庆、中外建交等政策的变化，甚至可以借助某部纪录片、电视剧等大众媒介产品的隐性宣传，伺机而起、突出特色、树立品牌，从而带动地区大品牌建设。地区一体化是兼顾整体化和个性化，使小品牌和大品牌相得益彰，实现良性循环。

历史文化资源的产业化开发，既有共性问题，也有个性问题；既有传播学问题，也有经济学问题；既有企业经营问题，也有政府管理问题。文化产业是一门多学科交融的复合学科，解决文化产业问题，要同时兼顾市场性与意识形态性，对于不同问题，要采用针对性解决对策。历史文化资源是一种公共资源，也是一种意识形态载体，具有引导社会公众价值认知的重要作用，产业化开发是经济行为，追求经济效益的同时也要兼顾社会效益。因此，在历史文化资源的产业化开发过程中，人们要尊重历史，特别要警惕对历史文化的亵渎，杜绝异化开发和过度娱乐化开发。[①]

二、智能文化资源

文化资源是人类劳动创造的物质成果及其转化，按历时性一般分为文化历史资源和文化现实资源两大类。文化现实资源主要是指人类劳动创造的物质成果及其转化。

① 张紫霄. 历史文化资源产业化开发的现状审视与对策思考 [J]. 广西社会科学，2016（10）：188-192.

按物质成果转化的智能含量，人们一般又把它分为文化（现实）智能资源和文化（现实）非智能资源。[①]

（一）智能文化资源的含义

文化智能资源亦称智能文化资源，一般是指通过人的智力运作发挥知识的创造力，在产业运行中创造价值，实现价值的增值；有时智能资源文化也指掌握科学文化知识，能够进行智能化创造的文化创意人才[②]。

（二）智能文化资源的形式

智能文化资源包括以下两种存在形式：一是外显智能文化资源，即一切可以带来价值或效用的智力成果，包括创意、发明、专利、著作、作品、商标、声誉、有价信息等，智力成果的核心要素是知识；二是内隐智能文化资源，是指减去体力劳动部分后的人力资本，即脑力资产，脑力资产的核心要素是智力。

人力资本理论认为，随着知识经济的兴起和高新技术产业的发展，与人的体力相比，人的智力越来越重要。人的智力包括经验型文化技能和创新型文化能力两个方面。经验型文化技能又包括写作、绘画、演奏、编程、设计等方面的程序和技巧；创新型文化能力是指一个人在获得知识和操作技能的基础上，突破前人模式的独创性思维和实践能力，取得的创造性构思、创意、主题、灵感、方案、决策等，它们大多难以编码。基于人的先天素质和后天钻研习得的智力，即内隐文化智能资源，是文化产业发展的核心资源，它的能动作用，可以进一步调动外显文化智能资源，即人们的知识，并通过与其他结构资本、顾客资本等的融合，有效地创造文化财富。

总之，知识和智力是文化智能资源的两个核心要素，智力成果和脑力资产共同构成文化智能资源。在现代文化产业发展中，我们可以通过产业开发的相应形式，积极利用与开发文化智能资源，使之形成版权业和创意业这两个重要的文化产业类型。

（三）外显文化智能资源的版权业开发

1. 版权业是当代国际文化产业发展的重要力量

版权是出版者复制和销售出版物的权利。版权也叫著作权，是知识产权的重要组成部分。知识产权是一种法权，它是民事主体在科学、技术、文化、艺术领域对其智力创造成果依法享有的专有权利。知识产权通常分为工业产权和著作权两大类。版权产业一般是指生存和发展以版权保护为条件的一个产业群。美国把版权产业分为四类：一是核心类版权产业，主要指对享有版权的作品的再创作、复制、生产和传播；二是部分类版权产业，其特征是一部分物质产品有版权；三是发行类版权产业，其特征是批发和零售有版权的作品如书店、音像制品出租店等；四是与版权有关的产业，其特征是生产销售过程用到或部分用到与版权有关的产品，如计算机、收音机、电视机、录像机、录音机、音响设备等产业。其中核心版权产业是整个版权业的主体，约占三分之二。以上四类的总和，称整体版权产业。

瑞典、德国等早在20世纪80年代就开始研究版权产业。1990年11月美国国际知

---

① 吕庆华. 文化智能资源的版权业及创意业开发分析 [J]. 现代传播（中国传媒大学学报），2006（4）：112-117.

② 荣鹏飞，苏勇，张岚. 基于资源禀赋的文化创意产业发展策略研究 [J]. 广西社会科学，2015（12）：194-198.

识产权联盟发表首份版权产业报告，之后不少国家纷纷仿效。人们发现，无论在发达国家还是发展中国家，GDP 中版权产业所占份额为 3%~6%。版权业尤其是核心版权业，已经成为当代文化产业的重要组成部分，其庞大而快速发展的技术构成、经济规模与效益、经营方式，是当代国际文化产业发展的重要力量。

2. 外显文化智能资源版权业开发的主要营运模式：授权经营

（1）授权经营的含义

著作权（版权）分为两部分：一是著作财产权，二是著作人格权。著作财产权可以直接转让、继承；而著作人格权不能直接转让和商用，但可以通过授权许可经营。在中国，著作权法的保护期限是作者有生之年加上死后的 50 年。作者去世 50 年之后，作品就变成公共财产，大家都可以使用。在作者去世后的 50 年内，著作权的人格权只有通过人格权拥有者的授权，才能用于版权业开发。著作权的版权业开发的途径包括复制、公开展示、改作、出租等。复制权是著作权的主体，版权业授权经营的基础是作品的复制权。

（2）授权经营的特点

版权业的授权经营不同于传统的文化产业经营。传统文化产业所经营的是出版物的财产权，而授权经营既涉及著作权的财产权，又涉及著作权的人格权。买下一张作品并不等于可以随意用它制作月历或复制销售，如果没有取得著作权所有人的书面同意，复制是违法的。比如北京书生数字技术有限公司，在未经许可、没有获得信息网络传播授权的情况下，在互联网上向公众提供郑成思享有著作权的作品，便构成对郑成思作品的信息网络传播权的侵犯。

传统文化生产囿于单件作品的创作，没有常态的市场供给和需求，不可能形成规模化的产业。授权经营凭借现代科技手段，应用数字化复制技术，大批量复制生产，并通过各种渠道包括互联网渠道大批量流通，可以形成规范化的授权经营市场和规模化的授权经营产业链。"授权要约"版权交易模式适应数字化、网络化发展的要求，将取代纸质图书等文化产品的一对一洽谈版权交易模式。授权经营不仅出售与文化艺术相关的产品，而且提升传统产业的附加值；不仅出售一般意义上的消费品，而且出售具有文化附加值的产品。也就是说，授权经营除了销售艺术作品，还销售"负载着艺术家创造的艺术符号"的高艺术附加值的消费品。随着授权经营产业链的延伸，广大民众的日常生活将充满文化艺术气息。

（3）授权经营的运作及法律保障

授权经营的运作，必须通过一系列的授权才能实现，版税也从授权经营中产生。在艺术家许可的前提下，授权商通过授权经营得到应有的报酬，并把所得报酬的一部分以版税的形式回馈给艺术家。理查德·E. 凯夫斯指出："版权的法定有效期决定了原创作者、表演者可以获得版税的期限，版税就是原创作者的盈利。这种持久性就是艺术的永恒性。"因此，在大多数情况下，创作者不能把作品直接卖给公众。他们宁愿把作品卖给或授权给市场中介商，如零售商、雇主、出版商或制造商，中介商也愿意投资经营具有市场竞争力的艺术作品。"版权共同所有者"买下了创作者所有的或一部分的权利，然后从这些版权中开拓出许多税源。例如，一本书写于印度，通过授权，被排成戏剧在伦敦西区剧院上映；然后该剧在好莱坞又被搬上银幕，有关它的录音带、

T恤衫和玩具创制于中国台湾；接下来这部电影又在意大利的电视台上演，电影录音在加纳的广播电台播放；电视时尚和造型激发了慕尼黑设计师的灵感，他发布巴黎时尚预测；俄亥俄的家具制造商被授权模仿制造影片中的家具。以上一系列授权经营所产生的收入，都来源于最初创作的这本书的版权，书作者拥有的设置价格的契约权或对这部书保持的剩余索取权却是有限的。

法律保障是外显文化智能资源版权业授权经营得以顺利开展的关键因素。1994年，世界贸易组织（WTO）取代原来的关税及贸易总协定（GATT），并签署了"贸易相关知识产权协议"（TRIPS），这份TRIPS协议涵盖了所有创意产品，包括专利、著作权及其邻接权、商标和服务标识、产地标识、新植物的保护、工业设计、集成电路的布局及商业秘密等。"贸易相关知识产权协议"为文化艺术授权经营的可持续发展提供了重要法律依据。

（四）内隐文化智能资源的创意业开发

1. 创意业的基本含义及国内发展实践

"文化创意产业"的概念最早起源于英国，英国创意产业专责小组（1998）在《英国创意产业路径文件》中，将"创意产业"定义为"源自个人的创造性与技能及才华，通过对知识产权的开发和运用可创造财富并增加就业潜力的产业。"目前，大多数学者普遍采用此概念。

近些年来，国内外专家学者基于自己的研究视角，进一步对文化创意产业的概念内涵进行了界定，进一步丰富了文化创意产业新观点，但在内涵外延上表现出了较大的差异。总的来说，文化创意产业作为一个新兴产业，学术界和产业界对于它的界定尚未有统一定论。但综合来看，国内外专家学者一致"强调创意"、"强调创造力对经济的贡献能力"。但是在理解上不同的学者有所区别，部分学者认为一切包含"个人创造力"和"知识产权"的活动都称之为创意产业；另外一些学者则更加强调文化艺术方面，在一定程度上可以等同于"文化产业"内涵。

到目前为止，文化创意产业尚未形成统一的产业概念界定，不同国家和地区由于经济、环境、政策等各方面的不同，对于文化创意产业结构的理解和认识是不一样的，产业分类也有不同的重点，具有较强的地域性和针对性特征。但是总体上包括联合国教科文组织所列的以下方向：广告、印刷与出版、视觉艺术、表演艺术、视听产品、电影、工艺与设计、建筑等。例如，作为世界上最早确立"创意产业"的国家之一，英国以就业人数产出多、产值大或者成长潜力大、原创性高和创新性高三个原则为标准，同时界定了包括出版、电视和广播、电影和录像、互动休闲软件、时尚设计、建筑、设计、广告、音乐、软件和计算机服务、艺术品和古玩交易、工艺、表演艺术13个产业作为创意产业。与英国不同，美国从知识内容和市场权益出发，认为创意产业是以知识产权为核心，并称其为"版权产业"。澳大利亚自1994年就将创意产业发展作为一项国家战略，并将其定义为通过投入创意和创新来实现创意的商业化，以此创造出更多的经济和社会价值。目前我国对文化创意产业没有统一的定义，各省及地区的理解、概念界定、范围及内容也都不一样。我国香港地区将创意产业定义为一个可以创造财富和就业的生产系统，利用创意、技术、技能等资产，进行生产并分配具有社会及文化意义的产品和服务。在狭义上分为三大类，为文化艺术类、电子媒体类、设计类。包括 11 个产业，分别是艺术品、古董与手工艺品、音乐、表演艺术、数码娱乐、电影与视像、软件与电子计算、电视与电台、广告、建筑、出版与印刷。中国台湾地区称之为文化创意产业，并将其定义为源于创意或文化积累，透过智慧财产的形式与运用，具有创造财富与就业机会潜力，并促进整体生活提升的行业。分为 13 项产业范畴类项，分别为视觉艺术、表演艺术、工艺、设计、时尚设计、建筑、电影、电视与广播、广告、出版、音乐、软体与资讯服务、互动休闲软件等。北京市称之为文化创意产业或文化产业，并在国家标准《国民经济产业分类》（GB/T4754-2002）的产业分类基础上发布地方标准，将文化创意产业划分为三层，共分为 9 个大类：文化艺术；新闻出版；广播、电视、电影；软件、网络及计算机服务；广告会展；艺术品交易；设计服务；旅游、休闲娱乐；其他辅助服务。

上海市是国内最早提出创意产业的城市之一，并从物质生产功能角度出发，将其定义为以创新思想、技巧和先进技术等知识和智力密集型要素为核心，通过一系列创造活动，引起生产和消费环节的价值增值，为社会创造财富和提供广泛就业机会的产业。将创意产业分为研发设计创意、建筑设计创意、文化艺术创意、时尚消费创意和咨询策划创意这五大类创意产业中的一类。五大产业共涉及 38 个中类产业、55 个小类产业。作为国内第一个被联合国教科文组织认定的"设计之都"，深圳市经历了从"文化立市"到"文化强市"的发展战略转变，把文化创意产业作为四大支柱产业之一，将其分为创意设计、休闲旅游、动漫游戏、演艺娱乐、数字影视、传媒出版、工艺美术 7 大类。

综上所述，不同国家和地区对文化创意产业的名称、概念及产业范围有着微妙的差异，很大程度上受其历史文化、政治环境、社会形态、产业结构及其发展定位的影响，在研究文化创意产业时需要综合考虑国家和地区所处的时代背景及其自身的产业基础与发展定位。

党的十九大以来，中国特色社会主义发展步入了新时代，文化产业的发展也开启了新篇章，文化产业对经济发展的带动力逐渐增强，对文化传播的影响力也日益增加。文化创意产业作为文化产业发展到一定阶段的产物，发展文化创意产业是健全现代文化产业体系，建立文化强国，树立文化自信的重点任务之一，是新发展格局下推进文化产业高质量发展的必然之路。我国自 2009 年起出台了一系列产业发展规划，不断强化文化创意产业在国家发展中的重要战略地位。如《文化产业振兴规划》《"十三五"国家战略性新兴产业规划》，将文化产业的发展提升至国家战略层面，把文化创意产业列入国家重点发展的新兴业态。

据《2023 年中国文化产业发展概况回望报告》指出，当前，我国数字文化创意正迈向高质量发展阶段。以文旅产业为例，数字化在推动文旅企业转型升级，促进文旅资源创意转化，创新产品和服务方式，提升现代化治理能力，以及助力社会的向善发展等方面发挥着日益重要的作用。例如，"文化+人工智能"成为旅游的智能化助手，为提升文化理解，甚至是产出大量文创作品提供更多可能。"文化+全真互联"通过高保真还原技术，以在场体验或线上线下融合等方式，让更多文化遗产和产业资源能够更好地被看见、被体验。"文化+数字孪生"以 3D 建模、数智人及时空展示等形式，助力文化遗产在全真世界的呈现。

2. 内隐文化智能资源创意业开发的基本营运模式：创新

创意产业试图描绘出一个历史性的变化，即从被资助的"公共艺术"和广播时代的媒体转变为对创意的新的和更广泛的应用，它是新经济的重要元素。创意产业部门发挥了新经济的优势和特点，技术和制度的创新可以实现与顾客和公众的联系。互动、融合、客户、合作、网络、全球化等，是创意产业获得成功的关键因素。创意产业的组织模式常常是微型公司，它一般属于信息密集型企业，具有十分"密集"的创造力。创意产业在数字内容及其他应用方面需要较高附加值的投入，处于价值链的上端。总之，内隐智能文化资源创意业开发的基本营运模式是创新。

创新是一个民族的灵魂，是一个国家兴旺发达的不竭动力。创新是经济发展的持续动力和源泉，是一种"产业的变异"。企业家的职能，就是不断地引进生产因素和生产条件的"新组合"，以实现"创新"。创新的核心是生产要素的"新组合"——引进新产品、采用新生产方法、开辟新商品市场、实现企业的新组织等，引入生产体系，从而优化资源配置的效率。越是知识型和智力型的产业，越需要突破常规，采用新的资源组合配置方式。

创新有三种基本类型：一是知识创新，主要解决是什么的问题，其创新成果表现为提供关于新事实的判断、对经验事实的新说明、对经验定律的新解释以及对理论危机的化解。二是管理创新，主要解决目标和现状的关系及现状到目标的转化问题，当目标落后于现状时，提出一个新目标；当现状偏离目标时，提出一个使现状回归目标的新途径。三是技术创新，主要解决知识如何应用以及现有技术如何更新换代的问题，具体表现为提出知识被应用的新的可能性、新的可能的途径和方法、新的技术操作手段和工艺流程，以及引进吸收新技术并产生更新的技术等。

创新又是智力的高级形式，是一种能力结构。创新能力包括创新精神和创新方法两层含义，创新精神指创新能力的非智力因素，如求知欲、创新意识、勇敢精神、顽强精神、科学态度等；创新方法指创新能力的智力因素，包括逻辑思维、非逻辑思维、创造性思维、求解思维等方法。

逻辑是通过思维的中介而介入创新活动的，辩证逻辑借助一系列的范畴规范着人们的思维活动，对创新起着指导性作用。创新思维注重非逻辑思维方法。非逻辑思维方法如想象、直觉、顿悟素来为中国许多学者所推崇。

创造性思维是指在吸纳思维对象相关信息的基础上，以强烈的求知探索为动机，经过存疑、联想、假设、推理、顿悟等环节，发现解决有关问题的新方法，从而拓展人类认识的新领域，开创人类认识新成果的思维过程。人们运用创新性思维，从总体战略和具体策略相统一的角度，针对现时的理论框架和观念样式，进行全面的理论、观念、模式和方法创新。辩证思维是创造性思维的最高层次，具有系统综合性、动态开放性、自觉创造性等特征。

内隐文化智能资源创意业开发的营运，不但要求开发人的逻辑思维、形象思维、创新思维，而且要求开发人的求解思维。求解思维是人们围绕问题的目标选择寻求实现目标的手段、途径的思维，其功能是寻求解决问题的手段、途径并统摄逻辑思维和形象思维。

创新是内隐文化智能资源创意业开发的基本营运模式。创意产业是内隐文化智能资源——智力的创造性开发所形成的文化产业门类，它和其他门类文化产业的最大区别是其原创性，处于文化产业链条的最前端，决定文化产业发展的方向。创意来源于创意思维，创意思维具有可持续、可再生、价值高等特点，是一种稀缺资源。研究和开发给文化产品和服务注入大量实用知识并创造新的知识，为下一阶段的文化产业开发积累新的文化智能资源，最终形成新的文化产业门类——创意业。文化智能资源的创意业开发是文化资源产业开发的重要组成部分，随着科技的进步、知识的增长，创意业的重要性将越来越突出。①

[章节小结]

本章重点学习了物质与非物质文化资源、城市与乡村文化资源、民族与外来文化资源、历史与智能文化资源的概念、内涵及类型划分，分析了各类文化资源的特点，外显与内隐智能文化资源产业化开发的模式，以及在现代社会的作用和价值。同时，在当今全球化的潮流之下，虽然本民族文化自信逐步提升，但仍需要正确认识外来文化资源的存在及影响。

[复习思考]

1. 什么是物质文化资源？物质文化资源具有哪些特点？

2. 什么是非物质文化资源？非物质文化资源具有哪些特点？

3. 物质与非物质文化资源的关系是什么？

4. 什么是城市文化资源？城市文化资源有哪些类型、特点与价值？

5. 什么是乡村文化资源？乡村文化资源有哪些类型、特点与价值？

6. 民族文化资源与外来文化资源是否对立存在？如何看待外来文化资源对中国的影响？

7. 互联网技术的发展带来了新的技术变革，我们该如何结合互联网技术和民族文化资源为其带来新的活力？

8. 什么是历史文化资源？历史文化资源具有哪些特征？

9. 什么是智能文化资源？智能文化资源的形式有哪些？

10. 如何对外显和内隐智能文化资源进行产业化开发？

[参考文献]

[1] 秦枫. 文化资源概论 [M]. 合肥：中国科学技术大学出版社，2014.

[2] 向志学，向东. 谈谈资源和历史文化资源 [J]. 武汉大学学报（人文科学版），2006（3）：331-336.

① 吕庆华. 文化智能资源的版权业及创意业开发分析 [J]. 现代传播（中国传媒大学学报），2006（4）：112-117.

［3］董雪梅.公共历史文化资源的产业开发［D］.济南：山东大学，2008.

［4］赵东.数字化生存下的历史文化资源保护与开发研究［D］.济南：山东大学，2014.

［5］董雪梅，丁培卫.公共历史文化资源产业开发的学理依据探析［J］.理论学刊，2009（4）：104-107.

［6］申维辰.评价文化：文化资源评估与文化产业评价研究［M］.太原：山西教育出版社，2005：9-19.

［7］何汝泉.谈我国历史资源的开发［J］.西南大学学报：社会科学版，1985（2）：38-46.

［8］厉无畏.历史文化资源的开发利用与创意转化［J］.学习与探索，2010（4）：114-118，237.

［9］张紫霄.历史文化资源产业化开发的现状审视与对策思考［J］.广西社会科学，2016（10）：188-192.

［10］吕庆华.文化智能资源的版权业及创意业开发分析［J］.现代传播（中国传媒大学学报），2006（4）：112-117.

［11］吕庆华.文化智能资源的版权业及创意业开发分析［C］//2006年流通产业与区域经济发展研讨会论文集，2006：110-118.

［12］荣鹏飞，苏勇，张岚.基于资源禀赋的文化创意产业发展策略研究［J］.广西社会科学，2015（12）：194-198.

［13］王广振，王伟林.论文化资本与文化资源［J］.人文天下，2017（2）：5-10.

［14］李佳.区域协同创新能力与文化创意产业生态系统演进之作用关系研究［D］.杭州：中国美术学院，2023.

第三章

文化资源调查

导入案例

广州摸清农耕文化资源"家底"，专家指路"农遗活化"新方向

"农遗"保护的"广州样板"是什么？2022年8月11日，广州市农耕文化资源本底调查成果发布暨农耕文化传承保护研讨会举办，会上正式发布了广州市农耕文化本底调查成果。

此次成果由广州市农业农村局和华南农业大学合作完成，包括一部38.4万字的《广州市农耕文化资源本底调查报告》，一本集纳了803幅图片、6.7万字的《广州市农耕文化资源名录图册》，一套广州市农耕文化资源数据小程序和电子地图等。

据了解，广州此次启动农耕文化资源本底调查，是深入贯彻落实加强农耕文化保护的重要举措，也是为全面推进乡村文化振兴，开广东全省之先河。来自广州市社会科学研究院等方面的专家给予该项成果高度评价。

"在广东乃至全国，很少有城市能够这么全面地调查自己的（农耕文化资源）本底，这是我们的根。"全球重要农业文化遗产专家委员会副主任、华南农业大学教授骆世明表示，此次调查为农耕文化保护提供了很好的研究思路，能否将之向广东乃至全国推广利用，这非常重要。

一、全域调查摸清"家底"，识别农耕文化资源素材超两千条

何为农耕文化？《广州市农耕文化资源本底调查报告》综合现有研究提出，农耕文化的概念大致等同于广义的农业文化遗产，即指各个历史时期与人类农事活动密切相关的重要物质与非物质遗存的综合体系。

按照联合国粮农组织的定义，狭义上的农业文化遗产指的是农村与其所处环境长期协同进化和动态适应下所形成的独特的土地利用系统和农业景观，这种系统与景观具有丰富的生物多样性，而且可以满足当地社会经济与文化发展的需要，有利于促进区域可持续发展。

岭南地区是中国农业的发源地之一，也是中国传统农业的典型区域之一。而广州又是岭南地区农耕文化的中心区域，拥有悠久长远的农耕历史。华南农业大学广州农业文化遗产研究基地常务副主任、副教授赵飞是本次调查课题的负责人，他指出，北回归线横穿而过，冲积平原、滨海湿地与丘陵山地并存的自然生态环境，千年商都、连通内外的社会经济条件，以及岭南人开放包容、勇于开拓的性格，为广州农耕文化赋予了丰富的内涵与独特的个性。

为全面摸清广州农耕文化家底，做好下一步的保护传承和活化利用提供对策建议和基础支撑，广州于2021年4月在全省率先组织开展农耕文化资源本底调查，对全市11个区丰富的农耕文化资源进行全面摸查，系统梳理广州传统名优农产品、农耕技术、生产工具、农耕知识和农业文化遗产等农耕文化资源，全面厘清广州农耕文化现状、分布、形态。

从此次调查结果看，广州已经初步形成穗中都市型农耕文化区、穗南水乡农耕文化区和穗北广客交融农耕文化区三个区域。三个区域具有水系资源丰富、生态条件多元、农业物产丰饶、农业贸易活跃等特点。

通过深入系统的本底调查，此次共识别广州农耕文化资源素材2 199条，其中具有地理位置统计意义的素材1 305条。从空间分布上看，在广州市全部或绝大多数市辖区均有分布的有303个。各区单独拥有的农耕文化资源最多的是增城区，有177条，这主要得益于增城区建县历史长达1800年，且常用耕地面积、农业从业人口数量均居各区之首。其次是从化区，其面积居全市第一，不少农作物种植面积也居各区首位，传统农业生产和生活方式保存相对较好。第三是黄埔区，该区自宋代以来商品农业特征明显，果木业相当繁盛。

据悉，课题组对识别出的农耕文化资源分门别类建立了名录图册，开发了数据应用程序，并建立重要农耕文化资源电子档案，为保护传承优秀农耕文化奠定坚实基础。

二、以申遗为抓手，强化农遗保护、挖掘现代价值

2022年是联合国粮食及农业组织发起全球重要农业文化遗产保护倡议20周年，农业文化遗产必须坚持"在发掘中保护、在利用中传承"已成为业界共识。

骆世明在研讨会上指出，中华民族五千年文明以农耕文明为主，中国已拥有全球重要农业文化遗产18项，数量居世界首位。这些农业文化遗产在历史演变中流传至今，必定有诸多合理之处。在他看来，广州对农耕文化资源的本底调查，也是对农业文化遗产发掘，"发掘出来以后要保护，还要利用，并在利用过程中把优秀的农耕文化传承下去，意义非常重大。"

近年来，广州市积极组织开展国家重要农业文化遗产申报，以农业文化申遗为抓手，强化全市农业文化遗产发掘保护工作。为此，广州制定出台了农业文化遗产保护方案，实行农业文化遗产保护年度报告制度，持续推动农耕文化传承保护工作开展，为城市留下共同的乡愁记忆。

截至 2022 年年底，广东岭南荔枝种植系统（增城）、广东海珠高畦深沟传统农业系统成功认定为中国重要农业文化遗产，全省 4 项国家重要农业文化遗产中，广州市 2 项入选。

据介绍，增城区积极推动农业文化遗产与新乡村示范带联动共振。大力推动荔枝小镇新乡村示范带建设，以仙进奉荔枝省级现代农业产业园为载体，引入 5 家市场主体，建成古荔枝景观大道、仙进奉荔枝古荔园、荔枝农耕文化园、荔枝文化博览馆，以及不少周边配套设施场所和文化科普教育基地，打造遗产地休闲旅游精品路线，推动一、二、三产业融合发展，实现农业文化遗产活化利用。

"广东海珠高畦深沟传统农业系统"也于 2021 年 11 月成功获评第六批中国重要农业文化遗产，为该批广东唯一入选新增项目。作为世界范围内唯一位于超大城市中心城区的重要农业文化遗产，海珠高畦深沟传统农业系统始于秦汉，是两千年以来海珠劳动人民在紧邻广州城、商品农业发达的社会经济背景下，充分利用高温多雨、地处珠江弱潮河口、水网密布的自然条件创造的一类极具珠江三角洲地域特色的农业生产系统。其独特的果基农业系统，是珠江三角洲唯一保留至今的独特河网堤围果林生态系统，也将为经济发达地区的农业文化遗产保护提供一个宝贵样板。

南方都市报记者从广州市农业农村局了解到，为做好后续的全球重要农业文化遗产申报准备工作，广州已建议将广东 4 项中国重要农业文化遗产中最具岭南地域特色的"广东岭南荔枝种植系统"（含增城、东莞、茂名）进行整合，拓展覆盖到全省各大荔枝主产区，加快申报全球重要农业文化遗产。

为坚持创造性转化、创新性发展，广州市农业农村局表示，要持续将保护传承农耕文化与发展乡村产业、促进农民增收紧密结合起来，推动优秀农耕文化"活态"利用；通过科学合理地开发和利用农耕文化的生产生态生活功能和现代价值，实现经济和社会效益双丰收。

当天会上，来自各领域的专家学者一致认为，保护和发展重要农业文化遗产是全面推进乡村振兴的内在需要。针对广州所走的超大城市乡村振兴之路，全国工程勘察设计大师、深圳大学特聘教授何昉指出，广州如何将农业文化遗产串联起来，打造成一个以农业景观为特色、点线面相结合的现代化田园都市，值得进一步思考和研究。

资料来源：https://www.sohu.com/a/576230140_161795。

文化资源调查，是指在特定区域范围内，在既定时间段，调查者在既定目的驱动下以科学的理论为指导，运用科学的方法和手段，有目的地、系统地收集、记录、整理、分析和总结文化资源及其相关因素的信息资料，以确定文化资源的存量状况，并为文化经营管理者提供客观决策依据的活动。文化资源的调查有着独特的作用，应遵循一定的原则，针对不同类型的调查，制定不同的调查方案，并明确调查的内容，按一定的程序和方法有步骤地展开。

第一节　文化资源调查的作用和原则

一、文化资源调查的作用

文化资源调查是进行文化资源评价、合理开发与利用并保护文化资源的最基本工作，其重要作用表现在以下四个方面：

（1）描述作用

通过文化资源调查，我们可以全面认识调查区域内文化资源的类型、数量、特征、规模和开发潜力等因素，从而为其评价和开发奠定基础，为文化资源信息库提供丰富的数据资料。

（2）诊断作用

通过对文化资源自身和其外部开发条件的深入调查，我们可以认清文化资源的价值特征、空间特征、时间特征、经济特征、文化特征，以及各种特征形成的原因和环境背景。

（3）预测作用

文化资源调查可以充实和完善文化资源信息资料，为市场预测、决策奠定基础，为寻找新的文化资源、开发新的文化产品、开拓文化市场提供帮助；同时，为确定资源的开发导向、开发时序、开发重点提出有针对性的建议。

（4）管理作用

重视文化资源调查是文化资源管理部门从传统的经验管理向现代的科学管理转化的重要标志。对文化资源进行调查，便于当地文化管理部门动态掌握文化资源的开发、利用、保护状况，有利于文化资源的开发与保护。

二、文化资源调查的原则

在文化资源的调查过程中，调查者应根据各地的实际情况，结合具体的调查任务，遵循客观公正、科学合理、综合调查、深入以及重点突出的原则，系统地展开各项调查工作。

（1）客观公正原则

客观公正是开展任何一项调查工作的基本要求，也是确保调查结果真实、可靠的重要基础。客观公正的调查原则要求调查人员从调查区域的具体情况出发，掌握区域文化资源的真实状况，充分把握各地文化资源的差异和特点，进行客观呈现。同时，在对调查资料进行整理分析、总结的过程中，调查要以真实、客观、可信的调查信息服务于文化资源保护与产业化开发工作，避免主观地篡改调查结果。

（2）科学合理原则

科学合理是指文化资源调查要按照一定的调查步骤、调查方法来开展，这是结果真实可信的重要保障。在调查工作开始前，调查人员需要对调查区域内文化资源的空间分布、资源状况及特征进行了解，做好前期的资料收集与准备工作。在调查实施阶段，要根据具体的调查内容、调查目标等选择合适的调查方法进行有针对性的调查。最后，在对调查结果进行描述、解释和总结时，应采取定性分析①和定量分析②相结合的方式，科学合理、论据充分地撰写调查报告。

（3）综合调查原则

文化资源的调查是涉及众多学科的理论与实践。一方面，从调查的方法来看，调查人员坚持定性描述与定量分析相结合、查找文献与实地考察相结合的方法。调查人员的结构要尽量合理，要坚持调查组成员与当地的文化爱好者、地方专家相结合的原则，尽可能吸纳具有历史、文化、艺术、管理等专业背景的技术人员，以便充分利用不同学科的特长及研究方法，优势互补，并尽量取得各有关部门的支持与配合。

另一方面，在进行文化资源调查时要确保调查工作的整体性、全面性，要全方位、全过程讲求综合及协调平衡。从调查的内容来看，调查人员应坚持采录的全面覆盖，不仅要对文化资源本身的发展演变历程展开调查，还要对文化资源所依托的社会经济文化环境等客观状况进行调查和分析，以获得综合、系统的资料。

（4）深入原则

随着社会经济的发展、人们生活水平的提高，以及价值观、人生观等诸多方面的变化，人们对文化资源的认识也随之提升。因而，在调查过程中，调查人员要准确把握被调查对象在当前及将来的市场吸引力的变化和趋势，深入了解文化资源的内在特点及其吸引力，发现新的文化资源，探寻文化资源的潜力及可能进行深度开发的内容，并作出准确评价。

（5）重点突出原则

重点突出是指在文化资源调查过程中，调查者应在普遍调查的基础上，结合具体的调查目标，有所选择、突出重点。首先，对于那些具有重要价值、开发潜力和极具特色的文化资源应做重点清查。其次，要关注那些具有区域代表性、民族特色的文化资源，它们往往能够发挥特殊的功能。最后，对于那些濒临灭绝或亟待保护，但保护条件不充分的文化资源也要作为调查重点，应对其进行定时清查，并选择适当的方式加以保护。

[知识拓展]

北京中医药文化资源调查实施方案（试行）

为落实国务院《中医药发展战略规划纲要（2016—2030年）》《北京市人民政府关于支持中医药振兴发展的意见》要求，切实发挥中医药文化助推首都文化中心建设的作用，做好北京中医药文化资源调查工作，特制定本方案。

---

① 定性分析是指研究者运用历史回顾、文献分析、访问、观察、参与经验等方法获得教育研究的资料，并用非量化的手段对其进行分析、获得研究结论的方法。

② 定量分析的结果通常是由大量的数据来表示的，研究设计是为了使研究者通过对这些数据进行比较和分析来作出有效的解释。

一、工作目标

贯彻"与文化建设相结合、与科普宣传相结合、与学术传承相结合、与中医研究相结合、与资源转化相结合、与文化跨界相结合"的工作方针，全面、系统、深入地整理北京中医药文化资源的丰富内容和传承发展状况，理清北京中医药文化的历史，凝练北京中医药文化特色，调查资源分布情况，对濒危文化资源进行抢救性保护，为北京中医药的未来发展提供文化动力，提升全行业中医人文化自信，为实现中医药文化创造性转化和创新性发展打下坚实的基础。

二、工作原则

（一）科学规范、实事求是

开展调查工作必须科学严谨，不允许主观臆断，更不允许掺杂虚假、伪造内容。调查工作者应加强专业素养，遵循科学的调查规范，坚持尊重客观和实事求是的精神。

（二）统一领导，分级负责

成立市级调查工作领导小组（以下简称领导小组），负责统筹协调。领导小组下设北京市中医药文物调查工作项目办公室（以下简称项目办公室），项目办公室负责组织实施。试点区要成立区级中医药文化资源调查工作领导小组，并配备专（兼）职联络员负责协调本辖区内的中医药文化资源调查工作。

（三）统筹规划，逐步推进

项目办公室按照领导小组的部署，结合各试点区的具体情况，制订调查工作计划，分阶段实施。

（四）各方参与，集思广益

发动全社会、全行业积极参与，包括但不限于博物馆、研究院所、高校、医院、企业、协会、老中医工作室站等机构，鼓励各机构及个人主动提供中医药文化资源线索，邀请相关领域专家建立北京市中医药文化资源调查工作专家指导委员会，作为调查工作的智库，为调查提供技术、智力支撑。

（五）深入研究，政策建议

对调查的中医药文化资源相关材料进行分类研究，确定文化资源的价值、功用、保护现状等，对一些重点问题，开展专项调查和课题研究，为政府决策提供依据。

（六）成果发布，推动转化

在调查中，在相关网络平台向公众发布调查动态及阶段性成果，调查结束后向全社会公布此次调查工作的结果及标志性成果，在相关机构建立中医药资源转化中心或基地。

资料来源：《北京中医药文化资源调查实施方案（试行）》，http://zyj.beijing.gov.cn/sy/tzgg/201912/P020191219594539958430.docx。

第二节 文化资源调查的类型和内容

一、文化资源调查的类型

在文化资源调查工作开展过程中，调查人员应结合具体的工作内容需要，遵循一定的调查原则，选择合适的调查类型进行调查工作。文化资源的调查可以分为概查、普查、详查、典型调查、重点调查以及抽样调查等。其中概查、普查、详查的区别参见表3-1。

表3-1 文化资源概查、普查和详查对比

项目	文化资源概查	文化资源普查	文化资源详查
性质	专题性	区域性	区域性
目的	为地区文化资源开发的一种或少数几种特定目的服务	为地区文化资源的评价和开发工作奠定基础	为地区文化资源开发的综合目的服务
适用范围	文化研究、文化资源保护、专项文化资源产品开发	区域文化产业发展目标的制定、文化资源的规划与开发	区域文化资源研究、文化资源开发、文化资源信息系统管理
组织形式	一般不用成立专门调查组	专门成立调查组，成员、专业组合完备	专门成立调查组，成员、专业组合完备
工作方式	按照调查规定的相关程序运作，按实际需要确定调查对象并实施调查，可简化工作程序	对所有文化资源进行全面调查，执行调查规定的全部程序	对所有文化资源进行更为深入的调查，执行调查规定的全部程序
提交文件	部分相关的文化资源内容和图片	标准要求的全部文化资源内容和图片	文化资源具体材料、图片及详细的文字报告
成果处理	成果直接为专项任务服务	为正确制定文化产业的发展奠定基础，为文化资源的规划和开发提供依据	建立区域文化资源信息库，直接处理转化为公共成果

（一）概查

概查是指对文化资源的概略性调查或探测性调查。作为一种精度相对比较低的粗略性调查活动，这种调查是旨在发现问题而进行的一种初步调查。概查主要寻找问题产生的原因以及问题的症结所在，为进一步调查做好准备。

此类调查可以采用较为简单的方法，一般不成立专门的调查小组，不必制定严密的调查方案。概查以定性为主，一般是对大区域的文化资源进行调查，以确定文化资源的类型、分布、规模和开发程度。调查研究成果多用于较大范围的宏观决策中，有时也直接作为后期专项调查任务展开前的基础性支撑材料。

（二）普查

普查是一种为了解调查对象的总体状况所进行的专门性的全面调查，如人口普查、工业普查、农业普查、文物普查等。文化资源普查作为普查的一类，是对区域内不同类别的文化资源所进行的全面、细致的综合性盘查活动。为保证普查工作的具体开展，我们通常需要组建一支由拥有专业学科背景人员构成的调查工作小组，调查组会按照事先制定好的调查方案、调查程序，有计划地对区域内文化资源的整体状况进行盘查。普查活动对人、财、物等方面的消耗比较大，所需时间也比较长，因此，通常多由政府部门组织牵头。一般情况下，普查的调查成果也较为全面、准确，可为区域文化资源的规划、保护、传承与开发提供一定依据。因为普查调查范围较广，其内容不可能做到很细，对文化资源的调查在一定程度上可能缺乏深度。

[知识拓展]

文化和旅游部办公厅关于开展旅游资源普查工作的通知

各省、自治区、直辖市文化和旅游厅（局），新疆生产建设兵团文化体育广电和旅游局：

旅游资源是旅游业发展的载体，正确认识、全面了解旅游资源总体概况，是资源保护、产品开发、规划编制和科学决策的前提条件，是一项十分重要的基础性工作。2019 年，文化和旅游部确定海南、贵州、四川、青海、浙江、内蒙古、重庆 7 个省（区、市）为全国旅游资源普查试点省份，先行先试，积极探索，取得了良好成效，为全国开展旅游资源普查工作提供了样板和示范。为深入贯彻落实《"十四五"旅游业发展规划》（国发〔2021〕32 号）关于组织实施旅游资源普查的安排部署，进一步摸清旅游资源家底，提高保护利用与管理水平，促进旅游业高质量发展，文化和旅游部决定在总结试点经验的基础上，全面开展旅游资源普查工作。现就有关事项通知如下。

一、普查目的和意义

旅游资源普查是利用现代技术手段，对一定区域内旅游资源开展调查，进行分类定级和系统管理的过程。开展旅游资源普查有利于全面厘清旅游资源家底，为优化旅游空间布局、科学编制旅游发展规划提供基础依据；有利于加强资源科学保护和合理开发，促进优质旅游资源向优质旅游产品转化；有利于向广大群众展示更多、更优、更具特色的旅游资源，增强人民群众对中华文化的自信和祖国大好河山的热爱，提升民族自豪感和认同感。

二、普查对象和范围

旅游资源普查对象为全国范围内能对旅游者产生吸引力，可以为旅游业开发利用，并可产生经济效益、社会效益和环境效益的各种事物和现象。根据《旅游资源分类、调查与评价》（GB/T 18972—2017）国家标准，旅游资源分为 8 大主类、23 个亚类和110 个基本类型。

三、普查方式和安排

本次旅游资源普查采取"统一指导、分省普查"的方式进行。文化和旅游部加强对各省（区、市）旅游资源普查工作的指导，制定《旅游资源普查工作技术规程》，各省（区、市）（含新疆生产建设兵团）结合地方实际，参照《旅游资源分类、调查与评价》和《旅游资源普查工作技术规程》，科学组织实施本省（区、市）区域范围内的旅游资源普查，规范工作流程，提高工作效率，确保成果质量。

原则上到 2025 年 12 月前，各省（区、市）完成本次旅游资源普查工作。在各地普查基础上，从 2022 年开始，文化和旅游部建立中国特品级旅游资源名录，统筹安排，梯次推进，促进优质资源向优质产品转化。

资料来源：中华人民共和国文化和旅游部，2022-06-01，https://zwgk.mct.gov.cn/zfxxgkml/zykf/202206/t20220601_933315.html。

（三）详查

文化资源的详查一般是在概查和普查的基础上进行的，即将文化资源普查的结果进行筛选，确定有重要意义的文化资源作为开发的对象，对这些文化资源再进行更为详尽的实地考察。

（四）典型调查

典型调查是调查者根据一定的调查目的、调查任务，选取一个或若干个具有代表性的对象展开的一种集中调查活动。此类调查形式较为灵活、涉及对象较少，通常适用于对个别或少数情况进行较为深入、全面、细致的专项调查，调查者通过典型调查可以获得较为丰富的第一手资料。但此类调查方法在对象选择上具有一定的主观性，调查对象会较为集中，其调查对象的代表性也存在一定的局限性。这就要求我们在使用典型调查法时，需特别注意所选对象的代表性与典型性，使其应能够较为集中、有效地体现主要问题。

（五）重点调查

重点调查，即在调查对象中选择一部分对全局具有决定性作用的重点文化资源进行调查，以掌握调查总体情况的调查方式。重点调查一般适用于只要求掌握调查总体的基本情况，调查指标较为单一，调查对象也只集中于少数文化资源。

（六）抽样调查

抽样调查是按照调查任务确定的对象和范围，从调查总体中抽选部分对象作为样本进行调查研究，用所得结果推断总体结果的调查方式。此类调查多适用于一些全面调查无法解决的问题，或者是在人力财力资源有限的情况下使用。抽样调查作为一种非全面性的调查活动，样本的抽取在整个调查工作中十分重要。抽样调查有利于提高调查工作的时效性，降低调查成本，相对比较灵活，是一种行之有效的调查方法。但抽样调查也存在样本数量多、调查时间短、实施起来比较复杂等问题。

抽样调查又分为非概率抽样和概率抽样。非概率抽样，其抽取调查单位的原则是根据主观判断或其他操作上的方便性进行考虑。例如重点调查、典型调查都属于非概率抽样。在抽样中主观因素的介入，有时未必是坏事，例如典型调查选择得当，是可以获得比较全面、正确的结果。非概率抽样的优点就是成本低、耗时短、回答率较高。而非概率抽样的缺点是主观因素即便发挥了积极作用，但主观因素会影响抽样结果精度，最终无法对其进行定量的估计。

概率抽样，其抽取单位的原则为随机原则①。所谓随机原则就是在抽选调查对象时，规定了一定的程序，以保证每一个单位都有同等入选的机会，从而避免了主观因素的影响。所以概率抽样又称为随机抽样。随机抽样的结果，可以依照统计学原理进行推论，其抽样结果可以推及全体的精确程度，是可以作出定量、正确的表述的。

概率抽样可以分为简单随机抽样、等距抽样（又称为机械抽样或系统抽样）、分层抽样（又称为类型抽样或分类抽样）、整群抽样（又称为集团抽样）、阶段抽样（多级抽样）。

（1）简单随机抽样。简单随机抽样就是按照随机原则，直接从总体 N 个单位中，抽取 n 个单位作为样本，保证总体中每个单位在抽选时都有同等的机会被选中。

（2）等距抽样（机械抽样、系统抽样）。等距抽样就是先将总体按照某一类因素排列，然后依固定的间隔，每隔若干单位抽取一个样本，构成等距离样本。

例如，总体单位为 N ，样本容量为 n ，则样本间隔为：

$$K = \frac{N}{n}$$

抽样时，先在第一个间隔区间中随机抽一个单位，假定为 a ，然后从 a 单位开始，每隔 K 单位都将是入选的单位。

（3）分层抽样（类型抽样、分类抽样）。分层抽样就是先将总体按与研究内容密切相关的主要因素分类或分层，然后在各层中按随机原则抽选一定单位构成样本。分层的目的，在于充分利用对总体已知的信息，把总体划分成若干个同质层，减少层内的差异，增加抽样调查样本的代表性。

（4）整群抽样（集团抽样）。在整群抽样中，总体被分为很多"群"，这些群是抽样的单位。一旦某群被选入样本后，群中的每个单位都要被调查。整群抽样适用于群间差异小，而群内差异大的总体，这正好和分层抽样相反。

（5）阶段抽样（多级抽样）。当总体很大时，直接从总体中抽取单位会产生较大的困难。对于总体大的情况，人们一般采用阶段抽样（多级抽样）。在阶段抽样中，每一级都可看作是一次整群抽样。每一个被抽中的整群，又可以看作是由若干子群组成。从已抽样的整群中，再随机抽取若干子群组成下一级抽样单元，然后依此类推继续往下抽取，直至抽中的单位满足了抽样者的要求，即为基本的调查单位。这样的抽样方法即为阶段抽样。

二、文化资源调查的内容

文化资源调查的内容复杂且繁多，涉及与文化活动有关的多个方面，对其调查既要注重文化资源自身的各种情况，也要关注资源外界环境的现状与发展变化。因此，文化资源调查的内容包括文化资源现状、文化资源开发、保护动态等。针对具体调查区域所开展的具体的文化资源调查活动不一定要涉及各个方面，调查人员可根据调查的目的和用途，选择相应的调查方式，从中筛选部分内容或重点内容进行研究，以完

---

① 概率抽样包括等概率抽样和不等概率抽样。随机原则一般解释为等概率抽样的原则，但为了便于初学者的理解，对概率抽样中的等概率抽样和不等概率抽样不作严格区分。

成调查任务。

（一）文化资源环境调查

1. 自然环境的调查

（1）所在区域调查。此调查需要明确文化资源所在区域的名称、地域范围、面积所在的行政区及其中心位置与依托的城市，也就是要对文化资源所在的外部环境进行调查。

（2）自然环境条件调查。此类调查主要应调查当地的地质、地貌情况、气候情况空气质量水体质量和生态环境等与文化资源的形成与发展有关的自然因素及其组合。之所以调查这些自然环境条件，是因为很多物质文化资源，如一些重点保护的文物，都存在于一定的自然环境当中，自然环境的质量不仅对文化资源的形成和发展产生影响，还会影响到文化资源的开发和相应的建设。

2. 人文环境的调查

（1）历史沿革调查。此类调查主要包括调查区的发展历史，具体如建制形成、行政区的历次调整，发生的历史事件、调查区内名人及其活动。

（2）社会文化环境调查。此类调查主要包括调查区内的宗教信仰、风俗习惯、社会价值观念，审美观念等。

［知识拓展］

闽台茶文化资源环境调查

由李芝凤、蔡清毅主持的《闽台历史民俗文化资源调查》课题组对闽台传统茶生产习俗与茶文化遗产资源调查中，首先对闽台地区茶文化的自然环境与人文环境进行了调查。

专题组对闽台的地理位置进行了梳理。闽台的地理坐标位于东经116°~118°、北纬23°~28°之间，这一区域位于南亚热带和中亚热带接合部，属于亚热带海洋性气候，年平均气温17~21摄氏度，四季分明，无霜期长，长达260~320天，雨水充沛，空气相对湿度年平均78%~80%。地理上属于丘陵红壤地带，点缀一些丹霞地貌。位于这一地理位置，特殊的地理气候、土地土壤资源条件和茶区人民的创造性，造就了茶树品种和茶类生产的多样性。而且在这些区域中，具体小环境方面又不尽相同，造就了各种茶叶独具特色的色、香、味、形和优异的品质。这是闽台茶叶生长不可多得的地理环境要素和资源禀赋，也奠定了该区域茶文化丰厚的物质基础。

其次，对福建茶区分布进行了统计。福建茶品品类丰富，六大类茶（绿茶、红茶、青茶又称乌龙茶、白茶、黑茶、黄茶）有其四（绿茶、红茶、乌龙茶、白茶），同时还有香飘四海的茉莉花茶。福建是茶的王国，品种多达千种。茶叶是福建省分布最广的经济作物，全省66个县市均产茶，全省茶园面积超过21.13万公顷。福建茶的特点在于其工艺精湛，盛产众多珍品。不同的气候条件、土壤环境，形成了各具特色的茶叶品味，进而划分出福建四大茶区，包括以泉州的安溪铁观音、永春佛手为代表的闽南茶区（22个县市）；以宁德天山绿茶、白毫银针为代表的闽东茶区（19个县市）；以武夷山岩茶、金骏眉为代表的闽北茶区（8个县市）；以永安云峰螺毫为代表的闽西（茶区17个县市）。

文化方面，课题组对于茶区人民的民间信仰、文化形态、衣食住行、岁时节庆、生命礼俗等进行了充分的梳理。例如在这一地区民间非常流行的一种戏曲形式歌仔戏，就是起源于闽南漳州一带的"锦歌""采茶""车鼓"等民歌。

资料来源：蔡清毅. 闽台传统茶生产习俗与茶文化遗产资源调查［M］. 厦门：厦门大学出版社，2014。

（二）文化资源赋存状况调查

1. 历史资源状况调查

历史资源状况调查主要调查物质实证性文化资源、文字与影像、记载性文化资源和行为传递性文化资源的数量、规模、级别、文化资源开发状况，也包括各种文化资源的密度、地域组合、完整性等方面。

2. 现有文化市场调查

现有文化市场调查主要调查现有文化市场的类型、特征、成因、规模、组合结构等基本情况，分析该区域可能的文化市场结构及邻近地区文化资源对本地文化市场发展产生的积极或消极的影响。

（三）文化资源开发现状及开发条件调查

1. 文化资源开发现状调查

一个地域文化资源的开发利用，必须有坚实的社会经济基础做后盾。如地区的社会开化程度、地区国民总收入、总消费水平、居民平均收入、主要经济部门的收入渠道、基础设施和文化专用设施的容纳能力、投资和接受投资用于文化开发的能力、当地文化产业的满足程度及区域外调入的可行性、区域投入文化产业的人力资源情况等。这些都是文化资源开发现状所应调查的主要内容。

2. 文化资源开发条件调查

除了开发现状的调查，还应调查该地区开发的条件，也就是对其未来发展潜力作调查和评估。这包括该区域的交通条件、招待设施条件、政策条件、技术开发条件、市场开发条件等因素。以交通条件为例，文化资源集中地若进行旅游开发，便需要考虑资源集中地与中心城市之间的距离以及交通状况的好坏程度。如果是比较好的交通状况，比如高速公路、省级公路等，开发的交通条件就比较好，如果是乡镇公路或者没有公路，开发条件就比较差。

［知识拓展］

贺州市瑶族文化资源开发现状及条件

一、贺州瑶族文化资源产业开发现状

1. 瑶族文化产业开发基础设施不断完善

一是交通条件不断改善。洛湛铁路、桂梧高速公路、永贺高速、广贺高速公路建成为贺州瑶族文化产业开发提供了高等级的运输能力。

二是一批瑶文化基础设施的建成将为瑶族文化产业的开发在产品研发、生产、展示、宣传与推广、高素质人力资源的培育、产业规划等方面提供强有力的支撑。代表性的基础设施主要有贺州市博物馆、贺州学院桂东族群博物馆、富川县瑶族博物馆、八步区黄洞乡瑶族博物馆等，这些博物馆中保存了包括生产、生活、宗教、服饰、历史等各个方面的瑶族文物 5 000 多件组，综合反映了贺州 12 个支系的瑶族历史文化全貌。此外，贺州还新建、扩建了瑶族文化表演广场、民族文化广场、民族风情园、综合体育馆等文化基础设施。

三是公共服务体系不断完善。富川瑶族自治县大力实施文化信息资源共享、农家书屋等文化工程，已建成全国文化信息共享工程富川支中心；12 个乡镇综合文化站相继投入使用，富川瑶族自治县柳家乡下湾瑶寨其中 6 个文化站达到标准化建设水平；建设村级公共文化服务中心 14 个，建成村级图书室 12 个，完成农家书屋建设点 110 个。

2. 瑶文化遗产保护成效显著

一是加强物质文化遗产普查与保护。如富川瑶族自治县已完成全县 12 个乡镇的野外普查工作，普查登记点 145 处，其中新发现文物 79 处，复查文物 66 处，采集了大量的文物普查数据。

二是加强非物质文化遗产普查与传承。目前，贺州共有瑶族盘王节、瑶族长鼓舞、瑶族服饰、蝴蝶歌等国家级瑶族非物质文化遗产 4 项。这 4 项国家级非遗项目均建立了文化传承基地，确定了国家级传承人。物质和非物质文化遗产体现了瑶族文化的历史价值和艺术价值，为瑶文化资源产业化开发提供依据。

3. 瑶文化旅游产业蓬勃发展

近年来，贺州市以旅游为抓手，围绕瑶族民俗风情、生态、山居、田园等资源，大力推进瑶族文化资源产业化开发，推进文化与经济的深度融合，瑶族文化资源开发的价值空间，得到了初步释放。

富川瑶族自治县已形成了以秀水状元村、凤溪瑶寨、慈云寺等一批瑶族历史文化景区为主体，神仙湖、白牛村、立新万亩脐橙园等一批瑶寨民俗文化与生态农业文化相结合为补充的旅游格局。秀水状元村被评为国家历史文化名村，福溪瑶寨被评为广西历史文化名村；凤溪瑶寨、神仙湖生态休闲园、立新万亩脐橙园、白牛生态文明村成为广西农业旅游示范点。富川还成功举办了三届"富川脐橙节暨瑶乡文化旅游节"和第七届中国瑶族盘王节，吸引了 40 多万游客到富川体验瑶文化。织绣、雕刻等瑶族工艺品，脐橙、黄花梨等瑶乡绿色食品，腊肉、荷香米粉肉、油茶等瑶家特色风味食品，深受海内外游客的欢迎。这也催生了瑶区工艺品业、特色农业、特色农产品加工业的发展壮大。以民俗文化体验为主题的瑶乡休闲观光农家乐，年接待游客达 10 多万人次。"十一五"期间，富川县共接待国内外游客 200 多万人次，年均增长 21%，实现旅游收入 13.5 亿元，是"十五"期间的 2.16 倍，年均增长 16.7%。2012 年，秀水村和神仙湖接待游客 11 万多人次，实现旅游收入 5 000 多万元，专业从事旅游业人员达 300 多人，旅游业已成为当地支柱产业之一。

昭平县将仙回瑶族风情与桂江生态旅游业结合，联动发展。2012 年，昭平桂江景区被评为国家 2A 级旅游景区及广西三星级乡村旅游区。

八步区黄洞瑶族乡的月湾旅游休闲度假区，通过登山观光、采茶品茶、畅享瑶乡美食、观赏瑶族歌舞等瑶族文化的旅游项目，吸引了全国各地的游客。

瑶族文化资源产业化开发的经济价值不断显现，正逐步成为贺州经济发展的新增长点。

4. 瑶族文化创新取得一定成果

近年来，贺州组织力量对瑶族文艺作品进行艺术创新，取得了一批成果，让瑶文化在贺州得到了更好的传承、创新和发展。富川县创作的小品《橙愿》获 2004 年广西八桂群星奖，歌曲《今宵月圆》《瑶家油茶香》获 2005 年广西八桂群星奖；2006 年，《芦笙长鼓舞》《蝴蝶歌》被中国第八届盘王节评为最具民族特色奖和银奖；原生态歌曲《蝴蝶歌》女声四重唱，荣获广西青年歌手大赛优秀奖等等。

二、贺州瑶族文化资源产业开发条件

1. 区位条件

贺州位于西江流域，洛湛铁路、广贺高速公路、桂梧高速公路、贵广高速铁路、永贺高速公路贯穿全境；向东南至我国香港特别行政区、澳门特别行政区 400 公里，至广州市约 230 公里；经高速公路向北 1.5 小时可达桂林，向东南 2.5 小时可达广州，向西南 4 小时可达南宁；走高铁 1 小时即可达广州，可实现贺州至香港特别行政区、贺州至澳门特别行政区当日往返。贺州不仅是湘粤桂三大文化圈的交汇点，还是中国一东盟自由贸易区、泛北部湾国际经济合作、泛珠江三角合作区和西部大开发四大经济区的战略结合点，有利于吸收、借鉴、整合各区域间的民族优秀文化资源、市场资源、政策资源，打造瑶文化产业，提升贺州文化竞争力。把贺州瑶族文化置于汉文化、楚文化、瓯越文化和岭南文化的交叉点上分析，一方面瑶族文化多元混融，丰富多彩，另一方面区域文明原创开放，古老厚重，超越了区域文化发展容易自我封闭的倾向。这为发展瑶族文化产业提供了不竭的文化资源。在瑶族文化产业化开发的过程中，系统整理瑶族文化，创意开发瑶族文化产业，将使瑶族文化在全球化背景下闪耀出瑰丽的光芒。

2. 资源条件

从公元前 111 年汉武帝设置临贺县，发展到三国增设临贺郡，隋朝改设贺州，贺州有县级以上行政建制的历史迄今已有 2 100 多年。贺州历史底蕴深厚。东汉开始已有瑶族活动的迹象；隋朝开始，贺州瑶族已有明确史载。贺州的瑶族文化资源丰富多彩，盘王文化、山居文化、耕山文化、狩猎文化、森林文化等资源，都是瑶族人民在长期的历史发展中创造出来的具有鲜明民族特色的文化瑰宝。传说、故事、寓言、童话、笑话、谜语、谚语等，展示了瑶族人民的思想、道德观念和社会生活，具有较高的艺术价值，是开发文艺类产品的特好题材；反映瑶族生活原貌的瑶寨，保持着古朴淳浓民族风情、瑶家古村落等，有利于旅游景点、景区的建设；印染、蜡染、挑花、刺绣、织锦、竹编、雕刻、绘画等工艺美术，形式多样，内涵丰富，是开发工艺类产品的绝好元素。至今各地瑶族民间散藏着的大量瑶族历史典籍，为瑶文化的创新提供哲学性的思想营养。

3. 载体条件

开发区域的山脉、河流、森林、植被、阳光、空气、建筑等自然和文化资源，是民族文化资源开发不可或缺的载体和重要的产业资源。贺州丰富而优质的区域自然资源和文化资源为贺州瑶文化产业化开发提供了载体条件。

贺州年均气温20℃左右，空气湿润，气候温和，阳光充足，雨量充沛。大小水库超过200座，贺江、桂江通达珠三角。

贺州物种多样性丰富。现有国家一、二级重点保护植物20多种，国家一级保护动物7种。有5个堪称天然动物园和天然植物园的自然保护区，有姑婆山、大桂山两个国家森林公园。

贺州森林资源丰富，有林面积86万公顷，森林覆盖率达72%以上，是典型的森林之城、田园都市，被授予广西森林城市称号，其中，昭平县黄姚镇被评为广西森林乡镇称号，富川县朝东镇秀水村、平桂管理区望高镇新联村委石牛塘村获得广西森林村庄称号。

贺州的历史建筑颇具特色，有国家级、自治区级重点文物保护单位10多处。其中黄姚古镇集自然风光、人文历史、古建筑群于一体，素有梦境家园之称；被评为中国最具有旅游价值的古城镇、中国最值得外国人去的50个金奖景区之一；被评为中国历史文化名镇。富川秀水状元村被誉为宋、明、清民居博物馆。临贺故城有2 000多年历史，被列为国家级重点文物保护单位。

4. 市场条件

贺州位于港澳—广州—桂林旅游黄金线中间，形成了姑婆山国家森林公园、贺州玉石林、贺州温泉、黄姚古镇等一批国家4A级旅游景区，紫云仙境等国家3A级旅游景区，荷塘十里画廊、碧水岩、临贺故城、大桂山国家森林公园等风景名胜区，不仅吸引了众多的国内外游客，还成为电影、电视剧等影视片的外景拍摄地。以生态观光、森林度假、温泉疗养、民族风情体验为主的特色旅游不断做强做大，贺州已成为广西入境旅游人数增长最快的城市之一，是全国新兴的优秀旅游城市，是粤港澳养生休闲的后花园，成为人们体验历史文化、民族风情、休闲度假、旅游观光的理想胜地。得天独厚的旅游环境，客观上为贺州瑶文化资源产业化开发，推销瑶文化产品，营造了流动的大市场。

5. 产业条件

贺州不仅是粤港澳地区的后花园，还是它们的大菜园，瘦肉型猪、名优水果、无公害蔬菜、茶叶等名特优产品驰名粤港澳，已成为珠三角重要的菜篮子生产供应基地。贺州是云南、贵州、四川、重庆等西部省份通往粤港澳最快速的通道，是全国铁路网的区域性枢纽，已成为桂粤湘三省交汇处的区域交通枢纽和商贸旅游城市，商贸、物流、旅游等产业发展迅猛，每年入境游客在广西仅次于桂林，获得了全国优秀旅游城市称号。贺州是承接东部产业转移的主要节点，依托丰富的水能资源，成为了西电东送的通道和重要基地；依托丰富的森林资源，建立了世界最大的脂松香生产基地；依托丰富的矿产资源，建成了一批有色金属加工企业；依托丰富的农业资源，建成了具有地方特色的食品工业基地；以桂东电子科技有限公司为龙头，建成了广西新兴的电子工业基地。特色产业体系的形成，为推进贺州瑶文化资源开发提供了丰富的产业基础和多渠道的开发路径。

资料来源：广西贺州市社会科学界联合会. 贺州市瑶族文化资源产业化开发研究[M]. 广州：世界图书出版公司，2013。

第三节　文化资源调查的程序和方法

一、文化资源调查的程序

文化资源调查，特别是区域文化资源综合调查，是一项复杂而烦琐的基础工作，也是一项周期长、耗资大、成果科学性要求高的工作，对人、财、物等方面都有较高要求。因此，调查必须经过规范的程序，才能保证工作效率和调查质量。综合各地文化资源调查，我们大体可以将文化资源调查分为三个阶段，即调查准备阶段、调查实施阶段和调查整理阶段。

（一）调查准备阶段

调查准备阶段是文化资源调查工作的起始阶段，准备阶段的工作是否充分扎实，直接关系到整个文化资源调查结果质量的高低。

1. 成立调查小组

文化资源调查是一项系统性很强的工作，需要成立调查小组，确定调查人员，以便更好地开展工作。调查通常由承担文化资源调查工作的部门、单位负责组建，如文化和旅游部门、社科院、文联等，吸收不同部门的工作人员、不同学科方向的专业人士和民间团体，如音乐、舞蹈、美术、摄影、书法、历史、文化等方面的专家及民间文艺家协会等民间组织成员，由不同领域的专业人员及普通的调查人员组成调查小组。小组要有一定的组织关系和协调配合的机构。

2. 明确调查目标及重点对象

明确文化资源调查所要达到的目的，要将调查目标明确化、具体化，并进一步明确调查研究所应采用的方式、调查的重点对象。

3. 制定调查方案和工作计划

调查工作正式开始前，调查人员应先制定调查方案和工作计划，其内容主要包括调查范围、调查对象、主要调查方式、调查工作的时间安排、调查的精度要求、调查小组人员分工、调查成果的表达形式、投入人力与财力的预算等。

4. 拟定文化资源分类体系，编制文化资源单体统计表

由于文化资源的分类目前没有统一的标准，各地在进行文化资源的调查时，应结合调查区域的文化资源分布、类型、数量等基本情况，拟定好文化资源分类方案，设计文化资源单体统计表。该表的主要内容应包括文化资源单体的序号、名称、基本类型、所属区域、现存状况等。这是文化资源调查阶段非常重要的表格，一方面是对文化资源单体基本信息的汇总，其设计和填写是进行实地调查的基础；另一方面便于对文化资源单体在计算机上进行统计、排序、计算，以备在此后的文化调查文件汇编和文化资源开发时使用。

5. 确定调查小区和调查线路

为便于实际操作和适应今后的文化资源评价、文化资源统计和区域文化资源的整合，调查人员可以将整个调查区分为若干"调查小区"。调查小区一般按行政区划分（如省级调查区，可将地市州级的行政区划分为调查小区；地市州级的调查区，可将县级行政区划分为调查小区，县一级的调查区，可将乡镇一级的行政区划分为调查小区），也可视具体情况按现有文化区域划分。调查线路按实际要求设置，一般要求贯穿调查区内所有调查小区，做到覆盖面尽量大，避免遗漏某些内容。

（二）调查实施阶段

该阶段的主要任务是在准备工作的基础上，根据调查方案的要求和调查工作计划的安排，系统地收集各类第二手和第一手的资料数据，并填写文化资源单体调查表。

1. 收集第二手资料

第二手资料主要指所调查区域内与文化资源单体及其依托环境有关的各类文字性描述材料，包括书籍、报刊、地方志、乡土教材、网络及宣传材料上的文字记述；所调查区域内与文化资源单体有关的各种照片、图片及影像资料。在此基础上，对调查区域内的基本情况要形成一个概要的基本印象，对于第二手资料中介绍详尽的文化资源，可直接填写文化资源调查表，以便于野外考察时比较、变更、查漏补缺。

2. 收集第一手资料

第一手资料又称实地调查资料，它是调查人员为了调查目的专门收集的各种原始资料，又称一手资料。虽然第二手资料是实地调查的基础，也可以得到实际调查无法获得的某些资料，并能鉴定一手资料的可行度，但第二手资料不能取代第一手资料，因此，在收集第二手资料的同时，也需要搜集一定数量的一手资料加以补充。

3. 填写文化资源单体调查表

填写"文化资源单体调查表"是调查实施阶段最重要的工作步骤。这张表格承载着文化资源最核心的内容，包括调查者在调查准备阶段中收集到的各种文化资源资料和数据，本阶段对文化资源的实地研究和验证，都要在这一张表上体现出来。填写的主要内容包括单体序号、单体名称、代号、性质与特征等。本表对之后文化资源评价、文化资源调查成果的质量以及依据文化资源调查成果所进行的文化资源开发都将起到重要的作用。

（三）调查整理阶段

该阶段是在数据和资料收集的工作完成后，将所调查的资料全部汇总，仔细地整理和分析，最后完成图文资料的编辑工作，呈送相关部门审阅并留存。

1. 整理编写调查资料

资料的整理主要是把收集的零星资料整理成有条理的、能说明问题的情报，包括对文字资料、照片、影像资料的整理，以及图片的编绘等内容。具体而言，其包括以下环节：首先，对资料进行鉴别、核对和修正，使其达到完整、准确、统一、客观的要求。其次，应用科学的方法对资料进行编码与分类，以便于分析利用。最后，采用常规的资料储存方法或计算机储存方法，将资料归卷存档，以利于今后查阅和再利用。在资料整理完成后，调查人员要借助科学的统计分析工具和技术对经过整理后的资料、数据进行分析解释，从而为该项调查结果提出合理的行动建议。

2. 编写文化资源调查报告

文化资源调查是为区域文化资源保护、文化资源研究、文化资源开发等目的而进行的调查，因此，调查之后应有体现调查工作综合性成果的图文材料。外界可以通过该报告认识调查区域内文化资源的总体状况，并从中获取各种专业资料和数据。

整体流程如图3-1所示。

调查准备阶段	调查实施阶段	调查整理阶段
❶ 成立调查小组	❶ 收集第二手资料	❶ 整理编写调查资料
❷ 确定调查目标和重点对象	❷ 收集第一手资料	❷ 编写文化资源调查报告
❸ 制定调查方案和工作计划	❸ 填写文化资源单体调查表	
❹ 编制文化资源单体统计表		
❺ 确定调查区域和路线		

图3-1　文化资源调查程序

二、文化资源调查的方法

（一）文献调查法（间接调查法）

文献调查法是一种围绕着既有资料所开展的收集、摘录、整理与分析的调查方法。作为一种间接调查法，其通常是以调查区域的文献资料、统计年鉴、统计报表、调查报告、地方志、档案、文学作品等各种文字、照片和影像资料为研究对象，在收集、整理与分析的基础上，帮助调查者了解文化资源的历史与现状，了解与调查课题有关的已有成果，以及政策和法律等信息。在所收集到的资料中，调查者应选出与文化资源调查项目有关的内容，通过科学的方法对其进行归类和分析统计，并对其权威性、准确性、可利用性进行评价和比较。

（二）访谈调查法

访谈调查法是调查者通过对被调查者进行访谈询问的方式直接收集信息，了解文化资源情况的一种方法。这一方法通常可以先进行设计调查问卷、调查卡片、调查表等，然后通过实地访问、问卷调查、电话访问、邮寄调查、留置问卷、网络调查等形式进行询问访谈，获取需要的资料信息。在访谈调查过程中，调查者应预先做好准备、设计好询问内容，并选择具有一定代表性的调查对象进行访问，针对访谈过程做好详细记录，避免出现遗漏。如果选择问卷调查的方式，则要求问卷设计合理，分发收回的程序符合问卷调查的规定，以保证其结果的有效性、合理性。访谈调查法在文化资源调查中是一种比较有效的方法，具有适应面广、灵活度高、容易实施等优点，在实际的文化资源调查中经常使用。

（三）田野调查法

该方法要求调查者与被调查者对象共同生活一段时间，调查者在此过程中通过观察、记录、摄像等形式直接接触文化资源，获得宝贵的第一手资料，通过专业人员的感性认识和客观分析，获得研究结果。田野调查要求调查者勤于观察、善于发现、及时填写、现场摄录，并做好总结工作。

（四）分类比较法

分类比较法就是将在调查区搜集到的资料按照被调查事物的性质、内容、范围等标准进行特征归纳，并进行不同地区间同类或不同类型资源的比较、评价的一种方法。调查者可通过分类比较法，得出该区域内文化资源的共性特征和个性特征，以便合理保护和综合开发。

四种常用文化资源调查方法的简要比较如表3-2所示。

表3-2　四种常用文化资源调查方法的简要比较

类型	优点	缺点
文献调查法	（1）摆脱时空条件的束缚 （2）可以获得稳定的信息 （3）实施起来省时、省钱、效率高	（1）难以保证所获取文献信息的质量 （2）缺乏对得到的文献信息的体验性 （3）需要研究者具有较高的文化水平
访谈调查法	（1）访问具有很大的灵活性 （2）可亲身验证资料的信度和效度 （3）访问回答率较高	（1）组织工作复杂 （2）资金成本较高 （3）访谈者参与意愿难以把控
田野调查法	（1）资料直观性强 （2）资料可靠性强 （3）与被观察者直接接触	（1）观察现象具有表面性和偶然性 （2）应用范围具有局限性 （3）观察结果具有主观性
分类比较法	（1）资料直观性强 （2）资料归纳性强 （3）操作简单	（1）对操作人员专业素养要求较高 （2）分类标准影响分类效果 （3）分类结果具有主观性

三、文化资源报告的编写

文化资源调查报告是文化资源调研工作的综合性成果，它汇集了文化资源的全部数据和资料。报告的编制应本着数据准确、内容翔实、中心明确、结构合理、分类明晰、实际客观的原则进行，其可以为本区域的文化资源总体情况提供丰富、准确的资料，也为从业人员进行文化资源的保护、传承、开发和管理提供理论依据和附件材料。

调查报告内容根据调查区资源型和调查方法的不同而有所区别，但一般包括标题、目录、前言、概要、正文（包括结论与建议）、附件等主要部分。

（1）标题。标题主要包括调查项目的名称、调查单位、调查日期等内容。

（2）目录。目录通常是调查报告的主要章节及附录的索引。

（3）前言。该部分要将调查任务来源、目的、要求、调查区位置、行政区划与归属、调查组基本情况、工作期限、工作量等内容作概述。

（4）概要。该部分包括调查区域概况以及此次调查的工作任务、目的、具体要求等内容。同时，在概要中还应将调查人员的组成、工作安排及期限、工作量和取得的主要成果简要介绍一下。

（5）正文。这是调查报告的主要内容，是调查报告的主体，其核心内容包括六方面：第一，调查地区的位置、行政区划、交通状况和社会经济概况等；第二，文化资源的历史和现状，在尊重历史的基础上，以发展的眼光简述调查区文化资源的保护状况和开发的情况；第三，文化资源基本类型，包括文化资源的名称、规模、形态和特征等（可附带素描、照片和影像资料）；第四，文化资源评价，运用科学的方法对调查区内文化资源作出综合评价；第五，文化资源开发和保护建议，此部分主要指出调查区文化资源开发中存在的问题并提出建议、对策；第六，在报告的结尾列出主要参考文献。

在报告撰写过程中，以上内容是必须包含的，不可遗漏，调查者可根据具体情况对报告的内容作一定的调整和增补。

（6）附件。附件是对主体报告的补充或详尽说明，主要包括背景资料、音像材料及其他需要进一步详细说明的材料等。具体有调查区基本概况的一些材料，反映调查区文化资源状况的系列图片，文化资源统计数据的汇总表，调查区域内经编辑整理后的文化资源录像带、影像碟片、照片集、幻灯片以及调查日记、资料卡片、随笔等。

［章节小结］

本章重点学习了文化资源调查的概念，文化资源调查是文化资源价值评估以及后期保护、开发的重要基础，它是在既定目标的驱动下，以科学理论为指导，运用恰当的方法和手段，完成文化资源的收集、记录、整理和总结。

常见的文化资源调查方法包括：文献调查法、访谈调查法、田野调查法、分类比较法等。

［实践项目］

项目名称：四川某地文化资源的调研

一、实践目的

（一）巩固深化学生对文化资源的理解掌握，熟悉掌握四川地文景观旅游资源的类型。

（二）让学生掌握四川文化资源的基本特征。

二、实验内容

选定一处四川具有代表性的地点，分析、调查当地的文化资源环境、文化资源赋存情况、文化资源开发现状和开发条件。

三、实验成果

完成一份当地的文化资源调研报告。

［复习思考］

1. 为何要进行文化资源的调查工作？

2. 文化资源调查的主要方法有哪些？

3. 文化资源调查的类型包括哪些？

4. 如果对你的家乡的文化资源进行调查，你需要做哪些准备工作？采用哪些调查方法？

［参考文献］

［1］莫郅骅，穗农宣.广州摸清农耕文化资源"家底"，专家指路"农遗活化"新方向[EB/OL].(2022-08-12)[2022-11-26].https://www.sohu.com/a/576230140_161795

［2］《北京中医药文化资源调查实施方案（试行）》[EB/OL].(2021-11-22)[2022-11-26].http://zyj.beijing.gov.cn/sy/tzgg/201912/P020191219594539958430.docx

［3］中华人民共和国文化和旅游部.文化和旅游部办公厅关于开展旅游资源普查工作的通知[EB/OL].(22-06-01)[22-11-26].https://zwgk.mct.gov.cn/-/zfxxgkml/zykf/202206/t20220601_933315.html

［4］蔡清毅.闽台传统茶生产习俗与茶文化遗产资源调查[M].厦门：厦门大学出版社，2014.

［5］广西贺州市社会科学界联合会.贺州市瑶族文化资源产业化开发研究[M].广州：世界图书出版公司，2013.

［知识拓展］

旅游资源普查工作技术规程

为规范旅游资源普查工作流程，统一普查工作技术要求，特编制《旅游资源普查工作技术规程》，与《旅游资源分类、调查与评价》（GB/T 18972—2017）共同使用，以提高普查工作效率，确保普查成果质量。

一、基本原则

（一）普适性原则。在充分调研和梳理旅游资源普查工作规律和特点的基础上，总结出普查工作的一般性程序、任务、成果和技术要求。

（二）可操作性原则。以普查人员易理解和易操作为前提，以流程化为主线，实现各程序工作主体明确化、工作内容清晰化和技术要求具体化。

（三）信息化原则。利用现代信息技术，创新普查工作方式、方法和成果展示形式，提高普查工作效率，实现旅游资源动态化管理，扩大普查成果应用范围。

二、适用范围

（一）适用范围。县级及以上行政区域。

（二）适用单位。组织开展旅游资源普查工作所在地的文化和旅游主管部门或人民政府；参与实施旅游资源普查工作的企事业单位、大专院校和科研院所等。

三、技术准备

（一）旅游资源分类方案确定。省级文化和旅游主管部门确定本省（区、市）旅游资源普查工作采用 GB/T 18972—2017 中"4 旅游资源分类"或本省（区、市）创新方案。本省（区、市）创新方案应以 GB/T 18972—2017 为依据，主类不宜新增，亚类和基本类型新增数量不宜超过上一级旅游资源类型总数，即亚类新增不宜超过 8 类，基本类型新增不宜超过 23 类。

（二）详细方案编制。实施单位和组织单位共同编制详细方案，内容主要包括各项普查任务的实施程序、操作规范、时间节点和实地调查人员名单等。实地调查人员应具备与普查区旅游环境、旅游资源、旅游开发有关的专业知识，一般应吸收旅游、环境保护、地学、生物学、建筑园林和历史文化等方面的专业人员。

（三）旅游资源信息管理平台建设。省级文化和旅游主管部门根据实际需要建设省级旅游资源信息管理平台，供本省（区、市）旅游资源普查使用。平台应包括资源信息采集与审核、资源信息管理与查询和资源信息展示与发布等功能模块。平台应考虑与地方旅游服务和国土空间基础信息等平台的通用接口。

旅游资源信息管理平台应符合《中华人民共和国网络安全法》和本地区网络安全相关要求。

（四）资料收集。实施单位应收集与旅游资源相关的文字、图形和影像资料，一般包括地方志、乡土教材、旅游区与旅游点介绍、规划与专题报告和照片、宣传片等。实施单位应依据收集的资料，整编《旅游资源名录表》（附表2）初稿，作为开展实地普查工作的基础。

（五）技术培训。组织单位负责普查技术培训工作。培训对象包括实施单位普查技术人员、普查区文化和旅游主管部门及基层单位相关人员；培训内容包括旅游资源分类、旅游资源评价、旅游资源调查程序与方法和国土资源信息安全注意事项等。

四、实地普查

（一）调查小区划分。实施单位和组织单位可按行政区或地貌、生物、文化等特征单元划分若干调查小区。

（二）实地调查人员分组。实施单位与组织单位依据调查小区的划分共同确定各调查小组人员名单。各调查小组成员应包括普查技术人员和调查小区内相关工作人员，设组长1人、副组长1~2人。

（三）调查对象选定。在《旅游资源名录表》（附表2）初稿的基础上，应参照GB/T 18972—2017中"5.2.4.2选定调查对象"的相关规定选定调查对象。

（四）调查路线制定。实地调查小组应根据调查对象分布和交通等情况制定调查线路。

（五）信息采集。实地调查人员应对选定的调查对象及实地调查过程中新发现的旅游资源进行信息采集，内容包括单体名称、行政位置、地理位置、影像数据、性质与特征、所在区域及进出条件和保护与开发现状等，填写《旅游资源单体普查表》（附表1，以下简称《单体普查表》）。

（六）资源评价。实地调查小组应参照GB/T 18972—2017中"6旅游资源评价"的相关规定，对所有旅游资源单体进行等级评价。每个资源单体应由不少于3名专业技术人员共同评价。

五、内业整理

（一）《单体普查表》整理。实施单位整理、汇总《单体普查表》，确保信息完整、详实和准确，并按调查小区进行归类和存档。

（二）影像数据整理。实施单位整理、汇总有关影像资料，并按调查小区进行归类、编号、命名和存档。编号和名称应与该资源《单体普查表》中的代号和单体名称一致。

（三）信息录入。实施单位将采集的资源信息录入资源数据库，更新《旅游资源名录表》（附表 2），确保录入信息完整、详实和准确。

（四）信息审核。实施单位对资源信息初审和修改完善后，提交组织单位复审。复审内容包括资源普查工作的完成率（资源点的空间覆盖率）、资源信息填报的完整性和准确性、资源等级评价的科学性和合理性。

六、成果集成

（一）旅游资源信息管理平台完善。实施单位完善旅游资源信息管理平台各功能模块内容。平台应架构完整、功能齐全、操作便捷和运行正常。

（二）《普查区实际资料表》填写。实施单位应完整、详实和准确填写《普查区实际资料表》（附表 3），内容包括普查区基本资料、旅游资源类型数量统计、各主类及亚类旅游资源单体数量统计、各级旅游资源单体数量统计、调查组主要成员和主要技术存档材料等。

（三）《旅游资源普查图集》绘制。实施单位应参照 GB/T 18972—2017 中"7.2.2.4 编绘程序与方法"的相关规定，绘制《旅游资源普查图集》，内容包括旅游资源总图、旅游资源类型图和旅游资源评价图（含优良级旅游资源图）等 3 类图件。

（四）《旅游资源普查报告》编写。实施单位编写《旅游资源普查报告》，内容包括普查区旅游资源赋存环境、旅游资源开发历史与利用现状、旅游资源类型分析、旅游资源等级分析、旅游资源空间特征分析、旅游资源保护与开发建议和附件《旅游资源名录表》等。报告应全面、客观和准确反映普查区旅游资源情况，旅游资源保护与开发建议应具有实际指导性。

七、成果验收

（一）验收申请。组织单位就旅游资源普查成果应向上级文化和旅游主管部门征求意见；实施单位根据反馈意见完成修改并提交后，组织单位提请省级文化和旅游主管部门组织验收。

（二）验收人员确定。旅游资源普查成果验收组成员由普查工作组织单位和省级文化和旅游主管部门商定。验收人员数量原则上不少于 7 人，应包括旅游、环境保护、地学、生物学、建筑园林、历史文化等领域专家及文化和旅游主管部门代表。其中，主管部门代表不宜超过三分之一，本地专家不宜少于三分之一；成果验收组设组长 1 人、副组长 1~2 人。

（三）验收内容及要求。验收内容包括资源单体抽查与资源普查成果审查。资源单体抽查数量比例应不低于资源单体总量的 5‰，被抽查资源单体信息的完整性和准确性合格率应不低于抽查总量的 80%；资源普查成果审查重点为成果的完整性、科学性和实用性。普查成果经全体验收人员表决，超过三分之二验收人员同意，并形成全体验收人员签字的书面验收意见，方为验收合格。

（四）成果提交

实施单位依据验收意见和建议对普查成果修改和完善后，向组织单位正式提交最终普查成果。

附表 1 　（单体序号[1*]　单体名称[2*]）旅游资源单体普查

基本类型：

代码[3*]	；其他代码：①　　；②						
行政位置[4*]							
地理位置[5*]	东经　　°　　′　　″，北纬　　°　　′　　″						
是否属新发现[6*]	是□　否□	资源照片		张	资源视频		个
资源典型照片：							

A. 性质与特征[7*]（单体性质、形态、结构、组成成分的外在表现和内在因素，以及单体生成过程、演化历史、人事影响等主要环境因素）

说明：

特征数据

特征＿＿		特征＿＿		特征＿＿		特征＿＿	
特征＿＿		特征＿＿		特征＿＿		特征＿＿	

B. 所在区域及进出条件[8*]（单体所在地区的具体部位、进出交通、与周边旅游集散地和主要旅游区［点］之间关系）

对外道路情况	高速路□　一级公路□　三级公路□　二级公路□　四级公路□		周边市/县	名称	
				距离	公里
周边旅游集散地	名称		周边主要旅游区（点）	名称	
	距离	公里		距离	公里

其他说明：

C. 保护与开发现状（单体保存现状、保护措施、开发情况）

| 单体保存现状 | 保存良好□　少量破损□　破损严重□ | 是否已开发 | 是□　否□ | 保护措施情况 | 优□　良□　差□　无□ |

已开发请填写（开发成景区或度假区的集合体请填1；景区或度假区内的单体应填2。）

| 1 | 景区/度假区 | 名称 | | 2 | 隶属景区/度假区 | 名称 | | 游客接待量 | 万人/年 |
| | | 等级 | | | | 等级 | | | |

其他说明：

D. 现有规划/文件中的资源开发利用方向[9*]

| 规划/文件名称 | | 资源开发利用方向 | |
| 规划/文件名称 | | 资源开发利用方向 | |

E. 旅游资源单体评价[10*]（旅游资源评价赋分标准请参照 GB/T 18972-2017 中"6旅游资源评价"的相关规定）

评价项目	观赏价值（30分）	人文价值（25分）	珍稀奇特度（15分）	规模与丰度（10分）	保存完整性（5分）	知名度（10分）	适游期（5分）	环境与安全（-5~3分）
得分值								

本单体 得分		本单体 可能的 等级		填表人[11]*		联系电话		
普查日期					年　　月　　日			

注1：单体序号：由调查组确定的旅游资源单体顺序号码（使用阿拉伯数字）。

注2：单体名称：旅游资源单体的常用名称。

注3："代码"项：用汉语拼音字母和阿拉伯数字表示，即"表示单体所处位置的汉语拼音字母–表示单体所属类型的汉语拼音字母–表示单体在普查区内次序的阿拉伯数字"。

依据上述原则，旅游资源单体代号按"国家标准行政号（省代号2位–地区代号2位–县代号2位，参见GB/T2260-2007）–旅游资源基本类型代号3位–旅游资源单体序号2位"的方式设置，共5组11位数，每组之间用短线"–"连接。

如果遇到同一资源可归入不同基本类型的情况，在确定其为某一主要基本类型的同时，可在"其他代号"后按另外次要基本类型填写，操作时只需改动其中"旅游资源基本类型代号"，其他代号项目不变。

注4："行政位置"项：填写单体所在地的行政归属，从高到低填写政区单位名称。

注5："地理位置"项：填写旅游资源单体主体部分的经纬度（精度到秒）。

注6："是否属新发现"项：在历次旅游资源普查或历史上未被纳入旅游资源范畴的为新发现资源。

注7："性质与特征"项：填写旅游资源单体本身个性，包括单体性质、形态、结构、组成成分的外在表现和内在因素，以及单体生成过程、演化历史、人事影响等主要环境因素，提示如下：

（1）外观形态与结构类：旅游资源单体的整体状况、形态和突出（醒目）点；代表形象部分的细节变化；整体色彩和色彩变化、奇异华美现象、装饰艺术特色等；组成单体整体各部分的搭配关系和安排情况，构成单体主体部分的构造细节、构景要素等。

（2）内在性质类：旅游资源单体的特质，如功能特性、历史文化内涵与格调、科学价值、艺术价值、经济背景、实际用途等。

（3）组成成分类：构成旅游资源单体的组成物质、建筑材料、原料等。

（4）成因机制与演化过程类：表现旅游资源单体发生、演化过程、演变的时序数值；生成和运行方式，如形成机制、形成年龄和初建时代、废弃时代、发现或制造时间、盛衰变化、历史演变、现代运动过程、生长情况、存在方式、展示演示及活动内容、开放时间等。

（5）规模与体量类：表现旅游资源单体的空间数值，如占地面积、建筑面积、体积、容积等；个性数值，如长度、宽度、高度、深度、直径、周长、进深、面宽、海拔、高差、产值、数量、生长期等；比率关系数值，如矿化度、曲度、比降、覆盖度、圆度等。

（6）环境背景类：旅游资源单体周围的境况，包括所处具体位置及外部环境，如目前与其共存并成为单体不可分离的自然要素和人文要素，如气候、水文、生物、文物、民族等；影响单体存在与发展的外在条件，如特殊功能、雪线高度、重要战事、主要矿物质等；单体的旅游价值和社会地位、级别、知名度等。

（7）关联事物类：与旅游资源单体形成、演化、存在有密切关系的典型的历史人物与事件等。

注8："所在区域及进出条件"项："周边市/县""周边旅游集散地""周边主要旅游区（点）"是指距旅游资源单体最近的单位。

注9："现有规划/文件中的资源开发利用方向"项："规划/文件名称"应填写在有效期内的规划或政府文件名称；"资源开发利用方向"应填写在有效期内的规划或政府文件中对该资源的利用方向。

注10："旅游资源单体评价"项：资源评价应不少3人，"得分值""本单体得分"应填写平均分值，分值精确到小数点后一位。

注11："填表人"项：应填写该资源调查组组长姓名。

附表 2　（普查区名称）旅游资源名录

序号[1]*	所在地[2]*	资源单体名称[3]*	主类[4]*	亚类[5]*	基本类型[6]*	等级[7]*	代码[8]*

　　注1："序号"项：依据旅游资源单体"代号"的顺序在本表格中进行排序，并填写顺序号码（使用阿拉伯数字）。
　　注2："所在地"项：根据普查区情况应填写资源单体所在省（自治区、直辖市）、市（州、盟、区）、县（市、旗、区）、乡（镇）的名称。
　　注3："资源单体名称"项：应填写资源单体的常用名称。
　　注4："主类"项：应按照GB/T 18972—2017附录A中"主类"或普查区旅游资源分类方案中"主类"填写。
　　注5："亚类"项：应按照GB/T 18972—2017附录A中"亚类"或普查区旅游资源分类方案中"亚类"填写。
　　注6："基本类型"项：应按照GB/T 18972—2017附录A中"基本类型"或普查区旅游资源分类方案中"基本类型"填写。
　　注7："等级"项：依据GB/T 18972-2017中"6.3.2计分与等级划分"的相关规定，按照旅游资源单体最终评价结果填写。
　　注8："代码"项：依据本规程"附表1《旅游资源单体普查表》"中"注3"的要求填写该资源单体的主要基本类型代码。

附表 3　（普查区名称）普查区实际资料

普查时间	年　月　日　至　　年　月　日				
行政位置		省（自治区、直辖市）		市（州、盟、区）	县（市、旗、区）
A. 普查区基本资料					
普查区概况（面积、行政区划、人口、所处的旅游区域）					
面积	平方公里	民族	个	总人口	万人
常住人口	万人	少数民族人口	万人	生产总值	亿元/年
国内游客	万人次/年	国内旅游收入	亿元/年	入境游客	万人次/年
国际旅游收入	亿美元/年	旅行社	个	星级酒店	个
世界文化与自然双重遗产	项	世界文化遗产	项	世界自然遗产	项
世界地质公园	个	国家A级旅游景区	个	国家级旅游度假区	个
国家级自然保护区	个	国家级风景名胜区	个	国家级水利风景区	个
国家地质公园	个	国家湿地公园	个	国家森林公园	个
全国重点文物保护单位	处	国家级非物质文化遗产	项		
其他说明：					
普查工作过程（工作程序和普查重点，提交主要文件、图件）					

普查区旅游开发现状和前景（总体情况、产业地位、旅游开发前景）				

B. 旅游资源类型数量统计

系列	本省（区、市）旅游资源分类方案确定的类型数（类）	普查区	
		类型数（类）	占本省（区、市）旅游资源分类方案确定的类型数比例（%）
主类			
亚类			
基本类型			

C. 各主类及亚类旅游资源单体数量统计（可另加页）

类型		实际数量（个）	占普查区资源单体总量比例（%）
主类	(填写《旅游资源分类、调查与评价》(GB/T 18972–2017) 国家标准采用的旅游资源分类方案中主类名称)		
亚类	(填写本次普查工作采用的旅游资源分类方案中亚类名称)		
主类			
亚类			
主类			
亚类			

D. 各级旅游资源单体数量统计

等级	总数	优良级旅游资源			普通级旅游资源		未获等级
		五级	四级	三级	二级	一级	
数量（个）							
占普查区资源单体总量比例（%）	100%						

E. 调查组主要成员（可另加页）

职务	姓名	专业	职称	分工	职务	姓名	专业	职称	分工
组长					成员				
副组长					成员				
副组长					成员				

成员				成员			
F. 主要技术存档材料（可另加页）							
文字资料 （出版物、内部资料）							
普查记录 （采访记录、测试数据）							
普查图件 （原始地图、实际资料图）							
影像资料							
填表人			联系方式	单位： 电话： 电子信箱：		填表日期： 　年　月　日	

资料来源：中华人民共和国文化和旅游部，2022－06－01，https://zwgk.mct.gov.cn/zfxxgkml/zykf/202206/t20220601_933315.html。

第四章

文化资源价值评估

导入案例

陕西红色文化资源价值

陕西曾是中国革命的大本营，在革命战争时期所形成的红色文化资源得天独厚，它和陕西辉煌的历史文化、特色鲜明的民俗文化和现代文化一起构成了今天的陕西文化。陕西红色文化既是宝贵的精神财富，也是发展红色文化产业、推动陕西经济发展的重要资源。研究陕西红色文化资源的价值，探求陕西红色文化资源价值的实现路径，有利于进一步发挥陕西红色文化资源在陕西文化软实力建设中的作用，实现陕西经济社会的协调发展。

陕西红色文化资源作为一种价值形态而存在，它对陕西的经济社会的发展及陕西民众的生活都会产生重要的作用。陕西红色文化资源的价值主要表现在以下三个方面：

一是精神教育价值。在中国市场经济化的进程中，社会物质产品得到了极大的增加，人们的物质生活得到极大的改善，人们的生活态度也逐渐转向消费主义，消费主义的物质享受和精神享受风靡一时。但是，"人的努力，一般来讲，总是趋向于认识世界。"人总是趋向于过一种有意义的生活。所以，当经济的发展引起了社会财富占有的严重分化，多元文化让人们眼花缭乱，人的精神异化而引起的各种社会弊病发生时，人们开始对人的存在的价值和意义进行反思。陕西红色文化资源就是对人们进行精神教育的有效载体。如在西北革命根据地创建的过程中，牺牲的许多革命先烈都放弃了对物质的热恋而选择了对理想和信仰的追求；如魏野畴、李子洲分别就读于北京高等师范学校和北京大学，然而，他们放弃了大城市优越的工作和生活条件，回到陕北开展革命运动，并且为革命献出了自己年轻的生命。人们从那些物质贫乏但精神富足的革命者身上可以发现生命的意义和快乐的真谛，通过对革命前辈价值观、人生观及人生精神的反思性理解，确立自己正确的价值目标和价值追求，并通过自己的实践创造来实现自己的人生价值。红色文化资源所具有的美感教育和人格培养功能，是其他德育教育资源所不具有的。

二是历史见证价值。中国共产党领导中国人民为在中国建立社会主义制度所进行的艰难曲折的斗争历程都印证在陕西的红色文化资源中。陕西党组织成立初期省委书记杜衡的叛变、陕西省委的多次被破坏和成立，大革命失败后党领导的清涧起义、麟游起义、渭华起义、旬邑起义以及建立西北革命根据地的斗争，土地革命战争后期到解放战争初期党中央在陕北领导中国人民进行的13年浴血奋战，都生动地展现了中国共产党为人民自由解放、民族独立和社会主义在中国的建立所作出的坚持不懈的努力和付出的惨重牺牲。

三是经济发展价值。陕西红色文化资源也是经济发展的重要媒介。陕西是革命老区，在陕南、关中、陕北等地分布着大量的革命纪念遗迹、事件遗存、建筑遗存、名人旧居、革命文物等，它们都具有丰富的文化内涵；非物质形态的红色文化资源如精神文化、思想文化以及歌曲、歌谣、曲艺、诗歌、绘画、故事、传说等，也具有着为世人敬仰和神往的内容。陕西可以实行红色文化搭台，经济贸易唱戏，深入挖掘红色文化资源的深刻内涵，举办各种红色文化资源博览会，以带动省域经济尤其是革命根据地经济的发展。

红色文化产业能够成为陕西新的经济增长点。红色文化具有良好的知名度和品牌效应，革命老区保留下来的遗址和可歌可泣的革命故事，既是宝贵的精神财富，也是发展红色文化产业的重要资源。鄂豫陕、陕南、陕甘革命根据地都处于山区，山高林密，风景优美、生态宜人；陕北革命根据地在陕北黄土高原，有着独特的黄土风情，因此把红色文化、生态文化和古迹文化结合起来，寓思想教育于文化娱乐和观光游览中，发展红色文化旅游产业，既有利于传播先进文化，又有利于把红色资源转变为经济资源，从而推动革命老区的经济发展，帮助老区人民脱贫致富。近两年，陕西正以延安为中心，以延安—西安—汉中一线为主体，渭南和咸阳为两翼，培育出7个主题形象突出、综合服务配套的重点红色旅游区，同时着力培育延安革命纪念地和川陕革命纪念地红色旅游经典景区，使之成为主题鲜明、交通便利、服务配套、吸引力强的旅游目的地。除了发展红色文化旅游业外，红色文化的产业开发还要将红色文化融入文学艺术、广播影视、新闻出版、音像制品、教育信息、网络服务、策划展览、体育竞技等行业之中，形成特色鲜明的红色文化产业链，使红色文化资源的经济价值得到充分实现。

资料来源：万生更. 陕西红色文化资源价值探析［J］. 理论导刊，2010（4）：79-81.

第一节　文化资源评估的意义和原则

文化资源是文化产业生产过程中的"原材料"，要使文化资源转化为文化产品，首要问题就是对其产品属性进行评价与界定。文化资源评估指的是在文化资源调查的基础上，遵循一定原则，按照某些评价体系和评价方法，对一定区域的文化资源的质量、品位、等级、价值、开发条件等进行研究、剖析、评判和鉴定的过程，是文化资源调查的深化与延伸。

一、文化资源评估的意义

文化资源价值评估是文化资源调查的深化和延伸，具有十分重要的意义。文化资源价值评估可以帮助我们掌握文化资源可利用状况，实现文化资源的科学保护，明确文化资源的开发重点等。

（一）掌握文化资源可利用状况

我们通过前期的文化资源价值评估，可从资源禀赋、市场潜力、开发价值等角度出发对文化资源做出准确、客观定位。一方面，我们可以了解可供产业化开发的文化资源种类、产业化开发的市场价值与市场潜力、产业化开发中将面临的困难与挑战；另一方面，我们可以明确不可产业化开发的文化资源的类别、限制性条件。通过对文化资源的价值评估，区分可供产业化开发与不可产业化开发的文化资源，不仅能够降低因缺少科学价值评估所带来的不可逆转的损失，也有助于制定出具有针对性的文化资源保护与开发的措施，进而实现文化资源的科学利用。

（二）实现文化资源的科学保护

文化资源的价值评估包括对文化资源的种类、规模、分布、数量、水平等各个方面的调查和信息整理，也包括对所调查的文化资源的发展现状、存续价值、保护举措的效用等方面的综合性评估。在文化资源的保护现状、保护措施及保护成效的评估过程中，我们通过对其存续的价值、完好程度、损害和破坏因素等的评估，能够对前期所采取的文化资源保护措施的效果进行评价与反馈，从而避免因保护措施的落后与保护效率的低下而使文化资源被破坏。同时，通过评估，我们还能够对未来的保护工作提出更有针对性的保护措施，为制定科学合理的文化资源保护方案提供有益参考。

（三）明确文化资源的开发重点

一个地区在进行文化资源开发时，其能力和精力是有限的，不可能把当地所有的文化资源都进行开发。文化资源评估，有利于不同资源之间的横向比较，明确文化资源的开发重点和开发方向，这对文化资源的产业化开发具有重要意义。

二、文化资源价值评估的原则

科学的评估原则是完成文化资源价值评估的前提，我们在进行文化资源价值评估时要坚持可操作性、时效性、差异性、客观性与主观性相结合、定性与定量相结合、经济效益与社会效益相结合等原则，促使文化资源得到有效评估。

（一）可操作性原则

文化资源评估前的指标设计要求概念明确、定义清楚，能方便地采集数据，要考虑现行科技水平，并且有利于资源评价。指标的内容不应过于繁琐和细致，过于庞杂与冗长，否则会给评估工作带来麻烦。

（二）时效性原则

文化资源价值评估不仅要反映一定时期文化资源的传承和发展实际情况，还要跟踪其变化情况，以便于及时发现资源的变化，准确评价。此外，指标体系应随着社会价值观念的变化不断调整；否则，可能会因不合时宜而导致决策失误。

（三）差异性原则

在评估过程中，指标的选择面应该尽可能齐全，但应该区别主次、轻重，突出影响文化资源价值评价的最重要的问题，以保证突出本地文化资源的个性和特征，突出资源不同类别的长处，获得资源价值的真实体现。

（四）客观性与主观性相结合原则

遵循客观性与主观性相结合的评价原则，即在开展文化资源的价值评价时，要以客观情况为依据，以普遍认同的评估准则为指南，并结合专家学者的经验与意见。客观的评价原则能够保证评估结果准确、可靠，避免因人的主观因素发生变化而产生不同的价值评估结果。但是，以数据为依托的评估结果存在一定的局限，加之文化资源属于精神内容的产物，对其价值的判断不可避免地存在主观性，因此我们也需要借助一些主观评价方法，如专家的经验与常识、主观打分、赋予权重等。

（五）定性与定量相结合原则

对文化资源的评估尚无统一标准，但由于文化资源评价具有综合性、复杂性、多目标性等特点，因此在文化资源的价值评估过程中，我们要注重定性与定量的有机结合。一方面，我们要运用一些较为客观的定量分析方法，对于客观的评价指标进行测量计算，满足量化的处理与分析。另一方面，对于难以用准确的数字给出判断和评估的部分，我们要做出适当的定性描述，邀请对评估对象状况有较为深入了解的评审专家、当地人，根据自身经验，辅以相关文献资料，做出较为客观的评定报告。

（六）经济效益与社会效益相结合原则

文化资源具有多重价值，产业化开发不仅能够创造出客观的经济价值，也会产生重大的社会价值。但是在当前文化资源的实际开发过程中，很多地方只追求其在拉动经济、增加就业等方面的经济价值，忽视其文化的上层属性，即满足人们对精神文化的需求，却不重视我国优秀文化的传承和发展等。因此，在进行文化资源的价值评价时，我们要了解社会效益与经济效益两者的关系，尽量实现两者的有机统一，促进文化资源的合理利用。

第二节 文化资源的价值构成和评估指标体系

一、文化资源的价值构成

文化资源价值评估是在完成文化资源调查之后，对文化资源价值进行的全面分析与评价。在进行价值评估之前，需要充分理解文化资源的价值构成，然后按照相应的价值评估原则，选取合适的指标体系，完成文化资源价值评估。

文化资源作为人类社会实践的产物，是多维价值的复合体，文化资源价值主要包括社会价值、经济价值、历史价值、艺术价值和研究价值等。

（一）社会价值

文化资源的社会价值主要包含教育、情感、记忆等内容，特指文化资源在知识的记录和传播、文化精神的传承、社会凝聚力的形成、促进社会和谐稳定等方面所具有的社会效益和价值。其主要体现在以下几个方面：首先，文化资源作为一种特殊的资源，构成了区域文化特有的底蕴，对维系历史、延续文明起着重要作用；其次，文化资源的产业化开发能够为精神文明建设提供服务。文化资源不同于一般的资源，其内在的意识形态属性存在于人们的情感之中，反映在人们的行为上。以圆明园遗址资源为例，作为近代中国被侵略、被殖民的历史见证，圆明园遗址对于培育国民的爱国主义精神具有重要意义。

（二）经济价值

经济价值是指文化资源作为生产要素向资本和产业转化过程中所产生的消费价值和资源竞争力。

文化资源的经济价值体现在两个方面。一方面，文化资源直接作为推动地区经济社会发展的重要动力资源。各地区通过旅游业、文化产业等相关产业的发展，将文化资源优势转化为具有商业价值的文化产品和文化服务，从而刺激文化消费，产生直接的经济效益，带动地方经济发展，形成区域经济新的增长点。另一方面，文化资源给当地带来的隐性的经济价值，即文化资源作为重要的精神要素、创意来源，能够为社会经济发展提供精神动力和智力支持，影响当地居民的意识和思维。虽然它们通常不直接以货币的形式实现，但对增加当地居民收入，促进当地经济发展起着非常重要的作用，能够带来间接经济效益。

（三）历史价值

历史价值是指文化资源作为历史见证的价值。文化资源作为特定历史时期的产物，集中展现了一定时期内的物质生产、生活方式、思想观念、风俗习惯和社会风尚等状况，能够为我们研究当时的社会发展状况提供重要的历史依据。比如历史古迹、陈列在博物馆里的文物，作为人类各项社会实践活动的产物，能够从时间、空间等多层维度展现出人类的历史演进，为我们了解历史社会发展状况提供重要的参考，是后世珍贵的文化财富。正是因为这些文化资源的传承和发展，后世才能对人类文明演进具有更加深入全面的理解。

（四）艺术价值

文化资源的艺术价值是指文化资源作为反映人类艺术创作、审美趣味、特定时代典型风格的实物见证的价值，主要包括审美、欣赏、愉悦、借鉴以及美术史料等价值。文化资源尤其是某些物化有形的文化资源大都是人类在发展过程中，依照美的观念和规律创造出来的，其本身体现和传承着人类对美的追求，展现出一种历史之美、艺术之美。如雕刻、绘画及各类建筑艺术、景观艺术、造型艺术，以生动的艺术造型、独特的艺术魅力传递给人以美的享受，表达出广大民众的社会认知、道德观念、生活理想和审美趣味。

（五）研究价值

文化资源作为人类社会发展的产物，凝结着人类的智慧，蕴含着重要的科学研究价值，不仅能够反映一定历史时期的科技发展水平，而且能够为后人获取研究信息提供重要来源，帮助人类探索社会发展的趋向。所以，不论是文化资源本身，还是其反映出来的相关信息，都具有一定的研究价值。针对不同的文化资源，国内也成立了专业的研究机构，例如敦煌研究院、李白文化研究中心、康巴文化研究中心等。

二、文化资源的评估指标体系

文化资源评价指标体系的确立是一个庞大且复杂的工程。由于各地文化资源描述对象不同，在文化资源评价过程中所采用的指标变化较大，很难形成统一。因此，各地区在进行文化资源评估时需要"因地制宜"选取合适的文化资源评估指标体系。

北京大学文化产业研究院向勇（2015）提出了特色文化资源开发效应评估体系，该体系包括 2 个一级指标 12 个二级指标 36 个三级指标（见表 4-1）[1]。

---

① 向勇. 特色文化资源的价值评估与开发模式研究 [J]. 北京联合大学学报（人文社会科学版）. 2015, 13（48）：44-51.

表 4-1　特色文化资源开发效应评估指标体系

一级指标	二级指标	三级指标	指标权重
人文价值	奇特价值	1. 独特性 2. 稀缺性 3. 惊奇性	各指标权重来自德尔菲法的专家评分合成的结果，需根据当地文化产业发展的实际情况进行设定和定期调整
	传承价值	4. 对学术的积极意义 5. 对提高人文修养的意义 6. 增加凝聚力、促进和谐的意义	
	认同价值	7. 本地人的膜拜程度 8. 外地人的膜拜程度 9. 向他人推荐的意愿	
	艺术价值	10. 反映民族性和地域性 11. 艺术个性和水准 12. 知名度	
	历史价值	13. 久远程度 14. 历史地位 15. 遗存完整度	
	社会价值	16. 提高居民生活品质 17. 科教意义 18. 区域品牌提升意义	
经济价值	规模价值	19. 批量化复制与生产程度 20. 规模化发展的可能性 21. 现代型生产、传播方式运用程度	
	投资价值	22. 投资规模 23. 投资回报率 24. 投资周期	
	带动价值	25. 带动产业与之的相关性 26. 带动周边产业数量 27. 带动周边产业规模	
	产业基础	28. 技术和人才状况 29. 现有市场情况以及发展水平 30. 产业政策状况	
	配套服务	31. 交通便捷程度 32. 配套硬件设施水平 33. 配套软件设施水平	
	前景价值	34. 与现代技术的融合 35. 与现代生活方式的吻合 36. 与国家政策的契合	

　　山西省文化产业研究中心课题组建立的指标体系里包含了 5 个一级指标 25 个二级指标（见表 4-2）[1]。

---

① 刘燕，李树榕，王敬超. 文化资源学［M］. 南京：东南大学出版社. 2021.

表 4-2　文化资源评价指标体系

一级指标	二级指标	评价权重
资源品相指标	1. 文化特色；2. 保存状态；3. 知名度；4. 独特性；5. 稀缺性 6. 分布范围	权重应来自德尔菲法专家评分合成结果，同时结合当地文化资源调查目的，根据实际情况进行设定和调整
资源价值指标	7. 精神价值；8. 时间价值；9. 消费价值；10. 遗产保护等级；11. 资源关联价值	
资源效用指标	12. 社会效用；13 经济效用；14. 民间风俗礼仪；15. 公众道德；16. 资源消费人群；17. 资源市场规模	
资源预期指标	18. 资源属地的经济发展水平；19. 交通运输便利度；20. 生活服务能力；21. 商务服务能力	
传承能力指标	22. 资源规模；23. 资源综合竞争力；24. 资源成熟度；25. 资源环境	

　　林明华[①]等多位学者提出了文化资源开发潜力综合评价体系，其中包含了 5 个一级指标 21 个二级指标（见表 4-3）。

表 4-3　文化资源开发潜力综合评价体系

一级指标	二级指标	评价权重
文化资源的内在价值	1. 美学价值；2. 历史价值；3. 象征价值；4. 社会价值；5. 精神价值	权重应来自德尔菲法专家评分合成结果，同时结合当地文化资源调查目的，根据实际情况进行设定和调整
创意人员的文化资源认同	6. 文化资源知名度；7 文化资源美誉度；8. 文化资源吸引力；9. 文化资源地理分布范围；10. 创意人员的文化资源偏好	
政府对文化资源的支持水平	11. 政策支持；12. 资金支持；13. 人才支持；14. 舆论支持	
文化资源的市场开发水平	15. 文化产品开发数量；16. 公众对文化产品的社会关注度；17. 文化产品市场需求规模水平；18. 文化产品市场竞争激烈程度	
文化资源的整合能力	19. 文化企业组织开发团队的能力；20. 文化产品开发团队文化资源调查能力；21. 文化产品开发团队文化资源解读能力	

[知识拓展]

文化资源开发效益评估指标体系

　　北京大学文化产业研究院在多年参与区域文化产业规划的经验基础上，参考了国内外相关评估指标的方法与体系，构建了文化资源开发效应评估指标体系（见表 4-1）。该指标体系包括人文价值和经济价值两个一级指标，分别反映了文化资源的社会效益和经济效益，构成文化资源综合效益评估的逻辑结构。

---

　　① 林明华，杨永忠，陈一君. 文化企业视角下文化资源开发潜力评价体系构建［J］. 商业经济研究 . 2015，13：99-101.

文化资源评估体系的指标权重来自德尔菲法的专家评分合成的结果，可以根据当地文化产业发展的具体情况进行设定和定期调整。每个指标可赋予 0~5 分，通过定量的数据分析、问卷调查和专家评分法获取数据，运用平均值进行数据整理，根据每个单项被赋予的相应权重，得到该项文化资源的人文价值总分值和经济价值总分值。

文化资源经过评估后可以按照社会效益和经济效益的双重函数，从低到高进行分类分级，形成四种文化资源品级（见图 4-1）。第一级为强势区，人文价值和经济价值的总分值为 3~5 分，呈现较高的综合价值，可以采取积极的政府扶持政策促进活跃的市场主体参与；第二级为优势区，人文价值总分值为 1~3 分、经济价值总分值为 3~5 分，这种人文价值低而经济价值高的文化资源，可以加强政府规范、发挥市场的主体性，营造自由竞争的文化资源开发环境；第三级为潜力区，人文价值总分值为 3~5 分、经济价值总分值为 1~3 分，这种人文价值高而经济价值较低的文化资源，可以采取政府公共财政投入为主，激励市场主体的社会责任，积极参与公益文化事业；第四级为一般区，人文价值和经济价值总分值为 1~3 分，该项文化资源的综合价值偏低，产业化开发难度较大，由于人们的认识水平、技术条件的局限，在现阶段无法看到该类文化资源的公共需求和私人需求，不具备开发条件。文化资源的评估要受到评估工具的有限性、评估人员的主观性和评估周期的相对性等因素的限制。文化资源的评估是一个动态的过程，各地区应根据区域的经济发展水平、社会发展环境、产业开发能力的变化而不断开展评估和再评估。

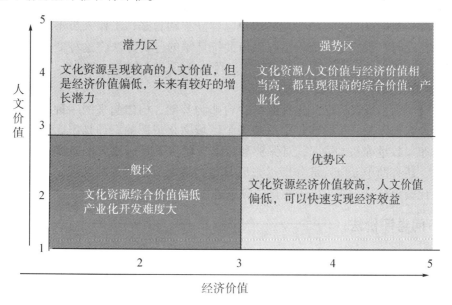

图 4-1 特色文化资源评估结果的品级分布

资料来源：向勇. 特色文化资源的价值评估与开发模式研究 [J]. 北京联合大学学报（人文社会科学版）. 2015，13 (48)：44-51。

第三节　文化资源价值评估的方法

一、统计报表评价法

统计报表评价法是按照统计学的相关方法，对文化资源基础资料进行收集、整理的重要的方法。作为文化资源价值评估的一种基本方法，其主要包括统计台账、异动报表、存量报表等。

（一）文化资源统计台账

统计台账指的是将分散的原始记录资料，按照严格的归档要求登记、汇总，作为一种系统积累统计资料用以登记账册。使用统计台账，工作人员可以把大量繁琐的原始记录资料整理工作分散到平时完成，有效地实现历史资料的不断积累，同时方便工作人员随用随取，跟进工作进度、对比检查、发现问题等。使用统计台账，工作人员可以将文化资源所有资料进行系统化、条理化、规范化，为文化资源的保护、开发提供有效保障。

（二）文化资源异动台账

文化资源并不是处于一直不变的状态，而是处于一个动态变化的过程中。民俗的变化、文物的折损、传统风俗的变迁，都会让文化资源产生变化。异动台账是一种用于及时、准确地记录文化资源变化的表单。建立异动台账，工作人员不仅能对资源发展态势进行及时、积极的评价，还可以借助统计学的分析方法将这种变化转化为资源异动信息，从而对文化资源的发展趋势作出评估分析，减少其中的误差。

（三）文化资源存量报表

文化资源存量报表是以文化资源统计台账为基础，构建起来的一种相对完整的文化资源统计数据体系。其能够集中反映某个区域文化资源的整体情况，如文化资源的种类、分布、数量等基本情况，对保护和传承文化资源具有重要的意义。完整的存量报表数据，还有助于工作人员分析过去以及预测未来文化资源的状况，便于其了解区域内的文化资源存量，并对未来文化资源态势作出判断。

二、问卷评价法

问卷评价法是围绕调查目标形成问卷，向目标人群进行问卷发放，借助专业的统计学软件（如 SPSS、Stata、SAS、R、EViews 和 Matlab 等）对回收的有效问卷进行统计分析，以获取所需信息。

问卷评价法适用于对无法量化的指标进行评价，例如民俗类文化资源、饮食文化资源、民族音乐、宗教文化、乡土风情、地域文化等。问卷评价法一般以文化资源评价指标体系的各级指标的量化为基础，采用定性、定量相结合的方式，这样的调查结果优于简单的专家评审或会议评审的结果。

三、专家系统评价法（德尔菲法）

专家系统评价法又称为德尔菲法，是一种结构化的决策支持技术，它的目的是在信息收集过程中，通过多位专家的独立的反复主观判断，获得相对客观的讯息、意见和见解。具体操作流程如下：组建德尔菲评价专家小组；向所有专家提出所要评价的问题、对评价的相关要求进行说明；各个专家以匿名形式提出自己的意见以及预测依据；收集、整理、统计各位专家的意见进行对比分析，在此基础上提出新的论证意见；将结果再分发给各位专家征求意见；再集中专家的修改意见；如此多次反复；意见逐步趋于一致，得到一个比较一致的并且可靠性较大的结论或方案。

该方法具有匿名性、专家间不可互相讨论、不发生横向联系、多次有效控制的反馈、意见多样性、统计性等特点，一般需要经过 4 轮或 5 轮等多轮反馈才能完成评估。该方法可以避免专家评估小组中少数观点被忽略的局限性。

［章节小结］

文化资源评估指的是在文化资源调查基础上，遵循一定原则，按照某些评价体系和评价方法，对一定区域的文化资源的质量、品位、等级、价值、开发条件等进行研究和剖析、评判、鉴定的过程。有效的文化资源价值评估离不开评估原则，例如可操作性原则、时效性原则、差异性原则、客观性与主观性相结合原则、定性与定量相结合原则、经济效益与社会效益相结合原则等。

文化资源具有多重价值，主要包括社会价值、经济价值、历史价值、艺术价值、研究价值等。在进行文化资源评估时，各地区要根据被调查对象的实际情况选取合适的文化资源评价体系。常见的文化资源评估方法包括统计报表评价法、问卷评价法、专家系统评价法（德尔菲法）。

［复习思考］

1. 文化资源价值构成包括哪些？
2. 文化资源评估体系应该如何选择？
3. 文化资源价值评估的方法有哪些？

［参考文献］

［1］向勇. 特色文化资源的价值评估与开发模式研究［J］. 北京联合大学学报（人文社会科学版）. 2015，13（48）：44-51.

［2］林明华，杨永忠，陈一君. 文化企业视角下文化资源开发潜力评价体系构建［J］. 商业经济研究. 2015，13：99-101

［3］刘燕，李树榕，王敬超. 文化资源学［M］. 南京：东南大学出版社，2021.

［4］李林，杨亚茜. 文化资源学理论与案例［M］. 武汉：华中科技大学出版社，2021.

［5］王海燕，许文兴. 农耕文化资源价值评估模型与应用研究：基于产业开发的视角［J］. 福建农业学报. 2017，32（2）：217-221.

[知识拓展]

农耕文化资源价值评估模型与应用研究——基于产业开发的视角

农耕文化资源价值评估是农耕文化资源产业化运作的关键。本研究在分析农耕文化资源价值影响因素的基础上，建立农耕文化资源价值评估指标体系，运用层次分析法获得各层次指标的权重，结合终极指标的得分方法构建我国农耕文化资源价值评估模型。本研究立足于产业开发视角，根据联合国教科文组织提出的世界文化评估标准和文化资源评价指标体系，结合文化资源价值评估指标框架表、文化资源开发效益评价指标体系和特色文化资源开发价值综合评估指标体系等，构建了农耕文化资源评估指标体系（见图4-2）。

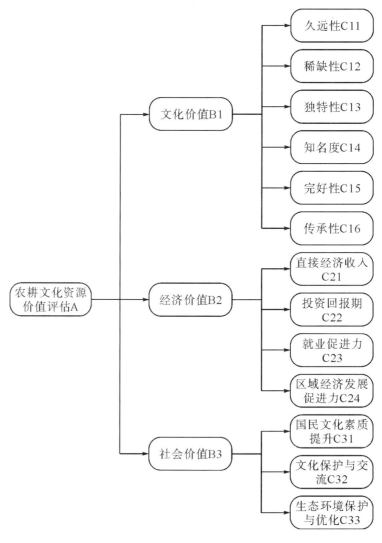

图4-2 农耕文化资源价值评估指标体系

该指标体系符合树形指标设计原则，分为 A、B、C 三个层次。农耕文化资源价值评估 B 层次共包含三个指标：文化价值、经济价值和社会价值。将这三个指标进一步细化，得到了 13 个终极指标。各终极指标的意义如下：

久远性 C11：即时间久远性，指某一农耕文化资源产生的年代，用距离某一时间节点（如 2014 年）的相对长度来测评。稀缺性 C12：指人们在获得所需要的资源方面所存在局限性，这里特指农耕文化资源的供给相对需求在数量上的不足。某一农耕文化资源的数量越少，该资源越稀缺。独特性 C13：指某一农耕文化资源区别于其他类型资源的个性特征。知名度 C14：指某一农耕文化资源被消费者知晓的程度，一般用媒体提及率和公众提及率来衡量。完好性 C15：指某一农耕文化资源的保存质量及其体现的文化内涵的原始程度。传承性 C16：指某一农耕文化资源的传递与继承情况。

直接经济收入 C21：指某一农耕文化资源在某一时期内所创造的总收入。投资回报期 C22：指开发某一农耕文化资源所投入的资金全部回收所需的年限。就业促进力 C23：指农耕文化资源开发与管理所能增加的就业数量。区域经济发展促进力 C24：指农耕文化资源开发对区域经济发展的影响程度。

国民文化素质提升 C31：指农耕文化资源开发在提高国民素质方面所起的作用。文化保护与交流 C32：指农耕文化资源开发在促进文化交流与保护方面所起的作用。生态环境保护与优化 C33：指农耕文化资源开发对区域生态环境的保护与优化的能力。

资料来源：王海燕，许文兴. 农耕文化资源价值评估模型与应用研究：基于产业开发的视角 [J]. 福建农业学报. 2017，32（2）：217-221。

第五章

文化资源保护与管理

第一节 文化资源的保护

■**学习目标**

通过本节的学习，达到以下学习目标：

➤理解文化资源保护的生态学视角。

➤熟悉并掌握文化资源保护的意义与措施。

导入案例

三星堆创建国家文物保护利用示范区

2020年9月，国家文物局公布第一批国家文物保护利用示范区创建名单，包括四川广汉三星堆国家文物保护利用示范区等。三星堆国家文物保护利用示范区是国家文物局公布的第一批国家文物保护利用示范区创建单位。三星堆遗址是全国重点文物保护单位，保护范围达12平方千米，原住居民有8 000多人。这么多人在遗址内生产生活，不可避免地与文物保护存在一些矛盾，这也是国际国内大遗址保护普遍面临的一个难题。为了保护遗址地面地下的文物安全，维护遗址的环境风貌，《四川省三星堆遗址保护条例》做出了一些禁止性规定，比如，遗址内禁止建设危害文物安全或者破坏遗址环境风貌的农业设施；禁止进行打井、挖塘、挖砂、挖渠、取土、垦荒、深翻土地等可能影响文物安全及其环境的活动；禁止种植危害地下文物安全的植物、作物等。

创建国家文物保护利用示范区的重要任务之一，就是要化解保护与发展的矛盾，在保护好遗址的基础上，推进文物保护与经济社会的协调发展，让文物保护的成果惠及人民群众。

三星堆已经在几方面进行了积极的探索和尝试。广汉市人民政府和三星堆遗址管委会对遗址核心区域影响保护的设施、建筑进行拆迁、拆除，提高外迁居民生活品质，从空间上将保护与发展分隔开来，从根本上化解保护与建设的矛盾。同时，对三星堆遗址及周边区域生态环境进行治理，实施鸭子河、马牧河综合治理及景观提升工程，建设绿色生态廊道，提升交通等基础设施水平，让遗址成为当地百姓的美好家园。在搬迁过程中，实行优先就业补"外迁"，居住在重要遗址本体的居民异地安置后，经技能培训合格，优先吸纳在示范区就业，并实行盘活土地补"收入"，通过土地租赁、流转及地权入股分红等方式，增加其土地收益。

此外，广汉市还大力扶持以三星堆核心价值为载体的农旅融合产业发展，在确保文物安全的前提下，培育油菜花季等特色活动，有序发展家庭农场、农业公园、乡村民宿等农旅融合业态，积极推进当地传统产业升级，实现遗产保护与新农村建设统筹协调发展，进一步拓宽遗址区原住居民的就业增收渠道。

三星堆遗址新一轮考古发掘以来，引发国内外极大关注，三星堆博物馆成为爆款打卡点。如何把握示范区创建机遇，进一步做大三星堆文化 IP，是亟待解决的重要问题。三星堆博物馆根据考古发掘与研究进展，定期举办考古成果新闻发布会。博物馆也实时更新讲解词，及时向观众传播科学的三星堆文物与考古知识。与此同时，文物保护与修复馆配合三星堆祭祀坑新一轮考古发掘文物修复展示，让观众共享考古发掘和文物保护的最新成果。在祭祀坑田野考古发掘工作结束后，保护大棚和考古发掘舱将有序对观众开放。

三星堆博物馆新馆建成后，将为观众提供更精彩的展览、更舒适的参观环境以及更丰富的公共教育形式。而原青铜馆将改造为数字体验馆，原综合馆将改造为研学馆，发挥三星堆文物资源的公共文化服务和社会教育功能。

在持续做大三星堆 IP 方面，广汉市人民政府和三星戴盆望天遗址编委员将一手抓品牌形象打造，一手抓品牌价值转化，坚持"宣传+文创"双轮驱动，加快推动三星堆文化创新性传承与创造性转化。

三星堆是世界级的 IP，也是德阳文化旅游的"龙头"。德阳将按照"一核一轴两带五区"文旅产业发展布局，持续发挥三星堆极核作用，加快建设三星堆博物馆新馆，积极申报创建三星堆国家 5A 级旅游景区；将三星堆景区与周边景区同宣传、强互动，促进"景区游"向"全域游"转变、"一日游"向"多日游"延伸。

资料来源：https://baijiahao.baidu.com/s? id = 1728625112139786373&wfr = spider&for = pc。

思考：

1. 国家文物保护利用示范区有哪些？设立保护利用示范区的目的和意义是什么？

2. 三星堆创建国家文物保护利用示范区体现了哪些文化资源保护方式？

党的二十大报告提出，要加大文物和文化遗产保护力度，加强文化遗产系统性保护利用。加强城乡建设中历史文化保护传承，要坚持保护第一的新时代文物工作方针，全面提升文物保护利用水平。党的十八大以来，以习近平同志为核心的党中央将文化遗产保护提升到功在当代、利在千秋的高度，下大力气予以推进。习近平总书记亲自指导、亲自推动，就我国考古最新发现及其意义、深化中华文明探源工程等主题主持中央政治局集体学习，就文物工作、革命文物工作、非物质文化遗产保护工作作出重要指示，向仰韶文化发现和中国现代考古学诞生 100 周年、第 44 届世界遗产大会致贺信。中共中央办公厅、国务院办公厅印发《关于实施中华优秀传统文化传承发展工程的意见》《关于加强文物保护利用改革的若干意见》《关于进一步加强非物质文化遗产保护工作的意见》《关于推进新时代古籍工作的意见》等文件，推动文化遗产保护利用工作不断迈上新台阶。

文化资源如同自然资源一样，也存在因资源的过度消耗而减少或是流失的问题，如果对文化资源的开发利用不当，或是为了追求经济利益开发得过滥、过度，必然会造成对文化资源的破坏，严重的还会危及文化资源的生存。文化资源一旦遭到破坏，将对文化资源现状造成很大影响，对文化的可持续发展不利。因此，保护文化资源如同保护自然资源一样，具有十分重要的意义。联合国教科文组织下辖的世界遗产委员会在全世界范围内对世界各地文化遗产的生存状态进行评估与考察，并且定期公布被列为保护对象的世界文化遗产名单，其目的就是使人类文化遗产得到更有效的保护，延续其文化价值，为人类社会发展服务。

保护文化资源的目的是让文化资源更好地为人类社会服务，让人们从中了解、认识、观赏和体验不同文化资源所包含的独特内涵与价值。文化资源的保护与开发利用应纳入到生态学视野中去加以认识，这对文化资源的保护与开发利用具有十分重要的意义。

一、文化资源保护的生态学视角

生态是关系到社会发展的重要问题，也是困扰人类社会的严峻现实问题。从当今社会来看，人类社会正遭受着从未有过的生态危机，主要表现在：自然资源日益枯竭，水土流失问题十分突出，温室效应不断加剧，生态环境进一步恶化，由此产生了厄尔尼诺现象、沙尘暴、气候异常、雾霾天气等。生态环境的变化不仅在物质层面上对人类社会造成重大影响，也在心理层面上影响着人类生存，导致人类出现焦虑、厌倦与不安等情绪，影响人类社会的正常发展。我们先从生态问题谈起。

生态问题同人类社会息息相关，并具有某种伦理属性。这一点，早在古代思想中就体现了出来。在亚里士多德的学说中，人类与自然是一种生命有机体的存在，是相互联系在一起的，因此被赋予了许多伦理属性，它们之间相互影响。他区别了两类自然客体：有生命的和没有生命的。有生命的东西的行为特性，称为生命本身的原理，被叫作"精神"（psyche），后来称为"灵魂"（soul）。如说某物质是活的，就是说它有灵魂。亚里士多德把这个看作奠定人类伦理意识的最初的生态法则。他描述了三种力（power）或基本的生命行为：营养、感觉、思考。一些生物只有一种（营养灵魂），而有些则有两种（营养和"欲望"或"感觉"），有些则有三种（营养、欲望和思维）。植物只有营养灵魂，就是意味着它只有营养、生长、繁殖能力等特性；动物除了营养外还有欲望，它们的自然行为还包括感觉、希望和感情；只有人类有营养、欲望和思维这三种生命行为。中国传统哲学特别强调对自然法则的维护与遵守。

[资料链接]

道家的生态伦理

例如，"道"是中国传统哲学的精髓，也是中国传统文化的核心。道所确立的本体论就包含着突出的生态意识，它构成的是人与自然的伦理关系。道的根本就在于对自然万物与社会发展规律的深刻认识，它来源于中国哲学的一个更为古老的观念：阴阳调和而化生万物。它以生态为出发点，通过所谓的"三才之道"，把天、地、人相互联系在一起，寻找它们之间的融通性。这就是中国古代所讲的"天人合一"，与我们今天所说的生态观念是相通的，并且包含着生态伦理的意识。

例如，中国古代说的"德"，就是把自然与人类社会联系起来进行思考，并非仅仅指人的道德。它给整个宇宙万物赋予了生命化和伦理化色彩，使之具有了道德属性，并与人类社会发展联系在一起。老子曾说过："道生之，德畜之物形之，器成之，是以万物莫不尊道而贵德。道之尊，德之贵，夫莫之爵而常自然。故道生之，德畜之，长之育之，亭之毒之，养之覆之。生而不有，为而不恃，长而不宰。是谓玄德。"

在道家看来，道生出世间的万事万物，但道不是孤立存在的，它要依赖于"德"。这里说的"德"不能简单理解为我们今天所说的道德，而是指人类同自然界的一种亲密关系。它要求要像对待人一样去对待自然，因为自然也同人一样是有德的。这是一种生态伦理意识，说明中国古代很强调人与自然的生态关系。

资料来源：https://www.jianshu.com/p/e963f022787d。

生态伦理是当代社会提出的重要命题，与此相联系的还有环境伦理、土地伦理、经济伦理等。生态伦理观念起源于人类对自身文明发展历程的文化哲学反思，渊源于人类文明初期对人与自然关系的思考。从哲学的角度来说，它要求人类通过反思自己的生活方式来反思我们自己该做什么、该如何做、该成为什么样的人。有学者这样说道：在人们看来，尤其是在决策层人士看来，科学和技术是解决环境问题的唯一希望，因为环境问题经常包括高度的科技性。尽管从科技中寻求一个迅速补救的方法是诱人的，但环境问题经常并不专门是也不主要是科技方面的问题。环境问题提出了更基本的问题，如我们人类的基本价值是什么、生物本性是什么、生活方式怎么样、在自然界中的位置如何以及我们的社会类型是什么，等等。环境问题提出了基本的伦理学和哲学问题，它与我们追求的目的有关。而科学技术最多是我们达到这些目的的手段。

生态环境的恶化，从根本上讲，并不能归咎于现代文明本身的过错，而是人类面对现代文明所表现出的生态意识的丧失，而生态意识的丧失又与人类过于强调人的主体行为而忽视了客体存在有关。在西方传统文化中，人被看作是伟大的，这是因为作为上帝是伟大的，相比之下，自然是渺小的。这样，人与自然就处于一种不协调之中。所以，长期以来，西方文学艺术讴歌人的主题始终压过了讴歌自然的主题，人类对自然的占有欲和征服欲始终表现得十分突出和强烈，使得人与自然的关系到了现代社会变得越来越对立，尤其是进入到工业社会以来，随着科学技术成为生产力，人与自然的和谐关系出现了危机，生态成了困扰人类社会发展的突出问题。因此，当代西方基督教对其文化传统进行了深刻反思，试图从生态伦理的角度重新阐释上帝、人、自然之间的关系，目的在于建立不同于传统神学的生态神学，实现当代基督教文化的绿色化。

从现代文明发展来看，当代社会的生态危机的根源在于以物质文化为背景的技术理性和以消费文化为目的的享乐精神成为当今社会的主宰力量，前者带来盲目的物质冲动，而后者却造成了精神世界的萎缩与麻木。所以，重新呼唤生态道德，必然成为从根本上消除生态危机的唯一出路。而生态道德的构建又有赖于现代社会人文关怀意识的觉醒，这种人文关怀意识不仅是对人，也是对物、对自然界，这样才能恢复人与自然的天然的、有机的联系，增加人类社会对现代文明的一种反思和批判意识，使人类处于与自然的永久和谐之中。

从生态学的视角看问题，我们会发现，人类处于一种生态的构成关系中，无论是自然界还是人类社会，生态规律都制约和影响着人类社会的发展。文化资源也如同自然资源一样存在生态问题，对待文化资源也要像对待自然资源一样，要从生态保护的视角去看待文化资源保护的重要性，关注文化资源的生存状况，维护文化资源的生态性要求，按照生态性要求保护文化资源的完整性。文化资源保护的生态学视角，正是从生态学上去认识文化资源保护的意义，把自然、文化和人类社会有机结合起来，这样才能更好地体现出文化资源开发利用的生态学原理，在开发中始终贯彻一种生态意识，不至于导致资源破坏性开发。

二、文化生态与文化保护

生态分为自然生态、社会生态和文化生态，它们都会影响到人类的生存和发展。因此，维护好这三种生态关系是非常重要的。本书主要谈到的是文化生态问题，它和文化保护有什么样的关系，为何文化也是个生态问题，把这些问题搞清楚了，我们才能更好地理解文化资源保护的意义。

自然生态指的是自然界的生态特征与生态系统。生态学主要研究影响自然界生态系统发生变化的各种自然因素，如气候、水土、植被、环境等。而文化生态则是从自然生态的视角提出来的，或是从生态学视角看待文化问题，研究文化的生态特征和生态变化如何给文化生存和发展带来影响，以及如何按照生态的要求去保护文化，维护文化的完整性和多样性。如同自然生态一样，文化也有其生态规律与要求，人们也要按照生态要求和生态原则去对待文化，不能违背这个规律和要求，这是文化发展的生态学依据。

文化生态指的是人类与文化的相互关联及其存在状态，包括人与文化之间的相互关系，这种关系就如同自然界中各种事物之间的关系一样，是密不可分的，也是相互依存和相互影响的，体现出生态性特点①。

---

① 陈霞红，林日葵. 文化产业生态学 [M]. 杭州：浙江工商大学出版社，2012：238.

贵州民族文化生态中蕴含于民间文学的和谐共生意识

习近平总书记指出，人因自然而生，人与自然是一种共生关系。"共生"的实质是共存，以及最终实现共荣，它体现一种相互依赖、互助合作的伙伴关系。中国传统的儒家和道家思想很早就开创了天地万物自生并相互联系的理论。在民族民间文学中，少数民族通过将自然人格化、拟人化来描述生命世界、劳动创造、日常生活等，生动地体现了人与自然休戚与共、相互依赖、和谐共生的意识。如《苗族古歌·跋山涉水》描写苗族祖先要搬家，是燕子和喜鹊帮他们找到的好地方。侗族《洪水滔天》神话中有章良章妹请啄木鸟帮忙打开葫芦盖躲进葫芦，乐于助人的兄妹俩救下了蜜蜂，而后得到蜜蜂的帮助，联手画眉与雷婆斗争退洪等情节。贵州苗族、侗族、布依族、土家族等都有讲述牛王怜惜人间疾苦，下凡为百姓耕田犁地的民间故事，所以他们每年四月初八都要祭祀牛王以感其恩。彝族民间故事《母鸡报恩》《老鹰和孤儿》等，都基于动物的生态位恰如其分地表现它们在自然界中的关系，也描述了弱小动物通过人类和其他动物的帮助取得的胜利。仡佬族《毛呼呼借窝》《耗子、老鸹和黄豆雀儿》等动物故事则讲了猫头鹰、喜鹊、斑鸠、岩鹰、老鸹、黄豆雀儿、耗子等惩恶、扬善、扶弱的事迹，寄寓着深刻的教育意义。自然人格化、拟人化是古人在物我不分和对自然认识不足的状态下，以自身为尺度去理解和认识自然界的一种有机自然观。这种自然观在形式上拉近了人与自然之间的情感距离，内容上根植着人与万物相互联系、相互依存、相互照应的观念，反映了人与自然的和谐共生意识。

资料来源：http://www.gzpopss.gov.cn/n190/20220610/i2963.html。

除此之外，文化生态还要求文化多样性，多样性也是文化生态的基本要求，就如同生物多样性是自然界的要求一样。2001年11月，联合国教科文组织通过了《文化多样性宣言》，维护文化的多样性受到全世界的关注，成为国际上一股重要思潮。维护文化的多样性就是维护人类价值观念的多样性、文化传统的多样性，就是尊重不同的价值观和生活方式，就是了解不同的发展模式和发展道路，这对维护世界和平与秩序是非常重要的。保护文化生态就是要保护文化的多样性，它关系到人类文化的发展。

文化生态的提出直接受到了生态学的启发，它是一个跨学科的领域，是自然科学向社会科学的延伸和渗透，它体现了社会学（现代化研究）、经济学（发展经济学）、人类学、民族学、文化学等多学科的交叉渗透，致力于解决现代化以来人类多元文化所面临的生存困境与现实问题，为克服文化危机寻求可行的解决方案。

文化生态与自然生态是联系在一起的，具有很大的关联性。因此，研究文化生态问题应同研究自然生态问题结合起来，从生态的整体联系中去深入思考文化问题，这样才能发现导致文化问题的最终根源。不论是自然生态还是文化生态，生态的最基本的要求都是要维持事物之间的平衡状态，一旦这个平衡被打破，必然会引发生态问题。构成事物平衡的重要依据就是多样性，它是事物发展的生态属性。所以，从生态学视角去思考人类社会的发展，通常就要研究各种与之相关的问题。例如，现代化背景下人类的生存现状，这是一个涉及生态的重要问题，既与自然环境变化有关，也与人类文化发展有关，而这两者又通常是相互联系在一起的。这一研究由于涉及全球性问题，因此常常引起国际组织的高度关注。如联合国教科文组织就曾经以"现代化之下多元文化多民族社会的危机"为主题，协调各国政府机构对这一问题展开深入研究，其目的是寻求文化与社会发展的和谐共生关系，探讨经济发展中文化因素对各国社会发展的影响，以及文化生态所面临的现实危机等。

　　人类社会历史上曾发生过多个在所谓现代化背景下对文化的强行推进案例，这种推进往往伴随着强势文化取代弱势文化的过程，引发了严重的文化生态问题。如美国历史上的西部大开发运动（西进运动），就是随着现代化浪潮的大规模涌入，造成了西部地区少数民族文化（当地土著文化）不同程度的消亡与灭绝，导致了少数民族（如印第安人）生存环境的恶化甚至遭到严重破坏，直接威胁到其文化的生存和延续。再比如澳大利亚土著民族聚居地区，也随着大规模的现代化的到来而引起土著居民对现代生活方式的不适应。还有战后伊拉克所接连不断地发生的种族冲突和暴力事件，都与文化生态所引起的现实问题有关。这些都是使用政治手段、军事手段和经济手段所无法解决的，要从根本上解决这些棘手问题，还得从文化生态上去寻找原因。

[资料链接]

云南苦聪人的文化生态问题

　　以云南苦聪人为例。苦聪人长期以来生活于云南省红河哈尼族自治州金平县境内，属于拉祜族支系。由于历史上种种原因，苦聪人一直居住在深山老林里，新中国成立以来，政府为使他们走出深山老林，给他们安排了新的定居点。1957年，在当地政府和驻军的帮助下，苦聪人第一次走出他们长期生活的深山老林到指定地点定居，改变了传统的以山林为居的生活方式。到了20世纪60年代国内困难时期，他们又重新回到习惯了的原始森林中生活，恢复其游耕迁徙的传统生活方式。1966年至1967年，在民族工作队的动员下，苦聪人再次迁入政府建造的定居点。由于苦聪人的定居在很大程度上是政府主导下的文化推动，属于一种被动的文化转型，因而引起了文化上的极大的不适应感。尤其是从1980年开始的我国联产承包责任制，这种不适应感终于瓦解了苦聪人的定居生活。到了20世纪90年代，苦聪人仍然游耕于原始森林之中。1994年，由于森林保护的需要，当地林业部门只能强制他们回到定居点生活。直到1998年，在专门针对苦聪人的扶贫计划里，解决苦聪人的定居问题仍然是一个首要任务，苦聪人对定居生活无法完全适应。显然，这种由政府推行的定居扶贫计划出发点是好的，也是由政府出面帮助少数民族走出贫苦，引导他们进行现代化的转型，但是，这并没有得到苦聪人的广泛认同，主要的原因就在于，政府没有充分考虑到由文化生态引发的文化适应问题，而是用简单的经济的方式来代替文化的方式，使得苦聪人始终处于一种被动的文化转型状态，而不是出于自我发展的需要。在现代化进程中，这也是许多少数民族所面临的文化处境。这种不适应从根本上讲是由文化生态的变化引起的，在我国少数民族地区类似于苦聪人的这种例子很多。因此，我们要重视在社会发展中引起文化不适应等文化生态问题。

资料来源：https://www.sohu.com/a/346130680_784100。

在当今世界，文化生态问题表现得越来越突出，当今世界很多地区性冲突和国际争端，都与文化生态有关，也就是文化的多样性受到挑战，各种冲突的背后事实上都是文化冲突的反映。因此，文化冲突是文化生态的反映。哈佛大学著名政治学教授亨廷顿说过："在这个新的世界里，最普遍的、重要的和危险的冲突不是社会阶级之间、富人和穷人之间，或其他以经济来划分的集团之间的冲突，而是属于不同文化实体的人民之间的冲突。部落战争和种族冲突将发生在文明之内。"他还引述了西方另一学者雅克·德洛尔（Jacques Delors）的看法："未来的冲突将由文化因素而不是经济或意识形态所引起。"由文化生态引起的文化冲突不能简单地用政治的、经济的手段去加以解决，还是要从文化的层面去思考如何建立一个更符合文化多样性要求的良好的文化生态环境，这才是解决文化问题的根本出路。因此，引入生态学的视角去观照人类文化，去认识当今世界，无疑可以更好地找到解决文化危机和文化冲突的有效途径。

三、文化资源保护的意义

文化资源保护是当代社会的重要主题，它的意义就在于，它可以使文化资源得到更有效的开发利用，避免在开发的名义下人为地破坏和摧毁文化资源，包括文化遗产资源。

在当今社会，保护文化资源犹如保护自然资源一样重要。保护自然资源关键在于维护自然生态的多样性与完整性，维护生态平衡。而生态平衡是自然界的基本法则，也是自然界存在的基础和必要条件，没有生态平衡，就没有自然界。生态平衡就是要合理地开发和使用自然资源。文化资源也是如此，它也有一个生态平衡问题，不恰当地或是毫无节制地开发文化资源，就会威胁到文化资源的生存，打破其生态平衡。而文化资源一旦失去了生态平衡，就会引发各种文化危机，不仅使人类文化传统的延续受到严重威胁，还会直接影响到人类社会的正常发展。

文化资源保护的目的就是维护文化的生态平衡，使文化按照其本身的规律存在和发展，而不是被人为地加以篡改和破坏。在当代社会，文化资源的保护已经到了刻不容缓的地步，引起了国际社会的普遍关注。

1. 现代化进程削弱了传统文化的生存能力和生存空间

随着现代化的进一步展开，人们对现代生活方式的追求变得越来越强烈，这使得传统文化的生存空间在进一步缩小，传统文化的生存能力也变得更加脆弱。尤其是在全球化时代，各种文化之间的差异性越来越小，而趋同性越来越大。这也就是未来学家约翰·奈斯比特和帕特里夏·阿伯迪尼所指出的，21世纪的十大趋势之一是生活方式的全球同一化。但他们也认为，在这种趋势下，"文化的民族化"也将会同时发生，而且会变得越来越强烈和突出，成为一股新的世界力量，影响当今社会的发展。也就是说，一方面，人类生活方式越来越趋同；另一方面，人们又希望维护文化的多样性原则，维护人类社会的多重价值观念，认为这是维护世界稳定秩序的基础。对文化多样性的维护，不仅是出于文化传统保护的需要，也是现实生存的需要。因此我们看到，当今世界每个民族都在竭尽全力保护它的文化的独特性，尤其是对那些文化遗产资源，人们都在不遗余力地加以修复和保护。法国文化部就专门设立了文化遗产司，来对国家遗产资源实施有效保护，这说明法国的文化保护意识非常强烈。再比如，韩国曾经把中国的端午祭等作为非物质文化遗产向世界遗产委员会进行申报，要求列入世界文化遗产加以保护。日本有关部门向联合国教科文组织申报富士山等为世界文化遗产。这些都反映出民族文化保护的强烈意识。

2. 城市化进程加速了传统文化资源的消失

随着城市化进程的不断加快，大规模的城市建设和城市改造不可避免，这种建设和改造在加速城市发展的同时（尤其是加速了城市的现代化进程），必然也会造成对城市传统文化资源的不同程度的破坏，加剧了传统文化资源的消失。我们常常看到，许多城市建设和改造实际上和商业性开发结合在一起，经济利益的驱使使得城市被大拆大建，大量的传统城市文化资源遭到不同程度的破坏，而那些廉价的商业性开发的文化资源随处可见，甚至泛滥成灾，这已经成为城市发展中的突出问题。

［资料链接］

当代城市发展突出的问题是一味追求所谓的现代感，于是不惜拆掉老城建新城，拆掉老街建新街，拆掉老建筑建新建筑，破坏了城市的历史文脉。有些城市人为建造很多充满现代意味的漂亮的仿古建筑和街道，例如开封的宋代一条街、昆明的金马碧鸡坊、大同的古城墙等，营造一种虚假的历史幻象。北京的胡同是北京传统文化的重要载体，是北京文化特色的集中体现，但随着城市现代化建设步伐的加快，高楼大厦越盖越多，胡同已经成为一种濒危文化资源，数量在急剧减少。南京的古城墙过去也在城市建设中被大规模拆除，遗留下来的已经不多。我们看到，很多城市建造得越来越新，越来越充满现代感，但越来越让人感觉缺少内涵，同质化现象越来越突出，这是传统文化资源消失的结果。

在南京中山陵，曾发生过这样一起引起社会广泛关注的事件：某开发商要在中山陵周边开发商品房，据说得到了有关部门的批准，准备动工。中山陵不仅是孙中山先生的陵寝，具有极高的历史文化价值和政治意义，而且周围森林茂密，植被完好，生态环境十分优越，为南京著名自然保护区和城市森林公园。如果在周边地区大规模开发商品住宅区，不仅与整个中山陵的文化氛围极不协调，而且会对周边的生态环境造成严重破坏。时任"自然之友"协会会长的梁从诫先生（梁启超之孙、梁思成之子）得知此事后，不遗余力地加以阻止，并上报国家有关部门，才使得这个事件最终未果。类似这样的例子在国内有很多，并非个案，这说明人们的文化保护意识非常淡薄，文化资源的生存现状不容乐观。

资料来源：张胜冰. 文化资源学导论［M］. 北京：北京大学出版社，2021。

3. "伪文化"对传统文化的冲击

"伪文化"在当代越来越泛滥，对社会造成很大危害，它不但降低了人们的审美品位，使人们停留在一种廉价的、肤浅的文化层面，而且对真实的文化失去了欣赏能力，这显然是不利于文化资源传承的。我国许多城市建了大量的微缩主题公园，往往采用现代化的复制手段，把一些国内外著名文化景观加以拷贝，浓缩在公园中，满足人们一种肤浅的文化观赏心理。这种所谓的文化资源的开发，开发的并不是真正意义上的文化，不过是向人们提供了一种廉价而虚假的文化，属于一种"伪文化"的表现。因此，保护文化资源关键在于保护文化的历史真实性，引导人们去体验真实的文化，在真实的文化情景中去了解历史，体验文化的魅力。这对于提高人们的文化素养具有极其重要的意义。而要做到这一点，首要的就是以生态学的视野保护文化资源的多样性、完整性与真实性，防止文化资源被庸俗化开发。

四、文化资源保护的措施

文化资源的保护，是文化产业健康发展的根本措施，文化资源也是文化产业持续发展的资源。落实文化资源的保护措施，涉及自然维度、政治维度、市场维度、社会维度等多个方面，我们可从以下七点来思考文化资源的保护。

（一）加强评估与监测，促进文化资源的有效保护

围绕党的二十大报告指出的深化文化体制改革、深化事业单位改革、深化人才发展体制机制改革的战略要求，以编制增加和内设机构调整为契机，进一步优化专业结构，补齐学科短板，全面提升理论研究和工程项目实施能力；全面加强制度建设，促进管理工作规范化、科学化，向管理要效率，向管理要效益；秉承"开门办院"理念，加强与高等院校、科研院所的广泛交流合作；建设文化资源保护利用示范基地，实现资源共享、课题共研、项目共推、人才共育、成果共赢，开创文化资源保护利用工作新格局；加强队伍建设，培养和引进一批科技领军人才和学术带头人，从制度上保障事业留人、情感留人、待遇留人，不断提升服务行业、服务大局的能力和水平。

1. 积极推动文化资源管理体制改革

政府对文化资源的管理主要包括完善文化资源的统计调查和更新机制，对其进行详细的调查和记录，建立统一的文化资源数据库，各区域根据区内资源实际情况进行统一科学规划和开发。应依托已有的研究单位成立专门的职能部门，在文化资源数据库的基础上，对文化资源保护与开发的协调性进行定期监测与评估，包括对资源本身改变的评估、对环境影响的评估，以及开发出的产品的综合效益评估等。明确职责，确定一个部门负责文化资源的定期维护和修缮，加大对生态环境、人文环境的保护，做好文化的传承。政府需重视并肯定文化资源的价值。对于经营性的文化行业和文化资源消耗型企业，探索尝试将文化资源作为投入要素纳入成本与效益核算，以此来确保文化资源市场价值的实现，调控文化资源的保护与开发。此外，市场对文化资源的配置虽然是有效的，但是是有限的。市场对文化资源的高效率配置还需要政府进行宏观调控，最大限度发挥市场推动文化发展好的一面，限制、削弱市场阻碍文化发展不好的一面。如非物质文化遗产等文化资源，只靠市场手段配置是不行的，很容易因为获取短期利益而进行粗暴开发，忽视长远的可持续保护，造成开发性破坏甚至消失灭绝。因此，需要政府科学的、适宜的宏观调控来进行存量和流量保护。

2. 加强文化资源的评估，制定科学的保护规划

各地政府应对文化资源进行全面普查、建档、评估。各地政府在对区域特色文化资源进行保护，应整体规划、合理布局；从实际出发，考虑群众意愿，征求专业学者的意见，理论联系实际，制定文化资源保护的详细规划，围绕各大地域特色文化资源

的保护进行专项调查研究，加强政府、科研人员、开发商以及资源地居民的交流和互动；应根据当地的文化资源情况，科学评估其开发价值，重视并明确其在当地经济社会发展中的作用，精准定位，将地域特色文化资源的开发和文化产业的发展纳入各地市整体规划以及旅游规划，实行多规合一；对于相对分散的跨地域较多的文化资源，要做好统筹发展，形成区域一体化的发展格局；同时，要做好文化资源的分类规划，指导文化资源景点形成区域化、本土化、差异化和特色化的发展格局，避免同质化。

3. 动态监测文化资源的保护效果

各地政府应搭建专业智库和学术咨询平台，设立文化资源产业化发展专家咨询委员会（简称"委员会"），协助建立文化资源保护协调机制。对于目前以保护为主的文化资源，在文化资源的保护过程中，委员会要不断对保护引起的改变（文化资源自身的改变和所处环境的改变）和价值的发挥进行评估，从而调整保护的方式或开发的出发点和程度，在一个动态连续的过程中不断对文化资源的保护和开发做出相应调整，实现文化资源保护与开发的动态平衡。同时，委员会对上要为政府文化管理政策建言献策，对下要协助各文化社团和组织，动员公众的广泛参与，配合和推动文化资源的协调性保护；应加强对文化资源保护的过程监管和效果评价监督，确立周期性普查制度，强化对革命文物、文献、建筑等文化遗存的保护。

（二）充分利用"文化+"模式，协调好文化资源的创新性保护

文化资源因地域而异，各具特色，且各区域整体发展水平和文化资源的保护情况也不同。因此，各地政府需精准定位，明确重点与特色文化资源，并全面掌握其保护现状，科学评估，以文化资源的内涵挖掘为主要保护性开发方向。在保护形式上，各地政府应注重以"文化+科技"文化+创意"推动形式的多样化，重点推进文化资源的体验式开发以及影视、动漫、网游开发，以适应现代文化消费市场需求，同时赋予文化资源现代生命力，在一定程度上扩充文化资源存量。

例如山东省以"文化+科技"的方式推进文化资源保护与开发的现代化。科技创新对于文化资源的影视和动漫创作至关重要。在中国影视发展转型期，山东影视认清在全国影视发展中的地位，走特色发展之路。首先，挖掘齐鲁文化独特的文化底蕴，建立 IP 资源库，以此为文化内容和灵魂，采取现代化的形式进行创作。其次，以技术创新为先导，汇聚和培养影视创作、管理、发行等复合人才，发挥新媒体优势，深入挖掘和利用丰厚的齐鲁文化资源，壮大动漫产业，形成多媒体播映、开发、融合的动漫产业发展模式。

我们要围绕党的二十大提出的科技强国目标和国家关于文物科技创新的重大战略需求，积极推进文化资源科创中心建设。着眼未来 30 年国内外文化资源保护需求与发展趋势，建成国内领先、国际一流水平的具有中国特色的文物保护修复科学和关键技术综合性科学理论和技术研究创新中心，文物保护修复科技成果集成、转化和推广基地，全国范围世界文化遗产监测中心，国家级文物保护科技数据中心，综合性文物保护修复国际交流合作与高端人才培养平台，国家文化遗产防灾减灾应急指挥平台，充分发挥文化遗产强国战略的建设者、推动者、示范者和引领者的作用。

（三）坚持传承与创新利用并重，协调好非物质文化遗产资源的保护与当代转化

1. 加强非物质文化遗产的生产性、开发性保护

非物质文化遗产不仅需要简单的保护和抢救，更需要能够以创新的方式将其开发用于文化生产。如非遗的动漫影视开发，既摆脱了非遗传统的表达形式，适应现代文化消费需求，又能借助现代信息化技术充分展现非遗的内涵与魅力。中国有很多家喻户晓的神话传说故事，如梁祝传说、鲁班传说、孟母教子传说等，都为动漫影视的开发提供了特色文化素材。我们只有重视并利用起这些非遗资源，才能为其保护提供持续的动力，为文化品牌的建设打好坚实的基础。

2. 依托特色非物质文化遗产资源，培育和建设农村文化市场

中国许多非物质文化遗产都来源于乡土民间，也传承在民间。加上农村特有的民风习俗，农村拥有培育文化产业的沃土。传统手工艺、土特产加工和园艺栽培与种植是农村文化产业的主体。这些民间手工技艺具有浓厚的地域特色，深得消费者喜爱，不仅能增加农民收入，调整农村产业结构，还能促进这些珍贵的文化资源的保护和传承。因此，我们应该让文化遗产"活起来"，开发性保护助力乡村振兴与新农村建设。农村应充分利用当地非物质文化遗产资源，对非遗资源集中区域进行传承能力评估、产业基础条件评估和外部市场发展环境评估等，合理布局规划。同时政府应加强农村劳动力的手工艺技能培训和市场管理能力培训，充分尊重传统民间手工艺传承的特点，继续发挥家庭内传承和作坊内传承的优势；在此基础上，将其与本地特色的民俗文化旅游和民俗节庆活动品牌相结合，充分活跃本地文化资本市场。政府可考虑运用"众筹"模式，聚合本地资金、技术、人才等文化产业资源，实现本地投资，本地受益，积极培育文化消费市场，积极推动农村文化资源产业化开发的市场建设。

（四）立足文化产业供给侧结构性改革，协调好文化产业的数量增长和质量发展

1. 优化文化产品结构，提高文化产品质量和文化品牌竞争力

文化产业的发展必须立足于供给侧结构性改革。我国要根据新的文化消费生长点，加快推进文化产业转型升级，引导文化产业向高质高端高效发展，提高文化产业发展质量，增加文化产品的有效供给；需化解文化产品低端过剩产能，大力发展新兴文化创意产业，重点培植新业态，提升数字出版、网络文化、动漫游戏等新兴文化业态质量和有效供给；通过政策扶持、奖励等激励手段，扶持创新水平高、文化附加值大的优质的核心层文化产品；提高文化产品的竞争力，以艺术、文学作为文化创意的核心资源，讲出特色的故事，提高文化产品质量，打造特色的、在全国乃至全世界有竞争力的文化品牌。

2. 提高文化企业的文化要素整合能力和经营能力

首先，政府要构建文化生产要素整合平台，提升文化生产力。比如文化信息服务平台。其次，政府需要构建以市场为导向的生产要素整合机制，关注无形资产评估机制，直面无形资产评估这一难题。此外，文化企业需要提高自主经营能力。政府需要在保证社会效益的基础上，让企业自主经营、自负盈亏，降低文化企业对政策的依赖，重视市场机制的自我调节规律，充分发挥文化企业的市场主体地位。

3. 培育文化消费市场，扩大文化消费

优化文化消费政策，增加有效投资和精准投资；创新和丰富文化消费业态，搭建

文化消费信息数字平台；在文化产品的开发过程中，企业应加强对文化消费心理变化的关注，尤其是对当代文化消费者的心理研究，形成不同的文化产品竞争力；组织实施"国家文化消费试点城市"试点，抓好"国家文化消费试点城市"工作，激励文化消费，营造文化消费浓厚氛围；完善文化消费扶持补贴制度，推行文化消费卡，实施奖励性消费，增强人们的消费意愿，扩大文化消费。

（五）加强对文化资源及其所处环境的保护力度，促进文化资源的可持续利用

党的二十大报告提出要建成文化强国，需要加大文物和文化遗产保护力度。我们要紧紧围绕党的二十大报告提出的繁荣发展文化事业的要求，主动将文物工作融入党和国家发展大局。加强城乡建设中历史文化保护传承，统筹好文化遗产保护与经济社会发展，全面保护好古代与近现代、城市与乡村的历史文化遗产，在城乡建设中树立和突出中华文化符号和中华民族特征。在历史文化名城名镇和传统村落保护、考古遗址公园建设的过程中，努力改善当地的生态环境、居民的生产生活条件，带动区域产业结构调整和升级，带动城市复兴和乡村振兴。积极推动文物有效利用，促进文旅融合，推动文物保护单位、世界遗产地、博物馆成为特色旅游目的地，推出更多红色主题旅游景区景点，吸引更多游客参与红色旅游，传承红色基因，赓续红色血脉，发挥好革命文物在爱国主义教育、革命传统教育、思想道德教育等方面的重要作用。

1. 加强对文化资源的保护

政府要加强文物保护利用和文化遗产保护传承，采取适当的方式实施抢救性保护。一是真实地记录传统文化。二是建立原始型的民俗村，保留传统民俗文化的火种。三是全面加强民俗文物抢修，禁止一切可能危害或破坏文物古迹的活动。景观文化资源的开发应注意资源存量保护，开发应在不破坏生态价值的基础上，在开发过程中要注重原生态自然风光的保护和原生态景观韵味的维持，避免开发性破坏和景区过度商业化。四是保持传统文化资源的原真性，防止过度商业化，杜绝亵渎和曲解。

2. 加强对文化资源所处环境的保护

文化资源的协调性保护与开发还要实现文化资源开发与其所处的自然环境和人文环境保护的协调。首先，对自然保护区的保护，要处理好数量与质量、保护区与周边社区的关系。其次，认真落实《中华人民共和国自然保护区条例》及相关法规，提高各类型自然保护区管理的有效性。最后，要加强文化生态软环境的保护，加强对非物质文化资源的文化内涵保护，防止虚假宣传、过度包装等，维护文化生态软环境。

（六）重视公众参与及宣传教育，促进文化资源的协调性保护与开发

以人民为中心的发展思想贯穿于党的二十大报告始终，体现了党的理想信念、性质宗旨、初心使命。文化资源是公共资源，人民共享是文化资源保护利用的出发点和落脚点。我们要进一步加大文物保护单位开放利用力度，同时借助互联网、3D技术、新兴数字终端等技术让藏在"深闺"的文物进入公众视野，走进公众生活，构建起线上线下相融合的传播体系，使其在提供公共文化服务、满足人民精神文化生活需求方面更好发挥作用；进一步加大历史文化名城名镇和传统村落保护力度，持续改善老百姓居住生活条件，提高经济收入水平，不断增强人民群众的获得感、幸福感；进一步拓宽社会力量参与文物保护利用的深度和广度，努力实现多方共赢，在共建中实现共享；大力培育以文物保护为宗旨的社会组织，为文物保护志愿服务搭建管理平台，使

文物保护志愿服务成为时代的责任担当，让文物保护成为人们的生活方式和行动自觉。

1. 拓展公众参与渠道

教育可为文化资源的保护与开发提供一个有利的社会氛围和后续的人才库，使文化资源得以可持续利用。文化资源的协调性保护与开发需要公众的意识觉醒和行动参与。公众既作为文化资源的传承者，也作为文化资源的开发者和文化产品的消费者。因此，文化资源协调性保护与开发的每一环节都需要公众的支持。第一，对于民俗文化中的传统民间技艺等文化资源，各地要加强传承，保护其存在价值。第二，对于文化资源的参与开发者，无论是政府部门官员还是企业员工，都必须加强培训和学习，优化人才的质量，因为他们关系到基层项目实施或产品生产的具体落地细节，所以其参与必须保证质量。第三，作为文化产品的消费者，每位公民都有义务对文化资源保护与开发进行监督并主动参与，配合文化部门组织的文化资源开发和保护的评价，包括对文化产品的评价，保护良品，驱逐恶品。将公众的意见作为评价的重要依据，是实现文化资源保护与开发动态平衡的重要环节。

2. 重视文化遗产的宣传教育

完善公共文化服务体系，强力推进公共文化服务体系均等化和大众化，建立公共文化服务的城乡联动机制，大力推进城乡基层公共文化服务圈建设，增加农村公共文化服务总量，加大对基层图书馆、阅览室、农家书屋、居民点、外来人员集聚区的资源配置力度。充分利用新媒体，借鉴"区域文化联动""网格化公共文化服务""文化超市"等做法，为广大人民群众提供"菜单式"的配送文化服务，同时面向公众宣传，提高全社会的文化遗产意识和文化资源的价值认知及重视，逐步深化公众对文化遗产等文化资源的认识、理解、关注，培养珍爱遗产并积极参与到文化遗产保护与管理中的良好风尚。此外，要重视对中小学生的文化遗产教育，结合社会普及教育、专业教育、和职业教育来为文化遗产保护管理提供一个有利的社会氛围和后续人才库，使文化遗产资源持续被重视，持续发展，永续相传。

3. 加强现代公共文化服务体系建设

我们要拓展公众的参与渠道，加强宣传教育，还需加强现代公共文化服务体系建设作为基础保障。要推进公共文化服务均等化，提高公共文化服务能力，提升公共文化产品和服务供给品质和效率，培育公共文化服务发展新动力，创新和完善公共文化管理机制和运行机制，加大公共文化服务保障力度。在推进公共文化服务均等化方面，需增加农村公共文化服务量，完善农村公共文化场地设施，城市需扩大未成年人、老人、城市低保户、农民工等人群的公共文化服务，增加针对盲人等残疾人士文化服务需求的公共图书、视听读物、专题节目等，完善公共文化场所的无障碍设施。在推进公共文化服务大众化方面，丰富公共文化的服务内容，利用网络新媒体探索更加便利的服务模式，推进相关文化惠民工程的落地。

（七）加大资金技术人才投入力度，增强文化资源的协调性保护能力

1. 进一步调动社会资本投资积极性

文化资源的保护需要资金、技术、人才等方面的支持保障才能健康、稳定地发展。社会资本是文化资源保护与开发付诸实施的重要保障，也是文化资源与创意和科学技术沟通的关键桥梁。政府应加强引导，使社会资本与文化资源有效对接，促进社会资

本介入文化资源开发利用的体制创新和机制更新。创新使用新型融资方式，如众筹、PPP模式等，形成多渠道、多层次的文化资源投融资体系，推动社会资本与文化资源的快步对接。

2. 加强现代科学技术在文化资源保护中的应用

因地制宜，因资源而异，加强现代技术在文化资源保护与开发中的应用，如现代分析技术、监控预警系统、虚拟现实、互联网等。如可利用3D、VR、动漫技术等在遗址、故居处将历史事件等进行还原，让体验者能够身临其境、重温历史。抢占先机"文化+科技"，发展动漫产业。深入挖掘区域内传统文化内涵，在动漫角色、角色服装、道具、音乐、故事情节等方面注入优秀传统历史和民俗文化，并与现代元素相结合，以漫画和动画两种形式满足现代市场的多样化需求。同时，加大自主研发能力，鼓励原创精品，大力开发网络图书、服装等衍生品，延长产业链。

3. 培养文化资源专业人才

文化资源的保护，人才是最根本的问题。我们应在高校开设文化专业课程，设立专项基金，建设文化产业人才培养和交流基地；加强高端人才的引进和管理工作，完善人才激励和基本保障机制，给人才创造良好的就业环境；加强培训和考核，提升其理论水平和业务能力，鼓励创新和竞争，盘活人才市场，持续不断地为文化产业输入和培养高素质业务人才和管理人才。

[资料链接]

城乡建设，如何保护历史遗存、守住文化根脉

在城乡建设中，历史文化是不可缺失的灵魂。党的十八大以来，习近平总书记多次关心历史文化保护传承工作，并就此作出一系列战略部署，为我们正确对待历史文化遗产、将其与城乡发展更好融合指明了方向。

2021年，中共中央办公厅、国务院办公厅印发的《关于在城乡建设中加强历史文化保护传承的意见》中强调，要"建立分类科学、保护有力、管理有效的城乡历史文化保护传承体系"，明确提出"到2025年，多层级多要素的城乡历史文化保护传承体系初步构建""到2035年，系统完整的城乡历史文化保护传承体系全面建成"。当前我国城乡历史文化保护传承体系建设情况如何？下一步应当怎样切实改进、不断完善？

2021年11月，国务院批复同意将安徽省桐城市列为国家历史文化名城，我国第138座国家历史文化名城由此产生。

桐城为什么"能"？展读这座城市的建设史，可以发现，桐城重视从点滴入手、从细节做起，通过树立标识、标牌、古城地图等手段，让重要山水格局和历史环境要素"亮出来、亮起来"，并通过雕塑、小品、街头公园和博物馆等形式讲述"桐城派"文化，突出历史文化记忆。桐城还设计了多种活化改造路径，在社会各界的参与支持下，对文保单位、历史建筑等进行活化利用，原址复建了"七省通衢坊""凤仪坊"等一批历史地标性建筑。如今，这座千年古城焕发青春活力，实现了历史文化街区保护和人居环境改善的双赢。

桐城的做法，是我国广大城乡近年来保护传承历史文化的缩影。

历史文化遗产生动述说着过去，深刻影响着当下和未来。习近平总书记在主持召开中央全面深化改革委员会第十九次会议时强调：要本着对历史负责、对人民负责的态度，建立分类科学、保护有力、管理有效的城乡历史文化保护传承体系。为深入了解我国城乡历史文化保护传承的现状与不足，并探寻改进路径，课题组开展了广泛调研，形成此报告。

一、亮点纷呈：文化自信被激发，老城释放新活力

2021年元旦，位于福建福州下杭路181号的罗氏绸缎庄多了一个新身份——福州市非遗展示馆。自开馆以来，闽剧、评话等传统曲艺和传统手工技艺走进古厝，古厝在非遗的"装扮"下更添风姿，很快成为热门打卡地。近年来，福州持续推进古厝修缮保护和活化利用等工作，通过"古厝+非遗"的方式实现文化旅游和商业融合连片发展，让古厝持续释放新活力。

白墙灰瓦雨如烟，古意石桥月半弯。家住北京东城的张先生几乎每天都会和家人来到三里河散散步、看看景。"虽说是冬天，也觉得咱北京城更灵动、更滋润了"，张先生说。近年来，北京在尊重历史、传承文脉基础上进行绿色生态修复，推动文物腾退修缮利用，并和周边功能有机结合，"老胡同新生活"的宜居社区让百姓幸福感更强了。

党的十八大以来，在以习近平同志为核心的党中央领导下，我国城乡历史文化保护传承工作坚持统筹谋划、应保尽保，用创造性转化、创新性发展的方式将保护传承工作融入经济社会发展，体现出以下突出亮点。

制度不断完善，法规持续健全。自1982年国务院公布首批24座历史文化名城以来，我国的历史文化遗产保护名录等制度不断完善。截至2021年12月，我国共有138座国家历史文化名城、312个国家级历史文化名镇、487个国家级历史文化名村、6819个村落列入中国传统村落保护名录。目前，我国基本形成了以文物保护法、城乡规划法、非物质文化遗产保护法、历史文化名城名镇名村保护条例、文物保护法实施条例等为主干的历史文化保护法律法规体系。很多省区市的文物保护法规条例也随之完善。例如，2019年10月1日，河北省首部古城保护专门法规《石家庄市正定古城保护条例》正式实施；2021年3月1日，《北京历史文化名城保护条例》开始实施。

巧用"绣花功夫"，杜绝大拆大建。2018年10月，习近平总书记在广州考察时强调，"城市规划和建设要高度重视历史文化保护，不急功近利，不大拆大建。要突出地方特色，注重人居环境改善，更多采用微改造这种'绣花'功夫，注重文明传承、文化延续，让城市留下记忆，让人们记住乡愁"。为贯彻落实习近平总书记重要指示精神，不少地方采用"绣花""织补"等微改造方式，增加历史文化名城、名镇、名村及历史街区、历史地段的公共开放空间，补齐配套基础设施和公共服务设施短板。例如，南京小西湖探索以小规模、渐进式的"微更新"精细化建设地下微管廊，有效解决了长期困扰当地的市政服务和维修问题。

科技赋能保护，提供创新体验。在日新月异的新科技助推下，许多城市已实现城乡历史文化遗产管理的数字化、信息化和精准化，为游客和居民提供更具现代感的创新体验。例如，海口和广州的骑楼街保护项目中，采用了建筑材料病理诊断、修复与

监测等前沿技术；上海推动优秀历史建筑的智慧监测，通过安装智能监测设备，及时发现、高效处置违法破坏行为。数字技术还为历史文化遗产创造了更多元的体验途径，让历史文化通过动漫、音乐、短视频等方式进入社交网络，以青春面貌呈现在人们面前。比如，由腾讯与秦陵博物院联合推出的"数字秦陵"小程序，带来了全新的数字文旅体验。

融入生产生活，助力文旅产业。很多地方通过"非遗+文旅"等方式，在实现文化传承目标的同时推动文旅等相关产业更好发展。例如，广州建设粤剧博物馆，发展恩宁路传统粤剧历史文化街区，吸引了10余间非遗大师工作室落户，使得广彩、广绣、珐琅、骨雕、榄雕等非遗项目在街区集中呈现，成为一张独具特色的城市"文化名片"；江西景德镇恢复了传统制瓷作坊与红店（专门在陶瓷白胎上进行彩绘加工的店铺），通过"集群式传承""非遗研学"，使景德镇古窑景区重新焕发生机活力。

多方共同参与，全程发挥作用。城乡历史文化保护传承具有很强的社区治理特征，各地普遍倡导"共建、共治、共享"的治理模式。例如，济南组织老住户成立历史文化名城保护志愿服务队；厦门与广州建立"共同缔造"工作坊，组织居民、媒体、专家等共同参与历史街区保护工作；北京、上海、成都、广州等地积极调动高校、研究设计机构专家担任社区规划师，全面提升保护修缮、活化利用、文化展示等方面的专业水准。一些地方还探索建立了特色化激励机制，促进各方力量共同参与历史文化保护。例如，南京小西湖项目中被评估为危房的建筑，在翻建时可以获得市区两级政府给予的额度为40%~60%的财政补助，提升了居民对自持物业更新修复的积极性。

加快城乡统筹，融入发展大局。近年来，历史文化保护传承逐步融入城乡发展工作全局，广大干部群众保护历史遗存、传承优秀文化的自觉性积极性不断增强。各地通过完善工作机制，将历史文化遗产保护前置于城乡规划中，积极统筹保护与发展的关系。例如，北京西城区把历史文化名城保护与优化首都核心功能、提升城市品质、创造美好生活等结合起来，推动历史街区风貌整体改观；江苏南京《秦淮区"十三五"老城保护更新实施方案》、浙江绍兴《绍兴古城保护利用条例》，都通过"市属区管"方式，在全市范围内将新区开发获得的收益按一定比例转移到老城保护，填补了古城保护的资金缺口，并为城乡融合发展提供机遇。

二、堵点尚存：流量难引"留量"，关注难变效益

随着城镇化进程加快，一些古村落正面临自然衰败和人为破坏双重威胁。前些年，浙江宁波就启动了市级历史文化名村评选。从相关部门的回访看，虽然大规模的破坏减少了，但很多村落面对历史文化保护传承重任仍感"心有余而力不足"，最大的困难就是"缺政策、缺资金"。此类情况在全国并不鲜见。

厦门鼓浪屿近年来因过度商业化、基础设施缺失、环境质量下降等原因饱受争议。为改变现状，厦门颁布实施了《厦门经济特区鼓浪屿世界文化遗产保护条例》，修编了《鼓浪屿文化遗产地保护管理规划》等文件，坚持"加强岁修，减少大修"的原则，重点开展三一堂、三落姑娘楼、八卦楼等核心要素的保护修缮和活化利用。但怎样更好调动广大居民参与保护传承的积极性主动性，还需更多思考和行动。

城乡历史文化保护传承是一项综合性工作，既要统筹发挥各行业、各部门作用，又要充分调动社会力量，体现城乡历史文化的综合价值。当前，我国城乡历史文化保

护传承主要存在以下短板和不足。

活化利用的动力不够。历史文化保护传承需要投入大量资金，其成本普遍高于一般新建项目，特别是旧城风貌保护、老旧房屋修缮、市政设施改善等，资金需求量更是巨大。同时，因历史遗存的产权往往不易集中，活化利用难以形成规模效应，基本不具有显著的短期经济效益回报的特点。目前活化利用的资金主要来自政府投入，社会资本参与积极性不高，加之有意愿、有能力推动开发利用的本地居民持续流失，社区"自我造血"的功能性不足。

开发导向的路径依赖。我国城乡建设普遍遵循改革开放以来的新区开发经验，提倡由车行交通尺度、大型公共空间、密集高层建筑形成的城市空间。此类空间成功激活了城市经济发展的效能，但其房地产化的路径却影响了城市更新中的历史文化保护传承。在开发导向的利益驱动下，一些城市历史文化保护的底线不断被突破，老旧社区、历史文化街区建成环境本应倡导的"微改造"模式，因难以快速获得高额回报而被"挤出"。

权利责任的制度失衡。城乡历史文化遗产中仍有大量日常使用的民用建筑，如广州已公布的历史建筑中，超七成拥有居住功能，该类建筑的保护责任人多为城乡居民。在保护开发过程中，存在保护责任厘定、物权收益保障、公私利益的平衡等无法回避的议题；同时，历史建筑修缮维护难度大、耗时长、花费多，而补助门槛高、补助金额低、补助流程烦琐，未能充分激发业主自主维护积极性。

精细治理的能力不足。历史文化遗产保护涉及普查、确定、保护、修缮、改造、利用、监管、处罚等一系列工作，需要全流程、多部门的统筹管理，考验着城乡精细治理的能力。当前，政府、社区、市场尚未形成很好的协商联动机制，文化保护优先、利益分配均衡的共建共治共享工作平台有待搭建。

三、如何提升：在全链条全要素上下功夫

河北正定是国家历史文化名城。2013年启动古城墙保护工作时，不少人担心"古城不古"。针对争议，正定提出以现状整修和遗址保护展示为主、整体修复为辅的工作思路，研究出台了《石家庄正定古城保护管理办法》。为防止"老宅子"被新建筑淹没，正定制定实施了《正定县（正定新区）总体规划及古城风貌恢复提升规划与实施》等多项规划，严格控制文保范围及建控地带内的建设，确保建筑高度、体量、风格、色彩与古城和谐统一。如今，"登得上城楼、望得见古塔、记得住乡愁"已成现实，古城与人们的美好生活和谐相融、相映生辉。

把"文化价值优先"作为城乡治理的底线思维。很多大拆大建、拆真建假的破坏现象，根本原因在于文化价值优先尚未成为地方治理的思想共识。为此，要将历史文化保护传承作为底线思维贯彻到城乡规划建设各环节，扫除地方治理盲区，着力构建城乡历史文化保护传承体系。

把文化遗产评估作为城乡建设的必要程序。推动文化遗产评估纳入城市体检，对其价值要素予以确认，并以名录、保护规划等构成决策和行政许可的依据。针对具体的历史街区，在规划编制中增加专项的文化遗产评估内容。基层应切实承担历史文化遗产日常巡查和保护的职责，筑牢守护历史文化遗产的头道防线。

把强化考核问责作为保护传承的重要红线。加强对破坏城乡文化遗产的处罚惩戒力度，健全历史文化保护传承监督考核和责任追究制度，落实属地政府负责人的第一责任，形成"不敢破坏、不能破坏、不想破坏"的阻遏效应。

把活化利用作为文化引领的创新实践。通过理念创新、制度创新，让城乡文化遗产的保护传承与日常生活、技术进步融合起来，推动历史街区、传统建筑的绿色改造和功能提升。特别是将城乡历史文化的"遗产价值"转化为综合发展效益，融入当下美好生活。

把长效运维的支持机制通过明确权责、共享技术完善起来。为推动历史文化遗产利益相关者从"不想保"转向"主动保"，应合理分担保护责任，落实历史文化保护传承补偿、补助，鼓励多渠道设立文保基金。推动跨行政区文化遗产保护协作，建立区域共享的保护利用数据库、专家库、志愿者库等。

资料来源：https://m.gmw.cn/baijia/2021-12/30/35416259.html。

思考：

1. 文化资源的保护具有什么意义和价值？
2. 试着总结归纳案例体现了我国城乡文化资源保护的哪些措施？

第二节　文化资源管理

■学习目标

通过本节的学习，达到以下学习目标：

➤了解文化资源管理的意义，了解我国文化资源管理面临的问题与对策。

➤熟悉并掌握文化资源管理的方法与机制。

导入案例

故宫文化资源管理新模式

让收藏在博物馆里的文物、陈列在广阔大地上的遗产、书写在古籍里的文字都活起来，丰富全社会历史文化滋养。这是习近平总书记的殷切嘱托，也是中国文物工作者的生动实践。

故宫是中国古代劳动人民的智慧创造，是中国古代建筑理念的集大成者，也是中华文明的重要保存地。近年来，故宫博物院全面贯彻习近平新时代中国特色社会主义思想，深入贯彻"保护为主、抢救第一、合理利用、加强管理"的文物工作方针，落实"保护为主"思想，全面深入挖掘故宫蕴含的人文精神和多元价值，推动智慧博物馆建设，以人民为中心开展创新服务，促进博物馆事业高质量发展，为全国文化资源管理工作做出先行探索。

强化"保护为主"思想，筑牢文物安全底线，故宫博物院形成了"设施最完善、技术最先进、管理最严格"的博物馆安防理念和管理体系。通过推动建设应急指挥平台、提升安防系统功能、开展院藏文物防震、改造地下文物库房、维修改造升级博物馆基础设施、提升视频监控系统智能化水平等一系列措施，不断加强博物馆安保工作科技含量，促进实现技防、人防、物防相结合，提升了故宫博物院风险预防水平。备受瞩目的国家级文化设施故宫北院区项目，目前已取得国家发展改革委对可行性研究报告的批复，完成设计方案重大调整，力争今年开工，届时将极大解决大量大型珍贵文物因场地局限而长期无法得到及时、大规模的科学保护和有效展示的问题。此外，在制度管理、人才队伍等方面亦出台系列管理制度和应急预案，软硬件合力确保故宫平安。

着力夯实博物院发展的智力基石，故宫博物院推出一系列可持续性的人才培养计划，大力推动专业技术人才队伍和高技能人才队伍建设，构建世界文化遗产保护研究人才高地。2021年故宫博物院实施"英才计划"，首批共40位导师67位学术助理组成"英才小组"，充分发挥研究人员积极性，促进学术研究和后备人才培养。针对古建修缮、文物修复等重要技能型岗位，通过举办非遗传承拜师会、开展技艺培训及实操等形式，充分发挥师承制传帮带的作用，强化高技能人才培养。此外，"太和学者"计划、"文渊学者"计划相关工作也在逐步推进，未来将为促进院内外、国内外人才交流互动发挥重要作用。

推动智慧博物馆建设，实现文化遗产永久保存和永续传承。故宫博物院持续推动文化与科技的充分融合，把博物馆搬上"云端"，将藏品数字化，激发文化创造力，让更多人受益。

故宫博物院开展信息化建设已有30个年头，是国内较早进行网络建设的博物馆。通过优化网络办公平台、推动文物数字化保护、推动数字资源高效管理与利用，不断提升文物科技创新水平，逐步形成信息网络高效安全、内网平台支撑服务能力较强、文物数字化保护成果丰硕、数字资源利用与展示体系健全的数字故宫体系，努力建设智慧博物馆。

充分利用最新的信息技术，故宫博物院对各类藏品逐项制定基础二维影像采集标准，重点加强文物基础影像采集工作，截至2021年共拍摄文物75万余件，积累了丰富的数字资源。在此基础上，故宫博物院明确"数字文物"概念，并建立面向公众的"数字文物库"，现已完成第三期建设，公开发布近7万件文物影像，并实现与"藏品总目"同步更新。此外"故宫名画记"上线631件（套）故宫院藏书画文物。近年来通过"全景故宫"，观众可免费获得春夏秋冬不同时间、三大殿等不同主题的游览体验。

以人民为中心开展创新服务，多渠道提升中华文化国际传播能力。积极发挥文化引领风尚、教育人民、服务社会、推动发展的作用，让文物活起来。故宫博物院近5年来举办教育活动、公众讲座、展览共7 200余场次。策划约70个院内精品展览，赴境内文博机构等办展、参展127项。与凤凰卫视合办的《清明上河图3.0》高科技互动艺术展，超140万观众参观，获"文化创新奖"，并参加"伟大的变革——庆祝改革开放40周年大型展览"。"发现养心殿——主题数字体验展"获2018国际文化遗产视听与多媒体艺术节金奖、第二届国际数字遗产案例竞赛技术创新奖。开发"故宫的时节""藏品有话说"等线上音视频课程，并以"穿越紫禁城600年""恢宏的故宫中轴的奥秘"等为主题开展直播 50 余场，点击、浏览、播放量超 10 亿人次。与中央广播电视总台、北京广播电视台、中国东方演艺集团有限公司等多家机构开展跨界合作，分别推出文博类综艺节目《国家宝藏》《上新了故宫》、纪录片《紫禁城》、舞蹈诗剧《只此青绿》。这些举措展现了故宫及其文物的历史价值、文化价值、审美价值、科技价值、时代价值，让人民享有更加充实、更为丰富、更高质量的精神文化生活，进一步增强了文化自信。

积极拓展对外交流平台，为中华文明与世界多元文明交流对话搭建桥梁、织就纽带，积极构建人类命运共同体。故宫博物院近 5 年引进展览、赴境外办展 36 项，在全国博物馆海外综合影响力排名居领先地位。其中，赴日本举办"让文物活起来——故宫文创展""传心之美：梵蒂冈博物馆藏中国文物展"在国内首次展出梵蒂冈博物馆藏中国文物。举办世界古代文明保护论坛、驻华使节故宫文化沙龙、使节进故宫等对外文化交流活动。同时，与国际博物馆协会藏品保护委员会、意大利文物保护与修复高级研究院、大英博物馆、东京国立博物馆以及伊拉克共和国文化、旅游和文物部等 15 家机构签署合作谅解备忘录、合作意向书、合作协议，与阿联酋、肯尼亚、乌兹别克斯坦、瑞士、美国、希腊、澳大利亚等国联合开展考古、文物修复等工作。与各国文博界交往的不断深化和保护世界文明多样性的"朋友圈"不断扩大，使得故宫博物院能代表中国在文博界发声，提升中华文化国际传播能力。

真实完整地保护并负责任地传承弘扬故宫承载的中华优秀传统文化，是故宫博物院的神圣使命，也是故宫博物院对国家对人民乃至对整个世界的庄严承诺。故宫博物院按照"十四五"规划，坚持高质量发展，着力深化改革创新，努力将故宫博物院建成国际一流博物馆、世界文化遗产保护的典范、文化和旅游融合的引领者、文明交流互鉴的中华文化会客厅，为推动社会主义文化繁荣发展、建设社会主义文化强国作出新的贡献，为实现中华民族伟大复兴的中国梦凝聚起文化力量。

资料来源：https://baijiahao.baidu.com/s？id＝1724797702859226582&wfr＝spider&for＝pc。

思考：

1. 依据故宫文化资源管理案例，政府在此过程中担任着何种角色？

2. 政府保护管理文化资源的重要性在哪里？

习近平总书记在谈文化资源保护的同时也多次强调，要优化对文化资源的管理。习近平总书记在中央政治局第二十三次集体学习时指出，要建立健全历史文化遗产资源资产管理制度。要把历史文化遗产保护放在第一位，同时要合理利用，使其在提供公共文化服务、满足人民精神文化生活需求方面充分发挥作用。要健全不可移动文物保护机制，把文物保护管理纳入国土空间规划编制和实施。

文化资源具有分散性、流失性与变动性等特点，因此，对文化资源实施有效管理不仅是十分必要的，也是非常迫切的。从世界范围来看，文化资源的管理在世界许多国家受到了高度重视，各国通过不同的途径、方式和管理模式来对文化资源进行有效管理，积累了很多好的经验和做。文化资源管理涉及很多方面，有政府的管理，也有民间机构、学术团体和其他社会组织所发挥的独特作用。从管理手段来看，其有宏观管理，也有微观管理；从管理类型上看，其有行政管理、法治管理，也有行业管理等。

党的二十大报告提出，坚持把社会效益放在首位，社会效益和经济效益相统一，深化文化体制改革，完善文化经济政策。在文化资源的管理上，要深入贯彻落实党中央关于全面深化改革部署要求，围绕建设社会主义文化强国等重大任务，明确文化领域全面深化改革的主攻方向、战略重点、任务举措。持续深化"放管服"改革，加强政策调节、市场监管、社会管理、公共服务职能，优化营商环境。持续深化国有文艺院团改革，加快构建以创作为核心任务、以演出为中心环节的体制机制和政策体系，充分激发文艺院团活力。推动国有文化企业深化改革、加快发展，进一步加强党的领导，完善公司治理。以构建公共文化新型空间为重点，推进县级文化馆图书馆总分馆制建设、公共文化机构法人治理结构改革，推动基层公共文化机构与新时代文明实践中心建设协调发展。完善以高质量发展为导向的文化经济政策，加强文化法治建设，为文化改革发展提供坚强保障。

一、文化资源管理的作用

文化资源具有所有权非私有的特点，因为历史上的很多文化创造都是一种社会性的创造活动，尤其是文化资源中的历史文化遗产，更体现出这一特点。因此，文化资源在很大程度上属于全社会共有的一种资源，属于社会公共资源。正因为如此，对文化资源如何实施有效管理，就成为十分重要的问题。文化资源管理是世界上很多国家都面临的问题，因而引起各国政府的高度重视。其作用主要表现为：

（一）有助于从根本上建立科学有效的管理体系来保护文化遗产

从国际经验来看，文化遗产是一个国家的一种稀缺资源，如何加以有效保护，这涉及文化资源管理问题，很多国家在这方面都形成了较为严密的国家文化遗产管理体系，进行有针对性的管理。例如，以黄石国家公园等为代表的美国国家公园体系，是世界上对文化遗产实施有效管理的突出代表，这个管理体系组织完备，结构严密，符合对文化遗产管理的体系化要求。美国虽然没有专门的文化和旅游部作为联邦政府的文化管理部门，但美国成立了美国国家公园管理局这一专业管理部门，有效地保证了对文化遗产资源管理的需要。美国国家公园管理体系主要由七部分组成，这七部分构成了一个庞大的体系，分别为国家纪念馆系列（National Memorial Line）、国家军事公园系列（National Military Park Line）、国家首都公园系列（National Capital Park Line）、国家矿泉系列（National Springs Line）、国家墓地 系列（National Cemetery Line）、国家公园系列（National Park Line）、国家纪念地系列（National Monument Line）等①。在1916年以前，这些系列分别隶属于不同的联邦管理部门，包括了美国当时的战争部和农业部等。之后成立了内政部国家公园局，进行归口管理。1933年，时任美国总统富兰克林·罗斯福签署法令，将战争部、农业部所属的国家公园和纪念地，以及国家首都公园等96处保护性用地划归国家公园局管理，管理机构的这一改变极大地增强了文化遗产资源的管理，扩大了国家公园体系的管理权限、职能和管辖范围，有效地加强了对国家文化资源的管理力度。在西方国家中，加拿大、澳大利亚、新西兰等都采用这种集中管理的做法，收到了很好的效果。法国则专门由文化事务部下属的文化遗产

① 顾伊，陈淳. 美国"文化资源管理"的镜鉴［J］. 文物世界，2001（1）：18-24.

司对文化遗产资源进行集中管理。

（二）防止文化资源的流失与破坏，维护文化资源的完整性

对于文化遗产资源来说，最大的问题是如何控制游客数量对文化遗产资源带来的不利影响。英国文化遗产专家迈拉·沙克利曾以世界一些著名遗产地为例说到，好的管理计划可以大大减少游客对遗产地所带来的影响，而且在实施上也非常有效。例如在智利复活节岛，在墙壁上乱涂乱抹以及蓄意破坏的现象已几乎杜绝，但是考古学家仍然担心一种叫毛阿伊的石像会遭到自然侵蚀。哈德良城墙的残骸没有得到科学的保护，还常常被人攀登。但有人争辩说应允许游客这样做，以便让游客得到更深的体验。在埃及吉萨，有些素质低的游客会攀登碑碣，随意破坏，爬墙，乱扔垃圾，乱涂乱抹，还在涂有石灰岩的建筑上随意小便，等等。在吉萨金字塔附近，有些游客还从墓地走过而不顾其重要性。导致这种行为出现的一个重要的原因，是文化遗产地附近没有解释说明的标识牌等东西。在波兰克拉科夫，最糟糕的就是在一组组招牌和旗帜上刊登一些不恰当的广告，以此来为一些私营企业做宣传，但这些东西破坏了游客的审美视线，的确是有碍观瞻。

像迈拉·沙克利所说的这种情况在世界很多遗产地都不同程度地存在，这里涉及如何加强对文化资源的有效管理、采取什么方法和措施进行管理等问题。例如，我国流行的"黄金周"这种全国集中休假的方式，虽然使人们有了较充裕的时间去旅游观光，并且有效地拉动了经济的增长，刺激了消费，为国家创造了财富，但黄金周也给文化遗产保护工作带来了沉重压力，使很多文化遗产地由于游客的蜂拥而至而受到一定程度的破坏。为此，全国政协委员、文化部敦煌研究院原名誉院长樊锦诗曾指出，黄金周这种形式必然带来游客集中参观所导致的大量人流，这恰与文物保护较高的环境要求形成尖锐的矛盾，黄金周无异于给文化遗产带来一场"劫难"。一些文物陈列室内四处都有"请勿触摸"的警示牌，但不少游客还是抑制不住好奇的心理，要用手去触摸。据统计，每年触摸莫高窟壁画的游人，占总参观人数的百分之三点九。游客身上携带的水汽、热量和呼出的二氧化碳极易引起洞窟内温度、湿度、墙体表面温湿度及窟内二氧化碳浓度的变化，造成壁画的褪色、起皮、脱落。保护莫高窟须长期采取一系列措施，严格限制客流量。

类似于莫高窟的这种情况在全国很多地方都存在，这里涉及如何对游客进行管理的问题，包括游客的组织出行方式、限制游客数量、处理好文物保护与地方旅游收入的关系等。很多文物管理部门建议，在我国，改变人们以团队为主的出游方式，是有效保护文化资源的重要措施。据调查，以团队形式组织出游，是我国旅游业的最主要的方式，尤其是一些重点风景名胜区，团队出游的比例更高。以张家界武陵源为例，调查数据显示，团队游客高达45.8%，而散客为54.2%，这显然对文化遗产保护是不利的，因为过多、过于集中的团队游客会使得景区不堪重负。团队出游会带来以下问题：

（1）让风景区拥挤不堪。旅行社总是倾向于把人们带到游客最集中的地方去，这使得风景名胜区尤其是核心景区变得更加拥挤不堪，并且不得不因此修筑满足团队旅游需求的配套设施，从而加剧了因修建旅游设施造成的对环境的破坏。

（2）团队旅游一般为观光游，不利于旅游活动的升级。团队游客带来的"一窝蜂"

现象，不利于人们的旅游体验活动的开展，这仅仅只是走马观花式的游玩，并不是真正意义上的旅游。

（3）团队旅游的导游所使用的电喇叭、集中的人流形成的噪音等对野外动物栖息环境不利。在世界一些旅游业发达的国家和地区，为了减少对文化资源的破坏，一般都对风景区的游客采取一定的限制，一是限制人数和规模，二是不鼓励团队方式。

为了更好地加强对我国文化遗产资源的管理，2006 年 3 月，国务院下发了《关于加强文化遗产保护的通知》，并决定从 2006 年起，每年 6 月的第二个星期六为我国的"文化遗产日"。但时至今日，我国文化遗产保护工作虽然取得了不小的成效，但文化遗产保护意识并未真正深入人心，"保护性破坏"仍然十分突出，保护的同时又在破坏，因此文化资源状况不容乐观。

（三）有利于文化资源的有效整合与合理开发利用，防止出现滥用和庸俗化开发

文化资源是人类文明的结晶，它凝聚着人类的智慧，记录着人类的历史，具有很高的开发利用价值。因此，世界各国都非常重视对本国文化资源的开发利用，它不仅可以有效地促进社会经济发展，而且可以弘扬本国文化，激发人们的爱国热情，丰富人们的精神文化享受。越是历史悠久的国家，文化资源就越丰富，也就越重视对文化资源的开发利用。文化资源的开发利用与文化资源管理是同等重要的，对文化资源的有效管理可以更好地促进文化资源的开发利用，也更有利于文化资源的整合，使文化资源的价值更能被世人所了解。

我国是一个文化资源十分丰富的国家，很多文化资源在世界上具有独特性。但在缺少政府有效监管的情况下，各地难免会出现各自为政的情况，为了地方的利益而损害国家的利益，最突出的是对文化资源的过度开发，或是不惜人为地造假，制造出所谓的"世界遗产""伪文化资源"、"假民俗"等。据报道，我国近年来就出现了所谓的"八卦村""太极星象村"，有的地方还大建根本就不存在的"名人故居"等，甚至人工建造了大量的仿古建筑，冒充所谓文化遗产来向世人展示。这些毫无历史根据的"伪文化资源"的开发模式，不但破坏了文化的真实性内涵，也败坏了文化遗产的名声，从根本上讲，这是对文化资源缺乏有效管理导致的混乱现象。由此可见，加强文化资源管理，对规范人们的行为、切实保护那些具有历史文化价值的文化资源极为重要。

近年来，我国有关部门在文化资源管理方面加大了力度，进一步规范了管理措施，出台了许多管理文件和规定，加强管理体系和政策法规体系的建立。从 1986 年起，我国先后十余次向联合国教科文组织申报世界遗产项目（包括自然遗产与文化遗产），并对列入申报项目的文化遗产资源进行有效管理。截至 2022 年 10 月，我国共有世界遗产56 项，其中 18 处是具有全球普遍价值的遗产。在 56 项世界遗产中，属于文化遗产的占了 38 项，在世界上名列第二位。应该说，我国的世界遗产申报工作比起西方国家起步要晚，相应的在管理上还有很多不完善的地方。例如，住房城乡建设部在城建司下专门设置了世界遗产与风景名胜管理处，加强了对遗产资源的政府管理。2004 年，住房城乡建设部城建司专门下发了《关于做好〈世界自然遗产、自然与文化双遗产〉预备名单申报工作的通知》（建城函〔2004〕113 号文件），从 2005 年开始，我国正式设立了《中国国家自然遗产、国家自然与文化双遗产预备名录》（简称《国家遗产名录》），建立了遗产资源申报管理的国家遗产名录、世界遗产预备名单、世界遗产名录三级政府申报和管理体系，进一步完善和健全了我国对遗产资源的管理机制、申报机制和保护机制，为我国遗产资源的有效管理奠定了体制基础。

（四）文化资源管理为文化资源产业化转化提供了制度保障

从产业层面来说，文化资源具有形成产业的条件和可能，文化资源本身不是一种产业，但它经过一定的开发，可以转化为产业，这个开发实际上是对文化资源的整合过程，在整合中使文化资源去适应文化消费市场的需要和满足人们的精神需求，并形成特定的文化产品形式。这样一来，文化资源也就具有了产业的属性。

产业属性最直接的呈现方式是文化产品，它是为直接适应市场需要而生产出来的，它离不开政府对文化资源管理所发挥的独特作用。这个作用主要体现在两个方面：一是可以确保文化资源在转化为文化产业过程中政府作用的发挥，包括政策法规、市场环境、文化服务、制度建设等。从文化资源到文化产业，从内部运行来讲，这是市场对资源配置的结果，但从外部来看，其又与政府规制的制定密切相关。二是文化资源变为文化产品，成为一种产业形态，除了离不开市场的作用外，也离不开政府的监管作用。

政府监管是一种行政作用的发挥。文化产业更是如此，这是因为，从产业的角度来说，文化资源的开发利用更多的是从市场需要考虑的，如果缺少有效的政府行政监督和管理，人们在文化资源的开发中就有可能过分地迎合市场需要而忽略了文化资源保护的要求。在这方面，每个国家都根据自身的国情制定出了符合本国需要的文化管理制度，以及相应的文化政策法规，其目的是更好地保护本国的文化资源，使文化资源得到更合理有效的开发利用。例如，法国是世界上最重视文化资源保护的国家之一，为了保护文化资源的价值，在文化发展中非常强调政府对文化的管理作用。为了保护本国文化，法国在国际事务中一再坚持"文化例外"的原则，认为文化产品不应列入关贸总协定所规定的自由贸易范围，这样就为政府发挥对文化的监管作用提供了法律依据。

二、文化资源管理的方法

在许多国家，文化资源的管理成为整个文化管理中的一项重要内容，在如何对文化资源进行管理方面各国具有不同的做法，无法形成一种行之有效的普遍方法。它们事实上都是根据各国不同的国情需要而制定出的。而且，对文化资源的管理与对自然资源的管理显然具有明显的不同，自然资源涉及的是物，而文化资源涉及的是与人有关的东西。文化资源承载着一个国家或民族特有的历史文化传统，它包含着人类特定的价值观念、道德观念、审美观念等精神内核，因此，文化资源具有鲜明的意识形态属性以及国家和民族的色彩。正因为如此，对文化资源的管理与意识形态的管理有密切关系。就文化管理而言，越是强调意识形态的国家，就越重视对文化的管理，它往往是通过政府的行政作用来加强对文化的管控；而越是意识形态淡薄的国家，越是不主张由政府直接出面进行文化管理，而是采取政府间接管理的模式，认为政府主要是充当制定规则的人，而不是一个管理者，认为政府的干预作用越少，则管理得越好。这种管理强调政府要充分放权，让社会机构来行使具体的管理职权，而不是由政府来包办代替。政府只管一些更为宏观层面的事务，而不包揽具体事务。这种管理理念已成为西方国家较为普遍的一种文化管理模式，如西方国家中比较盛行的"一臂间隔"的原则，就是这种文化管理模式的体现。

[资料链接]

西方文化资源管理"一臂间隔"模式

"一臂间隔"（arm length）是西方文化管理的一种特有模式，也称为"分权化"（decentralization）。它原指人在队列中与其前后左右的人保持相同的距离，后成为文化管理的一条重要原则。该原则最先运用于经济领域，主要是针对一些具有隶属关系的组织，它们在实施各自的营销计划、处理各种复杂经济事务时具有相互平等的法律地位。"一臂间隔"主要是就文化管理中的分权管理而言的，它取代了以往的政府集中管理的模式。一些地区比较热衷于这种文化管理模式，例如我国香港地区，在文化管理上也强调"分权"的管理理念，形成了一套行之有效的管理模式。这一管理模式从我国香港地区的实际需要出发，有效地整合了各种文化资源，促进了我国香港地区文化的繁荣与发展。我国香港地区的文化行政决策、执行和监督机构是分别设置的，主要由中国香港特别行政区的文化委员会、艺术发展局、民政事务局下设的康乐及文化事务署各负其责、互相协调，同时还设立了不同层次的专家咨询机构或委员会，以体现决策的科学性和民主性。政府赋予这些管理部门以相应的管理权限，并与这些具体的管理部门保持一定的管治距离。在文化投入方面，中国香港特别行政区政府遵循分类管理、收支分离、间接资助的原则，实施双轨制的文化投资战略，即政府与民间共同投资，鼓励社会各界对文化进行投资，并参与对文化的管理，实行高度的市场经济体制和与之相配套的灵活的管理机制，政府只负责管理和资助公益文化事业，不直接干预文化产业层面上的经济事务，主要由市场运作进行管理。

资料来源：张凌云，刘威. 欧洲文化遗产保护及对中国的启示：评《旅游文化资源：格局、过程与政策》[J]. 世界地理研究，2010，19（3）：168-176。

这种管理模式在自由经济体制下有效调动了社会资源参与文化管理，有助于文化投融资的多元化，也减轻了政府的负担。但是，就文化资源管理而言，它比较适合产业层面文化资源的管理，因为产业层面的文化资源与文化经营活动密切相关，它主要是受到市场因素的驱动，所以，这种管理必然要考虑如何适应市场经济对文化资源管理的要求，使文化资源管理与市场经济要求相互配合、相互促进。相反，对于公益性文化资源管理来说，由于它的非经营属性，这种管理应由政府来充当比较合适，即把它当作一项公益事业来对待，而不是从商业的角度考虑问题。这更有益于社会发展对文化建设的要求，无论是西方资本主义国家还是其他国家，坚持政府对公共文化事业的管理更有利于文化资源的保护与开发利用，使文化资源免遭破坏或用于商业开发的目的。

从政府对文化资源的管理来说，结合当今世界各国普遍的经验与做法，文化资源管理的方法可分为垂直管理、分散管理、交叉管理、公众参与等不同形式，这些不同的管理方法都要通过政府作用的发挥来实现。

（一）垂直管理

垂直管理是指政府对文化资源进行集中管理，它是一种直接管理的模式。政府对文化资源加以集中管理，其目的是便于掌握文化资源的总体分布状况，制定文化资源保护与开发利用的长远规划和战略目标，并加以具体实施，减少管理上的麻烦。世界上有不少国家都采用这种管理方法，它体现为对国有资源的一种有效管控，因为文化资源属于国家的公共资源，理应由国家出面进行管理，行使国家对文化资源的管理职能。

垂直管理又分为国家层面的垂直管理和地方层面的垂直管理。垂直管理采用的是自上而下的方式进行管理，管理部门一条线下来，形成管理的连续性与完整性。一般来说，国家层面的垂直管理主要负责管理全国范围内的重大文化事务，或国家级的文化遗产资源的管理，制定相应的管理规定和政策法规等；地方层面的垂直管理则主要负责管理涉及地方管理权限范围内的文化事务。世界各国由于国情的不同，在对文化资源的管理上，有的以国家层面的垂直管理为主，例如美国的国家公园管理局、法国的文化遗产司等；有的则主要依赖地方政府进行管理。在我国，文化资源管理体现了与我国的国情相适应的特点：我国实行的垂直管理，既有国家层面的，也有地方层面的，两方面相互配合，形成了从中央到地方自上而下的管理体系。这种管理体系有利于政令的上传下达，上下配合，各负其责，形成严密的管理体制；其缺点是管理层次和环节较多，影响管理效率。

（二）分散管理

分散管理属于一种平行式管理，它采用非集中的、分散的方式进行管理。这种管理一般是由若干个部门牵头分别进行管理，在管理上目标明确，具有针对性，也容易调动各部门之间管理上的积极性与主动性，发挥它们的作用。分散管理与集中管理有一定的联系，集中管理同样涉及很多不同的部门，但这些部门一般具有隶属关系，而分散管理涉及的部门不一定具有隶属关系。集中管理能够很好地对遗产资源实施有效管理，有利于遗产资源的保护，集中力量开展相关的研究活动，政府资金流向较为集中，容易发挥资金的有效作用。但不利的是，它在向公众宣传遗产资源的价值方面表现得不够积极主动，缺乏应有的热情，并且难以解决对遗产资源可持续保护和开发的资金需求。相反，分散管理则比较容易解决遗产资源可持续保护和开发的资金问题，同时各级管理部门也有很高的积极性与主动性来向公众宣传遗产资源的价值，并且利用市场规则收取合理的费用（如景区门票等）用于遗产的保护工作。但分散管理也有明显的不足，一般来说它没有很强的动力来保护遗产资源的长期价值和对遗产资源进行深入研究。

在我国，分散管理主要是一种部门管理，我国由于幅员辽阔、人口众多、情况复杂，加之文化资源丰富多彩，在对文化资源的管理上，都由国家或地方政府来管理是不现实的，也很难做到。因此，除了国家和地方政府的集中管理外，更多还是要依靠各有关部门来分散管理，即行业管理。在世界其他国家中也有这种情况，它构成了国家和地方政府管理的一种有效的补充。

（三）交叉管理

交叉管理主要指的是管理部门之间工作上的相互交叉关系，形成一种相互补充、相互配合、彼此协作的密切关系，构成了一个分工合作的管理网络，其工作流程具有交叉性与互补性。上面我们说到的垂直管理（集中的）和分散管理（非集中的）事实上都涉及交叉管理，属于管理上的既有分工又有合作的关系。但管理上过于强调交叉，也会给管理带来不利。由于种种原因，我国在文化管理上的交叉性比较突出，表现为管理部门多、管理层次多，很多部门的管理存在着交叉重合，给管理带来很多不便和烦琐，无形中也增加了管理成本。我国涉及文化资源管理有多个行政部门，如文化和旅游部、国家文物局、国土资源部、工业和信息化部、住房和城乡建设部等，这些部门都与文化资源管理有关，在管理的权限和职能范围上存在着交叉与重叠。其优点是各部门齐抓共管；缺点是管理层次过多，没有一个主管部门来统管这项工作，造成责任不清，任务不明，出了事容易出现互相推诿的现象。

（四）公众参与

公众参与是现代社会实施管理的一种有效形式，一个有效的社会应注重去调动公众对社会公共事务管理的积极性与多方参与的意识，让全社会都来关注公共事务的管理，它是对政府管理和部门行业管理的一种重要补充。对文化资源管理而言，公众参与属于社会化管理的一种形式，有了广大公众的积极参与，可以有效提高人们对保护文化资源意义的认识程度，在全社会营造一个关注文化资源、维护文化资源的良好社会氛围，这样也就使得管理更富有成效，也极大地降低了政府在文化资源管理方面的成本。

三、文化资源管理的机制

文化资源管理机制是指各种不同管理功能的综合发挥和协同作用，每一种管理都不可能是单方面的，它与其他管理形式是并存的，共同行使管理的职能。不同管理形式之间的相互配合与相互作用，使得管理的综合功能得以充分发挥，形成一种有序的管理机制。就文化资源管理而言，其管理机制可以归纳为以下几方面。

（一）政府管理

政府管理是文化资源管理的主导因素，包括代表国家的中央政府和代表地方的地方政府，都属于政府管理的范畴。文化资源属于一种社会化的公共资源，这方面的管理更应该由政府来承担，政府应把它当作一项长期工作来抓，并投入大量的人力、物力和资金，成立专门的管理机构，制定有关的政策法规。总而言之，政府应该通过建立一种长效机制对文化资源实施有效管理。政府在这方面的作用是不可替代的，因为政府管理文化资源往往是从国家层面来考虑问题的，其出发点是从国家利益去看待文化资源的意义，维护文化资源的传承性与稳定性，避免短期行为和商业动机，这从根本上来说更有利于文化资源的保护与持续利用。

政府管理文化资源是世界上一种较普遍的形式。美国早在一百年前就形成了国家公园管理体系，属于政府对文化资源直接管理的管理模式。这种管理模式在西方国家中运用得比较普遍，是一种非常有效的对国家公园及遗产进行管理的管理方式。

[资料链接]

加拿大国家公园的管理机制

以加拿大国家公园及遗产的管理方式为例。加拿大地广人稀，幅员辽阔，自然资源非常丰富，文化资源也十分独特，最初这里只有少量的土著印第安人和因纽特人居住，后来大量的欧洲移民和其他国家的移民移居到这里，但定居的历史并不很长，而且大部分居住在靠南部地区，很多地方由于气候和自然条件等原因，并没有多少人居住，所以，自然生态环境保护得十分完好。

加拿大在对国家公园管理方面深受美国的影响，把国家公园看作是一种重要的文化遗产资源，也把它看作是一个具有特殊功能的文化产业，因此特别注重对它的管理与经营。如很多类似于美国黄石国家公园那样的国家地质公园和森林公园，被加拿大列为自然保护区进行管理，这构成了政府文化管理的一项重要内容。在加拿大，遗产的概念更多地指自然保护区之类的自然遗产，如山川、河流、森林等，这与加拿大这方面的资源比较丰富有关。这些自然遗产与国家公园具有密切关系，很多就分布在国家公园范围之内。加拿大发展文化产业的一个突出特点就是对这些国家公园与遗产实行有效保护与综合开发利用，把它们看作是国家的重要文化资源。早在1911年，加拿大通过了《自治领森林保护区和公园法》，在这个基础上后来又诞生了《加拿大国家公园法》（1930年），截至2022年年底被列为国家公园和国家公园保留地的有39处之多，覆盖面积达25万平方千米，约占加拿大国土面积的2.5%。这些为加拿大开展以户外观光、体验与休闲为内容的文化产业项目奠定了基础。正如有学者指出的："加拿大的遗产河流流经国内众多的国家公园和省立公园。连同河流沿岸的地区，它为游客提供大量的户外活动机会，包括划独木舟、放帆船、坐游艇兜风、垂钓和河边宿营。南纳汉尼河以其白水漂流而闻名于世，而当地的弗吉尼亚瀑布每年也吸引数以百计的游客。马塔瓦河流经安大略省的萨缪尔·尚普兰两座省立公园，为游客提供了大量的划独木舟的机会。在安大略省南部的格兰德河流域沿岸，河流保护局在域内开设了大量的野营地。2000年9月，在域内的埃洛拉市举办国际犁耕比赛期间，有18 000多人参观了格兰德河保护区主题展览"穿行于你的分水岭"。格兰德河流域保护局还发起了"杰出河水项目"计划，其目的是以可持续开发的思想为前提，规划日益增长的户外休憩利用的需要。该组织在保护内陆河流系统方面业绩突出，同时积极参与加拿大遗产河流计划，其在2000年9月的国际希斯河流大会上荣膺国际河流大奖。总之，通过国家公园、省立公园和地区公园之间的合作，加拿大遗产河流体系为开展户外休憩活动和发展地方旅游经济作出了巨大贡献。

资料来源：http://ca.mofcom.gov.cn/article/ztdy/201804/20180402734514.shtml。

（二）社团管理

社团管理主要是指一些行业组织所发挥的管理作用，这些行业组织大都是行业协会和群众团体，是民间自发组织起来的一种社团，对行业中的公共事务通常能起到维护作用，如国际上的绿色和平组织，我国的"自然之友""登山者协会""动物保护协会"等。社团是一种自发性的组织，是一些志同道合者为了共同目标、共同爱好、共同兴趣与探究需要，或是某种共同利益与愿望而自愿形成的行业组织，其管理往往是松散的，并不像政府管理那样带有强制性；但它对本行业内的事务往往比较了解和熟悉，又有专业背景，因而在行业内有一定的发言权，能起到对行业内公共事务的维护作用，甚至比政府的强制性管理还起作用。社团管理有时候成为政府行政管理的有力支持者；而有时候又形成对政府管理的一种反对力量，起到对公共事务的监督、纠偏作用，这对于促进政府行政管理的合法性与有效性是非常重要的。

（三）民间管理

民间管理是民间自发的一种管理，它对民间文化资源起到了管理和维护作用。尤其是政府管理顾及不到的地方，民间管理往往能发挥出它特有的作用。民间是一个十分广义的概念，它与人们的日常生活联系在一起，具有最充分的民众基础。民间孕育着丰富多彩的文化资源，是民俗文化的重要来源，很多民俗文化资源都以民间的形态存在，如歌舞、戏曲、民间工艺、建筑、绘画、雕刻、风俗习惯、节日、宗教信仰、民间故事、传说等。这些文化资源都分散在广大民众之中，成为人们日常生活中喜闻乐见的大众文化表现形式。除了各级政府对这些文化资源的管理外，我们还要发挥民间管理的职能。民间管理是民众自我管理的一种机制，它是根据现实需要而由公众参与的一种自我管理，它不像政府管理系统那样严格依赖规章制度和条文。民间管理大都属于自发型的管理，其规范虽不会十分严格，但也具有一定程度的管理效用，能有效地维护民间文化资源的完整性，起到对文化资源的保存、维护、发展、传承的作用。

民间对文化资源的管理主要是依托于村落、街道、社区等基层组织形式，但它不是通过政府的职能来体现的，而是建立在"公众参与""社区参与"的基础之上的自我管理和约束机制。例如，很多少数民族地区文化资源十分丰富，少数民族对文化资源的管理主要是通过村落、社区等民间形式来实现的。在许多少数民族地区，宗教信仰、习俗惯例、民间禁忌、乡规民约等传统文化观念所起的作用比起政府的政策规定等管理措施还要突出，对人们的行为更有约束性，这在客观上对文化资源和自然资源起到了有效的保护作用。

［资料链接］

侗族文化资源的民间管理

居住在贵州黔东南地区的侗族，是一个人数比较多的少数民族，有 250 多万人。侗族属于南方古老的百越民族之一，历史非常悠久，形成了本民族独特的文化传统和习俗。侗族的鼓楼、风雨桥、音乐（大歌）等，是侗族文化的结晶。他们对本民族传统文化的维护主要是通过传统文化观念来实现的，体现了民间自我管理的特点。侗族依山傍水而居，其居住文化非常独特，侗家村寨大多建在低缓的山坡下，山水环绕，森林茂密，河流溪涧穿越其间，与自然生态融为一体。侗族人的生态意识非常强烈，保护自然生态已成为他们的文化传统。在侗族人的眼里，山、水、树、草等自然物，都是有生命的，与人类相存共处。这些自然物不仅有属于自然的生命，也有属于神性的生命。人们与它们相处，必须相互和谐共处。侗族人清晨起来到井边挑一挑水，要先打个草标投进水里，再对着井神说一声"惊动了哩"，以表赔个不是。草标的意思是草惊动了井神，这样，井神便不会迁怒于人。到了儿女成家立业、修建房屋时，人们需要到寨前村后的山林里砍树，这也是欠了树神的债。待家中有了儿女后，要立刻到山岭上栽种几十百把小树苗，以示补偿。

另外，侗族还是一个道德自律很严格的民族，古老的"侗款"成为维系人的道德行为的重要民间习惯，起到了对社会与文化传统的维护作用。"侗款"是一种乡规民约，它是村寨与村寨之间的联盟，是一种民间的自治和民间自卫的地域性组织。侗族喜欢聚族而居，由几个大村寨或由几百个邻近的村寨联合议事，叫"小款"。它属"款"的中层组织，一般以水域或河段划分地域范围。凡牵连到寨与寨之间的民事纠纷或重大案件，就由小款出面解决。每个小款都有一个款首，他是从寨里自然形成的威信最高的家族"宁老"中经过选举产生的。据研究，侗族社会中的"侗款"最早来源于原始社会的婚姻习俗，它是一种原始联盟的形式。"款"在侗语中含有"情人"的含义，也有"朋友"的意思，后来由这种婚姻连接逐渐演变为一种村寨与村寨、地域与地域之间的联盟组织。当然，这主要指的是过去的文化传统习惯，在现代社会中，传统习惯发生了很大改变，一些新型的符合现代社会要求的管理方式不断出现，取代了以往主要依靠乡规民约的古老的管理方式，但那些古老的民间组织和传统观念仍然发挥着巨大作用，在某些方面甚至起到不可替代的作用。

资料来源：https://www.fx361.com/page/2018/1123/4546156.shtml。

（四）部门管理

部门管理通常是指行业内的管理，它与政府管理有密切关系，因为政府管理是通过各职能部门来实现的，这种管理也属于一种归口管理。

部门管理的特点是政策性强，目标清楚，任务明确，措施到位，强调规划性，是一种有针对性的管理。对文化资源管理来说，部门管理是一种更为直接有效的管理，体现了管理的连续性和有序性。所谓部门，通常指的是业务主管部门，这些部门都是政府根据需要设立的，部门之间的管理工作具有交叉性，在管理的具体运作中特别需要加强彼此合作与相互协调，这是部门管理的突出特点。如对遗产资源的管理，在法国，是由国家文化事务部下辖的文化遗产司统一管理，它负责管理凡是涉及文化遗产的各类资源。而在我国，涉及文化资源的由多个主管部门进行管理，属于风景地的遗产资源主要是由住房城乡建设部所属的风景名胜管理部门进行归口管理。从垂直管理的构成来看，各地又有相应的设在住房城乡建设部下面的风景名胜管理处，以及设在各风景区的风景名胜管理局、管委会等进行管理。另外，那些非风景区内的遗产资源（如物质文化遗产与非物质文化遗产）又由文化部门来进行归口管理。对于文物资源来说，其则是由文物部门进行管理，国家有国家文物局，地方有地方文物局、文物处等主管部门。由于管理上与文化部门的工作具有很大的关联性，所以文物部门往往与文化部门合署办公。部门管理在我国文化资源管理方面占据着主导地位，是代表国家和政府管理的一种管理方式，其管理职能的发挥对我国文化资源的现状和维护具有重要影响。

（五）市场管理

市场管理是通过市场机制来进行管理，成为其他管理方式的重要补充。在市场经济条件下，通过市场的手段来加强对文化资源的管理，是当今各国政府普遍采用的做法。市场管理可以减少管理上的行政壁垒和障碍，克服管理上的"盲区"，尤其是部门管理上的官僚主义、本位主义、集团利益等，从而有助于文化政策的推进和落实。

市场管理是市场经济的产物，它遵循市场经济的原则来进行管理，体现了市场经济的作用，但文化管理与经济管理具有很大的不同，不能完全照搬市场经济的原理，还必须要考虑文化的特殊性。经济管理可以按照市场经济的一般规律进行，市场经济的一般规律是靠市场机制来发挥作用，市场机制是"一只看不见的手"，对经济活动起着调节作用，即通过市场来调节供求关系的变化。而文化管理则主要是靠文化政策来发挥它的作用，文化政策不是一种自由状态下的市场属性，它是政府制定的一种强制性规制，是"指导某一社会共同体处理文化事务的价值和原则"，政府用它来规范文化活动，管理文化资源，促进文化发展。总之，文化政策是一种超市场的行为，是"一只看得见的手"。

市场经济是一种契约经济，它要求人们遵守市场经济所约定的基本规则，因此，它是一种建立在完善的国家法治体系基础上的经济行为。对于文化资源管理来说，所谓市场管理，不是放任不管、完全由市场属性来决定，而是要求制定出相应的文化政策与法规作为市场管理的政策依据。这样一来，对文化资源的市场管理者才能依法行使管理职权，通过市场机制对文化资源进行合理配置，使文化资源发挥它最大的效用。也就是说，政府主要的职责是制定符合市场需要的文化政策与法规，而不是取代市场管理。一个完善的文化政策和法规，对于一个社会的文化发展来说是非常重要的。没有一个完善的市场管理的文化政策法规，必然会出现以政府的行政管理来代替市场管理，这势必会人为地抬高进入文化领域的门槛，尤其是对于文化资源向文化产业转化来说，是非常不利的。从这个意义上说，文化产业尤其需要借助于市场手段进行管理，尽量减少政府管理的干预作用。这涉及如何处理好政府管理与市场管理的关系，该由政府管的，政府一定要管好；不该政府管的，就该放手，交给市场来管理。

四、我国文化资源管理面临的问题与对策

近些年来，我国在文化资源管理上取得了很大的成绩，为文化事业和文化产业发展奠定了基础，但在管理中也暴露出一些问题，这些问题有的是由文化体制带来的，有的是由社会环境决定的，也有的受传统文化观念的影响。文化资源管理存在的问题主要有以下方面：

（一）传统体制对文化资源管理的制约很大

中国的文化资源管理是在长期以来形成的文化事业的基础上建立起来的，因此在很多方面还带有突出的传统文化体制的痕迹和色彩。主要表现在：

（1）管理模式比较单一。中国文化资源管理过分依赖政府管理，其他管理的作用没有充分发挥出来，政府包办的色彩比较浓厚，管理方式比较落后，难以跟上时代发展的步伐。

（2）管理部门众多。中国文化资源由多个政府部门分头管理，部门彼此之间存在着管理权限上的不同，容易导致各自为政，为了部门利益缺乏相互协调与沟通，造成了管理环节增多，增加了管理成本，降低了管理效率。

政府对文化资源的管理是非常重要的，这也是世界各国普遍的做法，它有利于文化资源的统一管理和集中管理，有利于文化资源的保护和开发利用，使文化资源服务于国家利益和公众利益，这对保障国家文化安全是至关重要的。而且，政府来管理文化资源可以建立起文化资源保护的长效机制，避免文化资源遭到破坏。但政府管理应该建立一种有利于文化资源保护与开发利用的机制，使文化资源造福于人类社会，而不是用行政的手段把它管得死死的，使文化资源难以进入市场开发的环节，这是政府管理容易出现的问题，也是我国文化资源管理中普遍存在的问题。另外，在文化资源的开发利用上，各级政府会以行政的方式对文化产业经营活动进行较多干预，这种干预在短时期内可能有利于文化的发展，加速文化资源的开发利用，但从长期来看，势必会形成对文化资源的垄断，影响到文化产业经营，甚至出现不平等的竞争现象。

（二）文化资源管理的专业化程度不高

我国文化资源管理长期以来存在的突出问题是管理的专业化程度不高，这是困扰我国文化资源管理的深层次的问题。在很多情况下，我国文化资源管理没有按照专业化的要求和发展规律去进行，并且行政色彩较浓厚。主要表现在：

（1）文化资源管理的主体关系不明确，究竟由哪个部门进行统一管理，长期以来一直是不明确的，造成政府多个部门都来负责的现象，这种齐抓共管容易带来管理上的混乱，管理措施很难到位，而且存在着部门之间的利益关系。为解决此问题应由一个政府部门来牵头管理，统一协调各部门之间的关系。这样一来，管理的主体较明确，有利于推进管理工作向专业化方向发展。

（2）政府主观意志表现得较突出，管理的科学性和系统性不够，对文化资源状况缺乏深入的调查研究，对文化市场情况也缺少足够的了解，因此，其在管理工作中存在着盲目性，缺少对事物的预见性。例如，对影视行业的管理，在我国主要是由政府主管部门（国家广播电视总局，地方广播电视厅）来负责管理，政府很想通过市场化途径把影视产业搞活，放宽审批权限，形成投资主体的多元化。这个主观愿望是好的，但结果是一放就乱，甚至很多从事房地产的企业都来涉足影视业，投资开发影视资源，结果是不尊重影视发展规律的盲目投资问题较为突出。我国每年投资拍摄的电视剧多达上万集，其中有不少就是由非影视公司投资拍摄的，拍摄的数量不少，但收视率高的却不多。这有点像中国的体育产业，很多是靠企业来投资，而不是靠市场本身来运作。企业投资属于赞助行为，在有利可图的情况下企业才会出钱赞助。这是中国文化产业发展面临的一个突出问题。

专业化程度不高必然带来市场管理的不规范，很多产业运作不是按照市场规律的要求进行的，而是按照政府的意志，形成了对文化资源的垄断，这与市场经济的原则是相违背的，必然制约着文化产业的深入发展。

（三）文化资源管理的政策法规不完善

我国在文化资源管理方面的落后很大程度上是有关的政策法规不完善、不配套，这给管理工作带来很大难度。很多管理中的不到位或管理上专业化水平不高，都与政策法规的缺失有很大关系。

[资料链接]

世界各国都非常重视运用电影产业相关法律来促进电影产业发展，为电影产业提供法律保障和支持。韩国在1998年实施"文化立国"的战略以来，很快就颁布了《电影振兴法》，并取消了当时已有70多年历史的电影审查制度，建立了电影等级分类制度，并由非官方的影像物等级委员会对影片进行等级评定。在我国，虽然《中华人民共和国电影产业促进法》已于2017年正式颁布施行，但离人们的预期还有相当距离，尤其是涉及人们普遍关心的电影审查制等内容并没有较大的改变，这对我国电影产业的发展也会带来一些不利的影响。

从中华人民共和国成立以来，我国一直非常重视对影视资源的管理，并把它纳入到政府对文化管理的范畴，出台了一系列相关的政府文件和政策规定，但一直没能形成相应的法律制度。1950年7月，中央人民政府政务院公布了《电影业登记暂行办法》《电影新片颁发上映执照暂行办法》《电影旧片清理暂行办法》《国外影片输入暂行办法》等规定。1952年，文化部颁布了《关于加强电影发行放映工作的指示》，1961年文化部又颁布了《关于送审影片的规定》，1963年2月，国务院批复转发了《文化部〈关于改进电影发行放映业务管理体制试行方案〉的通知》。20世纪70年代到90年代，我国又先后颁布了一系列政府文件作为影视业管理的政策依据，如《电影剧本、影片审查试行办法》《进口影片管理办法》《关于加强电影拍片经营机构管理规定》《关于加强当前电影放映工作的若干意见》《关于对部分影片实行审查、放映分级制度的通知》《电影审查暂行规定》《关于改革故事影片摄制管理工作的规定》等。自2000年以来，我国颁布了《电影管理条例》《中外合作摄制电影管理规定》《电影企业经营资格准入暂行规定》《外商投资电影院暂行规定》《电影管理条例》（修订）《关于加快电影产业发展的若干意见》《中外合资、合作广播电视节目制作经营企业管理暂行规定》等政策规定。由此可见，我国出台的有关影视方面的政策不少，但很多属于政府方面的政策性文件，并不属于法律规定。也就是说，政策文件比较多，而属于法规的较少，因而这些政策文件的约束力很有限。再加上很多政策规定不配套、不完善，一旦出了问题不知如何处理。例如电影《无极》剧组在香格里拉拍片时造成了对当地生态环境的严重破坏，但影视政策在这方面没有相应的管理规定进行处罚，最后不得不由住房城乡建设部出面按照风景名胜区管理规定进行处罚。这说明，我国影视管理方面的法规体系还有待完善。

资料来源：https://www.jiemian.com/article/957817.html。

另外，政策法规的不完善还直接影响到我们对文化产业资源管理中一些深层次问题的认识，因而对现实中出现的新问题无法从政策层面上予以回答。比如，2005年由《超级女声》引爆的"娱乐经济"现象，政府管理部门对此感到很茫然，甚至说不清楚它为什么会在中国爆火。一个年仅21岁的成都女孩李宇春为什么会成为2005年最红的明星？这究竟是由什么原因造成的一种文化现象？单从过去的理论认识是很难做出回答的。政府对这些娱乐文化资源的管理感到无所适从。这也说明我们在理论问题研究和现实问题研究上还很滞后，很多涉及文化产业的深层次问题认识不清，这直接影响到文化产业的深入发展。所以，加强对文化产业的前瞻性研究，特别是结合现实需要对文化产业进行深入研究，对提高政府的管理水平是非常重要的。

（四）对文化市场缺乏深入了解

市场决定着资源的开发和配置。政府要改善对文化资源的管理，首先要对文化市场的情况有比较深入的了解，否则必然造成管理上的盲目性与主观性，导致政府决策失误。政府决策失误将增大投资文化产业的风险性，这对发展文化产业是极为不利的。虽然我国文化市场具有很大的消费潜力，文化市场存在着供给不足的状况，但这并不意味着投资文化产业都能赚到钱，有的可能是血本全无。由于中国的文化产业历史还很短暂，各方面还不是十分成熟，不规范和不完善的地方很多，有些领域还是一种畸形的发展，这给投资文化产业带来很大的风险性，需要我们对文化市场的状况有更深入的了解。我们应该认识到，文化市场不同于其他市场，它有自己的特殊性；不能简单地认为我国人口多、文化市场大，投资文化产业肯定有利可图。文化市场是复杂的，只有在深入研究文化市场的复杂性及其规律、深入了解文化市场的前提下，才能做好文化产业的管理。

文化市场的主体是文化消费，文化资源管理要深入研究人们的消费状况和消费需求，制定出相应的管理规定。人们的文化消费是分层次的，并且容易受到时代潮流的影响。这里有很多问题值得深入研究，关键在于政府对文化资源的管理与文化市场的要求还有很大差距。

［资料链接］

韩国电视剧制作的一个成功经验就在于对文化市场消费需求有较深入的了解，它并不是像中国电视剧那样，全部拍摄完成后再播出，而是拍出一部分就投放市场，边播边拍，不断从观众那里听取反馈意见，然后根据收视情况进行下面的拍摄。如果收视情况不理想，就有可能停拍，不至于造成人力、物力和财力的浪费。韩国很多电视剧的生产都是以市场为定位，因而它对影视资源的管理也是按照市场要求进行的。相比之下，我国对影视产品的生产和管理还带有突出的计划经济的色彩，不是一种市场化管理，而是一种行政管理，体现出的是政府和主管部门的意图，所以，部分影视作品出现了"叫好不叫座"的现象。

资料来源：https://baijiahao.baidu.com/s？id=1604126559717317145&wfr=spider&for=pc。

（五）对国外文化资源管理研究不彻底

中国文化产业的发展一直是伴随着国外文化产业对中国文化市场的影响和冲击进行的，这种影响和冲击在中国加入WTO之后变得更加突出。因此，政府在文化资源管理上一定要加强对国外文化资源管理的研究，尤其是西方发达国家的文化资源管理。近年来，国外文化产品对中国的影响越来越突出，主要来自西方发达国家和亚洲的日本、韩国等国家，随着中国文化市场的进一步开放，这种影响今后还会进一步加强。例如，好莱坞影片已经占据了中国电影市场很大一部分票房份额，甚至成为国内电影票房的重要收入来源。

国外文化产业发展与其文化资源管理有着密切关系，从政府层面来说，首先考虑的是如何使文化资源开发有利于文化产业发展，如何为文化产业发展制定灵活的产业政策，鼓励文化产业投资，为文化产业发展提供更好的管理和服务等。从企业层面来说，其应思考如何加强对文化市场的深入研究，把文化资源转化为文化产业。像韩国、日本等国家，这方面都有很多好的经验值得我们认真吸取和借鉴。它们在对文化资源的开发利用上，政府以一种积极的姿态大力支持，采取有效措施鼓励开发利用文化资源，加快本国文化产品进入国际文化市场。

韩国、日本近年来在影视剧、出版、音乐、演出、动漫、时尚文化、网络游戏、手机游戏等产业的发展上十分迅猛，显然与政府的管理是分不开的。我们对这方面的研究是远远不够的，相反，这些国家针对我们的研究很深入，十分熟悉中国市场的情况和中国观众的欣赏心理，有针对性地开发适合中国观众的文化产品，甚至是利用中国文化资源打入中国文化市场。韩国从政府到企业，对文化资源的开发利用可以说是做到了极致，它们的针对性和目的性都十分明确，那就是利用文化资源的优势开发具有市场需求的文化产品。韩国文化产业振兴院前院长徐秉文说过这样一句耐人寻味的话："韩国的老百姓对中国的演员、歌星的了解远远不如中国人对韩国明星的了解。我想这是因为，相比韩国企业在中国的发展，中国的娱乐公司在韩国的市场开发上还不够积极。实际上，由于中韩两国在文化方面有很多相通之处，而且韩国长期受中国文化的影响，彼此的交流应该没有障碍。"

解决我国文化资源管理目前存在的问题的对策，主要有以下五个方面。

1. 要完善管理体制

我国文化资源管理过去是在长期文化事业的基础上形成的一种管理体制，是按照文化事业管理的要求建立起来的，这种管理与政府对意识形态的管理紧密联系在一起，因此，在管理中受政府意识形态的影响很大。文化部门不仅是由政府意识形态部门来直接分管，把它纳入政府思想宣传领域管理的范围，而且还常常会受到各种政治思潮的干扰，使管理受到很多人为因素的干扰。因此，要使中国的文化资源管理逐步步入正轨，我们首先就要进行管理体制改革，加强政府对文化事业和文化产业的管理，破除那些陈旧的思想文化观念，使文化资源为国家文化事业和文化产业服务，而不是为意识形态服务。从目前来看，落后的文化管理体制已经成为我国文化事业和文化产业的发展瓶颈，加快文化管理体制的改革已经成为当前非常紧迫的工作。

2. 要进一步完善有关文化资源管理的政策法规

制定完善的政策法规是政府文化资源管理工作中不可缺少的重要内容，它对发展文化事业和文化产业将会起到积极的促进作用。相应的政策法规是制度完善的体现，也是文化资源管理的重要依据，在很大程度上它可以避免文化资源管理中的主观性与随意性，使管理工作有章可循、有法可依，增加政府管理的透明度和科学性。实践证明，完善的政策法规是文化走向繁荣的重要保障，尤其文化立法是世界各国非常重视的一项工作。我国要加紧有关文化立法的研究，逐步由文化政策规定走向文化法治建设，除了新公布的《中华人民共和国电影产业促进法》之外，其他有关法律也应尽快制定出台，这样才能使我国的文化资源管理由行政管理走向法治管理。

3. 要进一步改善文化资源管理的方法

我国长期以来在文化资源管理上主要依赖政府的管理，在政府管理上又主要是一种垂直管理和部门管理的体制，管理层次多，参与管理的部门也多，形成政府齐抓共管的局面。这种局面表面看来是很重视对文化资源的管理工作，但这种涉及部门过多的管理反而使管理工作很难落到实处，相互推诿和推卸责任的现象就会经常发生。因此，在这方面我们应借鉴发达国家的经验，由政府一个部门牵头、多方合作进行管理，减少不必要的管理层次与部门，这样不仅提高了管理工作的效率，还可以降低管理成本。例如，在我国，对文化资源的管理，宣传部门管，文化和旅游部门管，党政部门也管，再加上其他部门，这种多头管理显然是不利于做好这项工作的。因此，我国应减少管理环节，应由政府一个部门来集中管理。

4. 要积极鼓励社会力量发挥作用

社会各级组织（包括政府的和非政府的）、行业协会、民间团体和有关专家学者参与文化资源管理，重视社会各界力量在文化资源管理中所发挥的作用，调动他们参与政府管理的积极性和主动性，认真听取他们的意见，不断改进政府的工作方法。西方国家在这方面取得了很好的经验，值得我们重视。例如，法国是一个文物古迹众多的国家，很多文物古迹都分布在城市里，城市发展建设首先面临的问题就是如何解决文物资源保护与城市发展建设的关系。在巴黎，涉及文化遗产的建筑物很多，无论是建筑修复专家，还是普通民众，他们都有一种保护文物的意识，都在不遗余力地保护这些老建筑，维护它们的历史原貌。如果人们想在老建筑上做一些改动或粉饰，必须去巴黎的城建部门征求意见，还要请有关专家来实地查看，经过同意后方可动工。我们在文化资源管理中应该借鉴这样的经验，让管理真正做到科学有效。

5. 要提高文化资源管理水平

长期以来，我们在文化资源管理上主要还是依赖经验式的管理，专业化程度远远不够，已经不能适应当今形势下对文化资源管理的要求。因此，在文化资源管理方面，我们应培养一种专业意识和专业眼光，增加对专业人才的引进和培训工作；同时，还要借助一些专业技术手段进行科学管理，取代过去那种简单的经验管理，使管理工作更加符合科学性和专业化要求，提高管理的水平与层次。

[资料链接]

近年来，我国各地掀起了古城开发热。一方面是"拆旧"，即把原来有一定历史价值的古建筑拆掉重建，建成崭新的、适宜商业开发的古建筑；一方面是"仿古"，即建造很多古建筑、古街区、古镇等，通过人工方式打造所谓的文化遗产。据统计，全国有30多个城市把古城列入重建计划，如山西大同古城、昆明晋宁古滇王国、开封宋代一条街、山东青岛即墨古城等，都建了大量的仿古建筑，很多项目投资都在百亿元以上，大都纳入当地的旅游开发项目。山西大同市前几年在时任市长耿彦波的主政下，投入资金100亿元，试图恢复历史上大同古城的风貌，媒体称他为"正在让一代煤都变成名城"，但此举遭到众多质疑。山东济宁之前也计划在曲阜建造中华文化标志城，并试图报请国家批准立项建设，投资额在300亿元（当年济宁一年的财政收入100亿元），此举在全国两会期间引起热议，反对声不绝。

地方政府在文化建设上存在很大误区，以为文化建设就是搞工程，可以通过打造的方式，把没有的变成有的，把旧的变成新的。很多古建筑、古城、古镇、古街区看上去都很新，并且充满现代感，最后弄出很多没有历史文化价值的假文物、伪文化，这是文化产业发展中值得深思的问题。文化是在长期历史发展中积淀的被赋予了特定历史内涵的东西，不是人为就能打造出来的。文化建设不同于盖大楼、搞工程，要重视文化资源的真实性、完整性和延续性，这是确保文化资源的生命力和永续利用的关键。许多古城建设开发从根本上违背了这个宗旨，也就注定没有永久的利用价值。

资料来源：http://fanwen.geren-jianli.org/1171638.html。

［资料链接］

美国文化资源管理模式

相对于其他外国文化，美国通过其强大又不断创新的文化传播行为，在文化产业的发展和输出领域傲视群雄。以电影产业为例，"美国大片"甚至成为一个专有名词，所谓大片似乎都归结到了美国好莱坞制品。

美国政府一方面对文化领域的资源产业采取以"不干涉原则"为标志的"无为而治"，另一方面又积极扶持和引导公共领域的文化产业发展，以直接和间接的交叉方式，让"无形的手"和"有形的手"巧妙地结合，营造出了可持续发展的环境与氛围。

一、基金方面

美国的文化产业公私营的比例大约是3：7。占大多数的私营企业使得美国政府选择以盈利与否作为划分标准。非营利组织是美国政府采取大力扶持政策的对象，以保证国民最基本的文化生活需求。

美国联邦政府相继成立了国家艺术基金会、国家人文基金会两大联邦文化艺术机构，用以拨款支持文化艺术事业建设，而不是用来运行庞大的文化行政机构。美国联邦政府的公益文化艺术支持体系便是由以这两大基金会为主体的联邦赞助型机构和以博物馆图书馆服务署、史密森学会、国家美术馆、肯尼迪艺术中心为代表的联邦公共文化服务机构所共同构成。

另外，美国政府为减轻财政压力也会允许非营利组织在某些方面进行一些盈利活动，承担起一部分自负盈亏的责任。

二、税收方面

美国对文化产业施行了大幅度减少税收或者免税的措施，涉及多种税种，比如在图书出版行业中对于进口图书免征进口关税，而出口的图书则免征增值税和营业税；非营利的企业免收企业所得税，对那些投资或捐赠文化产业发展的私人或企业减免部分税收。

与此同时，个人和企业向法律指定的相关文化组织捐赠款物，同样可以享受减免税优惠。据统计，个人捐助占据美国所有文化捐助中将近90%的份额，这样一来激发了个人向文化机构捐助的积极性，给避开大量财富留给后代所面临的高额遗产税提供了另一条出路。

三、文化立法方面

美国是世界最先对文化领域进行立法的国家。除去《版权法》《计算机软件保护》等近些年世界上各大国已然发展良好的法律门类，美国在较为冷门的文化领域的立法也是十分可观的。比如以美国的"物质与非物质历史文化遗产保护"基本法律体系为例，其发展轨迹为《古迹法》（1906年）→《历史遗迹法》（1935年）→《国家历史遗产保护法》（1966年）→成立独立的联邦机构"历史遗产保护咨询委员会"（1966年）→《考古和历史保护法》（1974年）→《美国民俗保护法》（1976年）→《考古资源保护法》（1979年）。形成体系的遗产保护立法使得美国政府对历史文化和科学遗产的职责不断完善，相关的保护措施也不断强化。

四、对我国的启示

事实上，我国政府需要学习借鉴美国宽松的文化市场环境、有效的政府扶持以及全面且落到实处的文化立法。用白话来讲就是一方面"放开手，拿出钱"，另一方面不能光立法，不执法，位于高处虚空的法律条文永远都只是海市蜃楼。以非物质文化遗产保护为例，只有启蒙非遗代表性传承人知法用法，加大政府的引导作用，才能真正实现法治精神。

同时，在文化资产的融资方向上，我们也要得更深入地思考和讨论。以电影产业为例，美国好莱坞摒弃了单一投资的方式，而采取了"组合投资"项目即20~25个不同类型的电影打包进入融资市场，这提升了社会投资的兴趣度，也降低了投资者的风险值。

资料来源：https://zhuanlan.zhihu.com/p/24485376。

［资料链接］

加拿大文化资源管理模式

作为世界上国土面积第二大的国家，加拿大自然生态系统类型多样，文化资源独特，是世界上最早建立国家公园的国家之一。自1885年建立第一个国家公园——班夫国家公园以来，加拿大至2018年年底已拥有46个国家公园和1个国家城市公园，总面积超过32万平方公里，约占加拿大国土面积的3.3%，其中多个国家公园被列为世界遗产。

一、以法律为国家公园的建设和发展保驾护航

从加拿大国家公园诞生之日起，国家公园就受到法律的保护。1885年加拿大联邦政府就颁布了《落基山公园法案》，用以规范国家公园保护建设。1930年加拿大正式颁布《国家公园法案》，1988年对法案进行了修改。法案明确了国家公园的地位、概念、建立目的、确立程序和管理等各项事宜。在该法案下，制定的各种法律法规多达30个，包括《国家公园法案实施细则》《野生动物法》等，并辅之以一系列配套的计划、政策、战略、手册指南等，使得各项运作有法可依、有章可循。同时，在其他法律中也有关于保护森林、保护野生动物、森林防火等方面的法律条款。

健全的法律法规为国家公园的建设提供了法律保障，严格的执法则为国家公园发展上了"双保险"。每个加拿大的国家公园均设有公园警察，负责国家公园范围内的资源、旅游设施的保护和游人的安全。值得一提的是，加拿大国家公园警察录用条件很高，只有获得大学学士学位并经过警察专业培训，具有法律和警察专业知识技能的人员，才能参与聘选竞争，并且经过两至三年的实践考察后，才能被正式录用。加拿大对破坏受法律保护的森林和野生动物的违法行为处罚十分严厉，轻者罚款数千加元，重者将受到数百万加元的罚款。

二、以专业管理机构对国家公园施以行之有效的管理

加拿大是世界上第一个设立专门管理国家公园政府机构的国家。早在1911年，加拿大就设立了国家公园管理机构，开辟了世界各国国家公园管理的先河。作为联邦内阁中一个专业性二级职能组织，因联邦内阁的部级组织结构的不断调整，国家公园局自成立后先后隶属内政部、矿产资源部、资源开发部、遗产部、环境部等部门。1998年，加拿大通过了《国家公园局法案》，明确了国家公园局的职能、组织结构、财务管理等各项内容。按照加拿大《财务管理法》，加拿大国家公园局被确立为一个"部门机构"（departmental corporation），这意味着它取得了独立的法人资格地位，专门运作机构立法和政策框架内的项目计划。

加拿大环境部部长负责全面指导公园局的业务工作，并就局内的各种活动向国会承担法律责任。垂直管理是加拿大国家公园管理的核心，国家公园的一切事务均由国家公园局负责，与国家公园所在地无关。它的任务就是保护全国具有加拿大特点的出类拔萃的自然区域和历史遗迹，同时通过与其他联邦机构密切合作，负责开展区域经济、旅游发展、公共工程等方面的活动。在这些活动中，加拿大公园局主要从专业角度对有关活动提供意见，并监督其他机构在利用资源过程中的行为。

国家公园局首席总裁负责每年向环境部长做工作报告。国家公园局在人力资源管理、行政管理和财务管理方享有很大的灵活程度。例如，国家公园局享有独立雇佣者地位，能自我设计人力资源管理的政策框架，从而能保障雇佣适合于公园管理特殊业务要求的职员；在财务方面，国家公园局能全额保留公园收入，并用作再投资，拥有合同权和处理不动产的权利等。

三、以健全的管理制度为国家公园发展提供保障

（一）国家公园确认制度。加拿大国家公园管理部门在20世纪70年代初期就开始编制加拿大国家公园系统规划，并分别于1991年和1996年作了补充与修改。1971年通过的"国家公园系统规划"给国家公园的选址提供了依据。该规划将加拿大划分成39个自然区域，每一个自然区域在植被格局、地形、气候和野生动物方面都有自己的独特性。建立新的国家公园应在管理部门划分的39个自然区域内，并按要求完成相应的程序和步骤。首先，在设立国家公园之前，国家公园管理局向公众推出有可能设立国家公园的"自然地理区域"清单，并同时终止这些区域的资源勘探、开采和开发；其次，国家公园管理局向地方团体、非政府组织和公众咨询某区域设立国家公园的可行性；最后，当把该区域的所有权和管辖权从地方政府或私人收归国有之后，该区域才正式成为国家公园。

（二）管理计划制度。加拿大每一个国家公园都有一个独立的规划，在这项管理规

划当中，全面阐述管理目标及其实现这些目标的手段和策略。具体内容包括，保护自然资源的类型和水平；确保生态环境的完整及文化遗产的延续；确定旅游者的来源、类型及特征等。这项管理计划，经负责加拿大国家公园局的部长批准之后，成为加拿大国家公园局景区管理该公园的依据。管理计划的执行情况也是国家公园局年度报告的内容之一。根据环境和具体情况的变化，国家公园可在征询公众意见之后，对原有景区管理计划做出适当的调整和修改，并报请部长批准。

（三）自然资源保护制度。加拿大国家公园区划体系包括 5 个功能区：特别保护区、野生生物区、自然景观游览区、户外娱乐区、公园服务区。加拿大针对自然资源保护，制定了严格的管理制度，如给予生态系统最高层次的保护，以确保原始自然景观免遭人为破坏；通过消除威胁和采用有利于生态完整的措施，以保护自然资源的完整；采取严格保护措施，防止人类活动对国家公园的污染；国家公园内禁止猎捕活动，即使是必要的科学研究也必须小心谨慎地进行，尽可能地使变化接近自然过程；防止火灾、虫灾等自然灾害的发生；加强生物物种监测、管理和保护等。

（四）居民服务管理制度。根据《加拿大国家公园管理法》，国家公园范围内的所有土地和资源均归加拿大政府所有，国家公园的土地可以以租借特许和许可占用等形式授予有限的使用权，主要是为接待游客提供所必需的各种服务和设施，而土地使用者在使用国家公园土地的时候，应交付租金。国家公园局尽可能为公园辖区内居民提供最好的服务，但严格禁止他们做任何破坏自然资源的活动。不过，国家公园局在制定土著人政策方面则比较谨慎，为解决其与自然资源保护的矛盾，国家公园局在有土著人生活的地方设立国家公园时，首先与土著人进行协商，在充分尊重他们权利的基础上，划出土著人可以利用资源的范围。国家公园局下设土著事务部，专门负责协调与原住民的关系。

（五）公众参与制度。国家公园法规定，凡是加拿大人均被鼓励参观和游览国家公园，国家公园局有责任向公众提供机会，以各种宣传形式使人们更好地了解和利用这些遗产资源。普通公众从制定国家公园景区管理计划的初期，乃至关键问题的讨论，都有机会通过宣传会议、讲习班、参加调查表、意见听取会乃至讨论会等参与意见。公众参与的意见在国家公园系统计划、计划目标拟订、交替方案拟订、经营管理计划拟订等过程中均列为重要的参考资料，真正做到以人为本，使公众全面参与国家公园规划设计的每一层面，且考虑公众对自然文化景观和环境保护的意愿。

四、以有效的支持政策促进国家公园的良性发展。

国家公园作为非营利事业，加拿大政府重点从财政政策上给予支持。自 2015—2016 财年至 2019—2020 财年，加拿大政府为国家公园投入 30 亿加元资金。2016 年预算增资 1.91 亿加元用于维护公园设施。2017 年预算案中提出在未来两年为国家公园和历史遗迹投入 3.64 亿加元。加拿大政府的资金支持不但体现在为国家公园的建设和维护方面的投入，还有很重要的一部分体现在对教育、科学研究的投入，以供国家公园内的自然资源可持续利用。

同时，加拿大政府制定了详细的旅游开发政策。每个国家公园都提供了适合不同兴趣、年龄、体质和技巧的游览活动，并且为最大限度地满足不同年龄、不同体质和不同职业的旅游者需要设计不同线路。国家公园局定期调研公园游览人数的变化，评估国家公园的服务设施、环境容量和旅游者的感受，使每个公园各具特色。2016—2017财年，到访国家公园的游客数同比增长7%，达1 545万人次。国家公园每年对加拿大经济的贡献约为33亿加元，创造就业岗位2万多个。

国家公园已成为加拿大的标志，是加拿大人为之骄傲的国家自然遗产，加拿大在国家公园管理方面的成功经验值得世界各国借鉴和参考。

资料来源：http://ca.mofcom.gov.cn/article/ztdy/201804/20180402734514. shtml。

思考：

1. 美国文化资源管理模式体现了哪些文化资源管理机制？

2. 加拿大国家公园管理模式体现了哪些文化资源管理机制？

3. 结合我国文化资源的管理，请谈谈有什么经验借鉴参考？

［本章小结］

本章重点学习了文化资源保护与管理的概念和内涵，分析了文化资源保护与管理的作用与意义，以及文化资源保护与管理的措施。保护文化资源的意义重大，保护文化资源就是保护人类文化的传承，培植社会文化的根基，维护文化的多样性和创造性，推动社会文明不断向前发展。保护文化资源的目的是让文化资源更好地为人类社会服务，让人们从中了解、认识、观赏和体验不同文化资源所包含的独特内涵与价值。文化资源管理要在保护的基础上进行，从管理手段来看，有宏观管理，也有微观管理；从管理类型上看，有行政管理、法治管理，也有行业管理等。

［复习思考］

1. 阐述文化生态与文化保护的关系。

2. 文化资源保护的意义是什么？

3. 文化资源保护有哪些措施？

4. 文化资源管理的作用是什么？

5. 文化资源管理的方法与机制有哪些？

6. 我国文化资源管理面临什么问题？有哪些解决对策？

［参考文献］

［1］费孝通. 反思·对话·文化自觉［J］. 北京大学学报（哲学社会科学版），1997（3）：15-22，158.

［2］费孝通. 文化的传统与创造［J］. 文艺研究，1999（3）：28-34.

［3］潘君瑶. 从文化资源到文化品牌［M］. 成都：四川大学出版社，2018.

［4］谷满意，彭煦. 四川酒文化资源管理与开发利用［M］. 成都：西南交通大学出版社，2017.

［5］刘燕，李树榕，王敬超. 文化资源学［M］. 南京：南京东南大学出版

社，2021.

　　［6］李树榕，王敬超，刘燕．文化资源学概论［M］．南京：南京东南大学出版社，2014.

　　［7］周正刚．论文化资源的可持续开发［J］．求索，2004（11）：107-109.

　　［8］张建世，杨正文．西南少数民族传统工艺文化资源的保护［J］．西南民族大学学报（人文社科版），2004（3）：20-28.

　　［9］李书文，尹作升．文化产业化与传统文化资源的开发［J］．社会科学研究，2004（3）：64-66.

　　［10］李东红，杨利美．文化资源的价值评估、成本核算与经济补偿［J］．思想战线，2004（3）：97-101.

　　［11］唐义，肖希明，周力虹．我国公共数字文化资源整合模式构建研究［J］．图书馆杂志，2016，35（7）：12-25.

　　［12］齐勇锋，吴莉．特色文化产业发展研究［J］．中国特色社会主义研究，2013（5）：90-96.

　　［13］周建军，张爱民．论特色文化产业的内涵和发展途径［J］．社会科学研究，2010（6）：119-121.

　　［14］许丽．红色文化资源数字化保护与创新发展路径［J］．人民论坛，2021（1）：139-141.

　　［15］范建华，秦会朵．文化产业与旅游产业深度融合发展的理论诠释与实践探索［J］．山东大学学报（哲学社会科学版），2020（4）：72-81.

　　［16］李新安．文化资源向文化创意产业转化的支撑因子分析［J］．经济经纬，2010（4）：35-39.

　　［17］文红，唐德彪．民族文化多样性保护与文化旅游资源适度开发：从文化生态建设的角度探讨［J］．安徽农业科学，2007（9）：2700-2702，2715.

　　［18］向勇．特色文化资源的价值评估与开发模式研究［J］．北京联合大学学报（人文社会科学版），2015，13（2）：44-51.

　　［19］崔玉范．美国的公众考古教育：实现文化遗产保护目的的一个途径［J］．南京社会科学，2007（8）：123-128.

　　［20］张雷．地方文化资源与创意经济的融合机理分析［J］．理论学刊，2009（7）：59-62.

　　［21］姚伟钧，任晓飞．论中国文化资源产业化发展方略［J］．湖北大学学报（哲学社会科学版），2010，37（4）：88-92.

　　［22］张凌云，刘威．欧洲文化遗产保护及对中国的启示：评《旅游文化资源：格局、过程与政策》［J］．世界地理研究，2010，19（3）：168-176.

　　［23］胡兆量．文化资源论［J］．城市问题，2006（4）：2-7.

　　［24］姜念云，张松海，谢夏．大数据分析技术在文化资源管理中的应用［J］．中国基础科学，2014，16（1）：17-20，27.

　　［25］陈霞红，林日葵．文化产业生态学［M］．杭州：浙江工商大学出版社，2012：238.

［26］顾伊，陈淳. 美国"文化资源管理"的镜鉴［J］. 文物世界，2001（1）：18 -24.

［27］王英华，吕娟. 美国垦务局文化资源管理模式对我国水文化遗产保护与利用的启示［J］. 水利学报，2013，44（S1）：51-56.

［28］吴晓，陈薇，王承慧，童本勤，刘正平. 历史文化资源评估的总体思路与案例借鉴［J］. 城市规划，2012，36（2）：89-96.

［29］吕庆华. 文化资源产业开发的若干问题［J］. 商业研究，2006（12）：94-96.

［30］付瑞红. 国家文化公园建设的"文化+"产业融合政策创新研究［J］. 经济问题，2021（4）：56-62.

［31］林存文，吕庆华. 文化资源禀赋对文化产业发展的影响：基于资源异质的研究视角［J］. 山西财经大学学报，2020，42（8）：86-101.

第六章

文化资源开发与利用

■ **学习目标**

通过本章的学习，达到以下学习目标：

➤ 了解文化资源开发的概念、意义及原则。

➤ 掌握文化资源开发的模式。

➤ 理解我国文化资源开发利用的问题及路径。

导入案例

《哪吒之魔童降世》

《哪吒之魔童降世》（以下简称《魔童》）是一部改编自中国神话故事的国产动画电影，讲述了哪吒虽"生而为魔"却"逆天而行，斗争到底"的成长经历。2019年7月26日，该片正式上映，89分钟后影片总票房即突破1亿元大关，创下国内动画电影最快破亿元的纪录。截至2019年9月21日，《魔童》票房已经突破50亿元，位列中国影史票房第二位，仅次于《战狼2》的成绩。中国电影票房榜前十名里第一次有了动画片的位置，该片一跃成为亚洲最高票房动画电影。《人民日报》等权威媒体也纷纷发文助力影片上映。

一、主题思想：传统精神与时代理念的现实表达

《魔童》在前作的基础上大胆创新，既保留了中国传统文化的精髓，又加入了流行元素，使所要展现的文化更易于被受众接受。在我国本土文化中，哪吒这一神话角色源于《西游记》《封神演义》等经典名著，主要涉及闹海传说、屠龙传说等故事。哪吒降妖伏魔的故事人尽皆知、深入人心，受到观众的普遍崇拜。传统动画《哪吒闹海》表现的是哪吒的"舍生取义"和"个人的牺牲精神"，代表的是一种高尚的人格，也是一种共同价值观。而反观《魔童》故事主题，它阐释出一种新的思想，即跨越传统

的主题和观众固有的思维模式。《魔童》导演兼编剧饺子在接受采访时表示，哪吒作为中国传统神话英雄，在不同年代有着不同的精神内核。正是基于这样的创作理念，《魔童》在不脱离民族传统语境的前提下，在遵循哪吒故事的大框架下，对哪吒这个形象进行了贴近现代观众审美习惯与符合当代人性需求的全新演绎，削弱了哪吒这一形象所包含的批判性张力，更关注贴近当代观众的审美取向和情感结构。在影片中，哪吒对抗的是世人的偏见，反抗的是命运的不公，这次，哪吒打的是一场自己与自己的战争。对传统的哪吒故事进行解构，对哪吒的故事内核进行更深层次的挖掘，是《魔童》最成功的地方。正因为如此，观众才会感觉眼前的这个哪吒既熟悉又陌生，既新鲜又容易产生共情。此外，影片中的世界观设定也体现出了民族文化传统下浓厚的人文精神，在传统文化的命题架构中增加了当代的侠义精神和社会价值观，通过主要的人物关系深刻地反映出中国文化中对亲情关系的重视，增强了故事情节的说服力与合理性。例如，哪吒的父母和师父是他身份的知情者，但他们也竭尽所能帮助哪吒反抗自身，帮助哪吒改变必遭天劫而亡的命运，是真正的命运反抗者。《魔童》以哪吒阴差阳错成为"魔丸（偏见）"开始，创作出的主题与传统观念的哪吒故事相异，打破了观众对哪吒固有形象的刻板认知。

二、形象设计：传统元素与当代元素的融合建构

形象设计是一部动画作品的灵魂，没有它就没有动画存在的意义。在影片中，有多处设计均体现了传统元素和当代元素的融合。首先，《魔童》运用传统八卦图形与文字排列组合的方式，创作出了具有时代特色的宝莲"开机界面"。一方面开启界面的图案源于《周易》的八卦图，这是典型的中国传统文化符号；另一方面开启界面的文字排列组合和触屏设计又显示出强烈的时代感。在细节方面，当太乙真人四次密码输入错误以为宝莲无法开启后，第五次却依靠指纹识别解锁，把民族符号的幽默讨巧发挥到了极致，使得观众捧腹大笑。其次，在角色设计上，《魔童》延续了近年来国产动画制作中对人物形象幽默化、亲民化的设计思路，将传统审美风格融入现代动漫创作，达到形神兼备的意蕴之美。影片的人物形象设计参考了传统的哪吒故事话本、电影、画册等资料，并根据现今的审美增加了大胆的想象和变形。如太乙真人的造型完全颠覆了传统的白发仙翁形象，在体型、服装、五官造型上进行了娱乐化、卡通化的加工。但其与哪吒的师徒关系，则表现了师父对徒弟传道授业解惑的内涵逻辑，是中国传统民族文化内容中的核心部分。影片以游戏、无厘头的形式，解构了人们对太乙真人的固有印象，有意突出了一些角色的小缺点而非塑造高大全能艺术形象，进而增强了观众对角色的认同感和亲切感，让观众更能理解影片中蕴含的传统文化内容。

三、场景设计：传统美学与流行元素的完美结合

动画片比电影拥有更大的创作自由和想象空间，更注重娱乐性和观赏性，因而在场景设计上会更多采用视觉奇观的创作手法。《魔童》在创作中，依托现代数字技术，运用"设虚""留白"等传统绘画手法，将传统美学和流行元素融为一体。《魔童》在场景设计上吸收了中国古代山水画、壁画等艺术门类的技法，采用现代写意手法描绘出近、中、远三层空间，营造出一个超脱于现实生活的虚幻四维空间。比如，"江山社稷图"是影片中最具想象力和创意的场景，整个场景看起来好似一幅中华田园画卷，有一种世外桃源的意境，非常具有视觉冲击力。此外，人物的动态、道具的装饰和衣

襟的舞动等细节中，通过传统中国风的流畅飘逸质感与现代格斗场景的巧妙结合，诠释出了传统绘画所追求的"写神""写意""写心""写性"境界。影片中反复出现的祥云、太极图等寓意纹样，从视觉上成为传统文化与现代文明间的桥梁，是民族文化识别和认同的象征性符号。

资料来源：陈红梅. 传承与颠覆：《哪吒之魔童降世》的反神话叙事［J］. 中南大学学报（社会科学版），2020，26（6）：175-182。

思考：

1. 案例中提到动画电影《哪吒之魔童降世》运用了哪些中国传统文化资源？
2. 请总结动画电影《哪吒之魔童降世》运用中国传统文化资源的成功之处。

第一节　文化资源开发概述

随着文化资源开发的不断深入，我国生产文化产品、提供文化服务的能力不断得到提升，文化资源开发逐渐成为满足人们基本文化需求的重要途径。由于文化资源的特殊属性，以及外部环境的不断变化，当前文化产业发展的方向和路径仍处在不断变化和探索的阶段。因而，明确文化资源开发的原则，梳理文化资源开发的模式，对于推动我国文化产业高质量发展至关重要。

一、什么是文化资源的开发

1990 年，西方著名经济学家波特在《国家竞争优势》一书中提出竞争优势发展的四个阶段：要素驱动阶段，即经济发展的主要动力来自廉价的劳动力、土地、矿产等资源；投资驱动阶段，即以大规模投资和大规模生产来驱动经济发展；创新驱动阶段，即技术创新为经济发展的主要驱动力；财富驱动阶段，即对人的个性的全面发展的追求，对文学艺术、体育保健、休闲旅游等生活享受的追求，成为经济发展的新的驱动力。从目前世界经济发展的状况来看，人类社会已经进入了创新驱动和财富驱动阶段。因此，社会发展的阶段要求人类应把生产目标从无限制地开发自然资源，转向对文化资源的开发。

有的学者提出了文化资源的产业化开发这一概念，学者严荔认为，产业化既是从资源到产业的动态化的形成"过程"，又是资源转化为产业运行的"结果"。文化资源的产业化是指文化生产具有相当规模，文化产品真正遵循价值规律，真正以市场为导向，才可以认为文化资源已经"产业化"了。① 可以说产业化是文化资源开发的方向，对文化资源进行产业化开发，正是文化产业区别于依赖自然资源的第一、第二产业的独特的地方。按照产业化方式对文化资源进行开发利用，开发出具有价值的文化产品和文化服务，是文化资源开发的必经之路。

综上所述，文化资源的开发是指在保护文化资源的前提下，为发挥、提高和改善文化资源的利用率，使文化生产顺利进行所采取的一系列技术经济措施与活动。文化

---

① 严荔. 四川文化资源产业化开发研究［M］. 北京：经济科学出版社，2010.

资源的开发本质上是尽可能地发现和利用各种文化资源，通过加工使其成为具有较高文化价值的产品和服务。它是文化由抽象到具体的过程，是文化产业化的过程，也是文化资源的价值不断积累、增值的过程。

二、文化资源开发的意义

从当今世界各国经济发展的情况来看，文化产业的发展日益成为了各国经济增长的推动力。因此，文化资源的开发利用越来越受到重视，其在创造和增加经济价值、文化价值和社会价值方面具有重要意义。

（一）经济价值

文化资源开发利用有利于优化国民经济产业结构，促进文化产业的可持续发展，是文化产业发展的重要方式。改革开放以来，我国产业结构发生了多方面积极的变化，产业结构优化升级取得了一定的进展，但仍存在一些问题，最突出的就是第三产业发展明显滞后，在国民经济中所占比重过小。因此，不断开发文化资源，将资源优势转化为产业优势，有助于第三产业发展，促进国民经济健康发展，转变区域经济发展方式。另外，文化产业具有产业融合的特点，有助于催生新业态。目前，得益于数字、信息、网络等科技的进步，三网融合、媒介融合不断深化，文化产业内部各行业之间的融合渗透达到了前所未有的水平，原有的行业分类不断被打破，催生了众多新的行业门类。同时，文化产业与其他产业之间的融合趋势也日益明显。其他产业的发展为文化产业的发展提供了支撑，既形成了文化产业与其他产业相互促进的局面，又催生了一些新兴产业形态，从而推动了产业结构进一步优化升级。总之，文化资源的开发有利于优化产业发展布局，实现经济发展方式由高消耗、高污染的传统方式向高技术、无污染的现代方式转变，推动社会经济高质量发展。

（二）文化价值

1. 有助于民族文化的传承

文化资源的开发利用是以市场化方式为消费者提供文化产品或服务，实质上是一个文化体验过程。在这个过程中，消费者既满足了精神需求，也受到了文化的熏陶与教育，也可以说是一次文化传承的过程，这对文化的传播起到了积极作用。

2. 有助于文化生态的平衡

和生物多样性构成了生态平衡一样，文化生态平衡亦是以文化多样性来维系的。文化资源的保护与开发利用，其实质就是要保存和发展民族文化的多样性，维系人类文化生态平衡，保证多元文化共生共存。

3. 有助于提升国家文化软实力

当今世界，国与国之间的竞争既包括经济、科技、军事等硬实力的竞争，也包括文化软实力的竞争。文化软实力是指一个国家或地区文化的吸引力、影响力、凝聚力和感召力。自20世纪90年代美国学者约瑟夫·奈提出这一概念以来，各国纷纷从内外两个方面发力，不断提高本国的文化软实力。

在市场化的全球环境下，文化产业对于提升文化软实力有着重要意义。实质上，文化资源的开发利用，就是传统文化资源在产业化过程中与内容版权、现代审美的有机整合，是对本国本民族文化资源的艺术创新。同时，基于现代网络通信技术的更新换代，文化资源可以转化为各种形态的文化产品，也可以被大规模复制和批量化生产，面向全球市场传播。其他国家消费者在文化消费中自然会增加对输入文化的体验、理解与认同，无形之中就形成了多元文化的扩散渗透，量的累积最终必然会带来整体文化软实力的质的提升。

我国丰富的文化资源为提高国家文化软实力、增强综合国力带来了可能性。当前，在经济与文化深度融合的大趋势下，文化资源的开发能够有效实现经济和文化的良性互动，发挥文化产业的作用，提升文化的创造力，增强本国的文化自信力。

（三）社会价值

文化资源开发利用的社会价值体现在两个方面。

一是对社会全面进步、科学发展的贡献度与影响力上面。首先，文化资源的开发利用可以累积经济资本，从而反哺文化资源的保护传承，为其提供资金支持，也有利于推进文化事业的发展，从而为民众提供更优质的公共文化产品与服务；其次，文化资源的开发利用可以使各类文化资源的知名度得到提升，随之而来的可能是认同度的增强，这不仅有利于优秀传统文化的弘扬、提升地域文化魅力和核心竞争力，更为重要的是能够形成良好的社会风气，增强民族凝聚力，促进整个社会和谐发展。以中华传统龙舟文化为例，定位于中国规格最高、竞技水平最高、影响力最大的顶级龙舟赛事的"中华龙舟大赛"，在成立之初就旨在发展中华民俗体育、弘扬中华龙舟文化。大赛自2011年举办以来，以分站赛的形式在国内知名城市巡回举办，吸引了全国乃至全世界的龙舟劲旅参赛。对中华民族传统龙舟竞渡习俗的开发与利用，不仅让龙舟文化在新时期焕发生机，而且将龙舟文化推广到世界各地，展现了积极向上、奋勇争先的精神风貌，产生了积极的社会效益。

二是能够增加文化产品供给，满足人们精神文化需求。近年来，无论是各地呈现的博物馆热、国潮国风热、文创热、文化类节目热，还是不断涌现的付费知识消费、网络文化消费、潮玩手办消费等新兴的文化消费热点，都显现出人民群众对精神文化产品需求日益增长的态势。文化资源的开发可以不断丰富文化产品供给，满足人民群众多样化、个性化的文化消费需求；同时，还能够提高文化产业的发展水平，使文化产业的发展更加迅速，文化产品的设计更加精良；不仅能够提高文化产品的供给数量，而且提升了文化产品的供给质量。文化资源的开发使大众在消化吸收"精神食粮"的过程中，提升个人的审美水平和感悟能力，增强人们的精神力量，满足人们对美好生活的向往和需要。

［资料链接］

《国家宝藏》是由中央广播电视总台、央视纪录国际传媒有限公司联合制作的大型文博探索节目。作为一档集科普性与娱乐性于一体的原创类电视节目，《国家宝藏》紧紧围绕如何让文物"活起来"的节目立意，以全国各大博物馆内的馆藏文物作为叙述主体，力图通过电视化的呈现"让文物开口说话"。《国家宝藏》自2017年年底在央视播出以来就广受好评，在社会上引起了强烈反响，在全国掀起了一股"博物馆热"。其中，第一季节目荣获第24届上海电视节"白玉兰奖"最佳季播电视节目奖，第二季节目获评国家广播电视总局 2018 年第四季度广播电视创新创优节目奖。作为一档有态度的"现象级"作品,《国家宝藏》为"如何讲好中国文物故事"树立了典范从节目立意、节目形式、表现手段、融合传播等方面都做出了积极有效的探索,为该类型节目的制作带来了很多创新启示。

一、节目立意:文物的保护、传承与创新

国宝级文物是《国家宝藏》的"主角"。作为一种器物媒介,国宝承载着中华文明和记忆,是蕴含中国传统文化的重要文物资源。如何挑选这些国宝?节目组制定了一套标准,即不仅仅局限于文物本身的珍贵程度,而是更看重国宝所蕴含的深刻文化意涵,此可谓另辟蹊径。第一季节目中的 27 件国宝重器由故宫博物院、上海博物馆、南京博物院、湖南省博物馆、河南博物院、陕西历史博物馆、湖北省博物馆、浙江省博物馆、辽宁省博物馆九大国家级重点博物馆馆长联袂推荐。河南博物院"贾湖骨笛"的入选,因其是华夏民族初音的历史见证;"铜鎏金木心马镫"改变了世界骑兵史;湖南省博物馆"长沙窑青釉褐彩诗文执壶"则是中国古代海上丝绸之路的历史见证;"云纹铜禁"展示了我国古代劳动人民的智慧;"宁波万工轿"蕴藏着精益求精、专注创新的"工匠精神";《千里江山图》是对绿水青山的守护;"曾侯乙编钟"敲出了中华正音……这种选材视角是节目能够延续成功的关键,意在通过对国宝中蕴含的人文精神、民族性格、历史智慧的挖掘与展示来串联整个中华文明历史进程,努力让观众不仅能了解文物过去的传奇经历,也能深刻认识文物承载的文化基因,并从中汲取力量,接受厚重文化的洗礼。

二、呈现形式:综合多种艺术表现手法

围绕着让文物"活起来"的中心主题,节目组大胆创新,以文化为核,综合运用综艺的节目形态、剧场的叙述结构与纪录片的纪实手法,把每件入选国宝的前世今生用艺术化的形式讲述出来,带给观众全新的收视体验。为了更为全面地讲述国宝背后的故事,节目组大胆突破原有的"宝藏+鉴赏"的节目形态,采用叙事化的讲述方式,巧妙地设计了"前世传奇"与"今生故事"两个环节,通过对国宝"前世传奇"与"今生故事"的演绎,在古今虚实之间将国宝背后的悠悠文韵娓娓道来,拉近了观众与历史文物的距离。节目还使用了戏剧、音乐剧、小品、舞剧、歌剧等艺术形式进行情景重现,开创了在电视舞台上用情景剧的形式来展现文物故事的先例,提升了节目的观赏性和趣味性。在对国宝"前世传奇"内容进行选取时,节目组兼顾了史料的原真性和艺术性,将严肃的历史故事以"奇闻逸事"的形式进行展现,实现了传统文化与现代文化的融合。而在"今生故事"的嘉宾选择上,节目组选择了最能与观众沟通、共情,与文物不会有割裂感的嘉宾讲述文物的今生故事,让故事的讲述更加具有感染力,让人印象深刻。此外,节目还综合运用了 AR、VR、3D 打印、多媒体影像等科技手段,打造了令观众震撼、惊喜的舞台效果,实现对文物及创作过程的全面展示,让展示窗内冰冷的文物鲜活了起来,提升了观众的观看体验。

三、传播方式:多种传播要素融合运用

作为一档文博探索类综艺节目,《国家宝藏》融合了多种传播要素的优势。一是发挥明星效应。挑选不同年龄层观众喜爱的各类明星在节目中担任"国宝守护人",极大地提升了节目的传播力和国宝的影响力。二是提升节目专业性。博物馆馆长的加入提高了节目专业性,《国家宝藏》邀请9家博物馆馆长组成"国宝守护联盟",他们从专业的角度进行讲解,让观众在观看文物之余了解文博知识。三是吸引年轻受众。《国家宝藏》通过在视频弹幕网站哔哩哔哩上播放,用充满网感的话语解读传统文化,借助"弹幕"这种年轻人喜欢的话语方式与观众互动,最大限度地拉近了与年轻观众的距离。四是整合新媒体资源。全方位整合视频网站、微博、微信公众号、短视频、app等新媒体力量,进行全媒体矩阵的信息传播,引发了最广范围和最大深度的关于中华优秀传统文化讨论的热潮。

资料来源:李林,杨亚茜. 文化资源学:理论与案例 [M]. 武汉:华中科技大学出版社,2021。

三、文化资源开发的原则

(一) 开发与保护相结合的原则

开发利用文化资源,不能只考虑经济效益,把文化资源当作攫取经济利益的工具。要有效处理好文化资源保护与开发利用的关系,这在大力发展文化产业的背景下,是尤为重要的。很多文化资源属于濒危资源,具有不可再生性,以及珍贵的历史文化价值。为了能够造福于子孙后代,我们必须对文化资源予以有效保护。在重视文化资源保护的前提下,我们还要考虑如何更好地开发利用文化资源,把文化资源的社会价值和经济价值充分发掘出来,这与文化资源保护是不相悖的。

因此,在对文化资源进行开发时,必须坚持开发利用与保护相结合的原则,正确处理文化资源的有效保护和合理开发利用之间的关系,保护和开发要互相补充、互相促进、互相强化。对文化资源合理有效地开发,不仅能够推动文化产业化的进程,而且能够最大限度地发挥其社会教化功能。可以说,积极合理地开发利用资源也是文化资源最有效的保护办法。

(二) 继承和创新相结合的原则

文化资源的传承保护是实现创新发展的重要前提和基础,创新发展则是实现传承保护的重要路径。一方面,从文化资源传承保护的角度来看,文化资源的传承保护,彰显了人类文化跨越时代的生命力。人们只有通过文化资源的代际传承,才能发现文化资源本身所蕴含的独特内涵与价值,从中寻找灵感,更好地为人类社会的发展提供智慧。另一方面,创新是文化发展的根本动力和本质特征,也是推动文化资源产业化发展的关键所在。有学者指出,文化资源的产业化开发本身就是一种满足当代人需要的文化保护与创新开发相结合的方式。当前,一些传统文化资源正借助"盲盒经济""县域美学经济"等新业态,积极转换思想观念,实现传承保护与创新发展相统一。面对新环境、新趋势,我们不能一味因循守旧、不知变通,要有一种更加开放与发展的眼光,将文化资源的传承保护与创新发展相结合,在继承中发展,在发展中继承,更好地满足人民群众日益增长的精神文化需求。

美国迪士尼公司的一些做法是值得借鉴的,迪士尼公司善于将世界各国优秀的、传统的文化资源或独到的文化元素融入它的产品,使其成为世界人民共享的财富。沃特·迪士尼用他天才的智慧及其勤奋的一生,向我们展示了文化资源创意带来的经济和社会效益。

（三）社会效益与经济效益相统一的原则

文化资源的开发利用首先是一种经济活动，是通过生产适销对路的文化产品或提供文化服务来实现经济效益最大化的活动。但是，我们必须认识到，经过产业化开发后所呈现的文化产品，不仅具有商品属性，还具有普通商品所不具备的意识形态属性。

过去，我们一直比较重视文化资源的意识形态属性，而忽视了文化资源的产业属性。而现在，随着文化产业的兴起，文化作为新的经济增长点日益受到重视，文化资源的经济价值成为文化资源开发的重点。但是，我们在重视文化资源的经济价值的同时，要注意避免从一个极端走向另一个极端，即重视文化资源的经济价值，忽视其社会价值。忽视文化资源的社会价值不利于文化资源社会功能的全面发挥，造成文化资源的巨大浪费。在文化资源的产业化开发过程中，我们要始终坚持把社会效益放在首位，牢牢把握正确的导向，以不断满足人民群众日益增长的文化需要为出发点，努力实现社会效益与经济效益的有机统一，确保文化产业持续健康发展。

［资料链接］

玉龙雪山是纳西族人心目中的神山，山顶终年积雪。纳西族民间关于玉龙雪山的传说很多，长期以来它被赋予了神秘色彩。自从大型实景演出《印象·丽江》在雪山脚下搭建露天演出剧场以来，喧嚣的人群从此打破了雪山千百年来的宁静。《印象·丽江》是继《印象·刘三姐》之后，张艺谋、王潮歌、樊跃再次合作的又一部大型露天实景演出，从投资到项目策划和运作得到了地方政府的大力支持，云南省委、省政府领导曾亲自接见剧组主创人员。该演出共分为三个单元：第一单元是在雪山脚下演出，名为《印象·丽江》雪山篇，表现的是人们从四面八方来到丽江，体验生命与自然的亲密关系；第二单元名为《人与自然的对话》，表现人与自然的古老联系；第三单元在丽江古城演出，名为《印象·丽江》古城篇，是与祖先的对话，这与纳西族传统信仰有关。

2006年7月23日，《印象·丽江》雪山篇在海拔3 100米，世界上最高的实景演出剧场——丽江玉龙雪山的甘海子蓝月谷露天剧场正式公演。《印象·丽江》雪山篇总投资2.5亿元，全片分为古道马帮、对酒雪山、天上人间、打跳组歌、鼓舞祭天和祈福仪式六大部分。整个演出以雪山为背景，以民俗文化为载体，来自纳西族、彝族、普米族、藏族、苗族等10个少数民族的500余名普通农民成为《印象·丽江》雪山篇的主角。这些皮肤黝黑的非专业演员，用最原生态的动作，最质朴的歌声，与天地共舞，与自然同声，传达了一种天籁之音，让游客体验到民族文化的特有魅力。但随之而来的是对这种演出形式的广泛争议和批评，尤其是以纳西族著名民间音乐传人宣科为代表的本民族文化学者的批评最为激烈。他们认为这是以所谓的原生态为名在破坏民族艺术和当地的生态环境，是出于商业目的，并不利于人们对民族文化的真实体验，也不利于人们真实地了解纳西族古老的文化传统和日常生活；而且大型户外演出容易造成对生态环境的破坏，引发生态灾难。这一事件也引发了人们对户外大型实景演出的争议。

资料来源：张胜冰. 文化资源学导论［M］. 北京：北京大学出版社，2021。

第二节 文化资源开发的模式

近些年来，文化产业的快速发展涌现了许多文化资源开发利用的优秀案例，例如作为世界文化遗产与国际著名博物馆的故宫，其不仅在文创产品开发方面取得了不俗的成绩，还积极拓展影视、综艺等产品的开发，同时通过互联网和手机终端进行传播，不仅实现了故宫文化资源的数字化转化，还拓宽了故宫文化的传播渠道，提高了故宫文化的大众知名度和参与度。

再比如，山东淄博市博山是琉璃之乡与鲁派内画发源地，自古人文荟萃，文化底蕴深厚，其琉璃艺术、内画艺术源远流长，有着独特的审美旨趣与区域文化特色。然而，近年来，随着娱乐化、消费化生活方式日益盛行，传统琉璃、内画工艺产业生存环境受到严重冲击，再加上发展资金受限、人才接续困难、专业经纪人队伍匮乏等不利因素，博山琉璃、鲁派内画生存状况堪忧，传承保护形势严峻，传统技艺甚至濒临失传。在淄博，从事琉璃、内画创作的人少之又少，年轻人更是望而却步。这其实也是目前"资源型文化产业"发展的共同窘态。人才培养耗时费力，经济效益不显著，财政贡献度弱，虽说有众多的从中央到地方的各级文化产业振兴政策激励，但其发展仍困难重重。博山拥有琉璃生产原料资源，也有很多极富艺术水准和创造力的大师，有把琉璃规模做大的充足条件。但短期内不见收益也是正常的，作为博山文化建设和城市品牌建设的重要内容，博山区域琉璃、内画产业的发展依然任重道远。

由此可见，文化资源与文化产业的关系极其密切，一些成功的文化产业案例和文化产品，都是在文化资源开发的基础上形成的，文化资源开发已经成为文化产业发展的重要前提。但我们应当认识到，文化资源丰富的国家文化产业并不一定就发达，许多文化产业发达的国家其文化资源并不十分丰富。从这个意义上来讲，文化资源只是文化产业发展的重要条件，要把文化资源变为文化产业，是一个复杂的过程，其中文化资源开发的模式也是比较重要的影响因素。

随着文化资源产业化开发的开展与深入，学者们从不同角度提出了较为成熟的文化资源开发模式。夏春红等从文化资源本体、内涵与客体等层面出发，将文化资源产业化开发的模式分为三类，即基于文化资源本体的文化旅游模式、基于文化资源客体的创意设计模式以及基于文化资源内涵的故事活化模式。[1] 向勇把文化资源开发模式分为基础性开发模式和深度性开发模式，其中基础性开发模式包括文化旅游开发模式、主题公园模式、节庆会展模式等，深度性开发模式则包括创意产品开发模式、科技创新开发模式、特色产业带开发模式等。[2] 胡郑丽将文化资源开发模式分为景观化模式、项目化模式、集群化模式、符号化模式和科技化模式等五大类。[3] 本书将依据向勇老师的观点，从基础性开发模式和深度性开发模式两大类入手进行分析。

---

① 夏春红，章军杰. 山东省文化资源开发利用综合研究 [J]. 山东社会科学，2015（3）：188-192.

② 向勇. 特色文化资源的价值评估与开发模式研究 [J]. 北京联合大学学报（人文社会科学版），2015，13（2）：44-51.

③ 胡郑丽. 文化资源学 [M]. 北京：光明日报出版社，2016.

一、基础性开发模式

基础性开发模式是一种传统型开发模式，以资源型文化产业和制造型文化产业为发展模式。文化资源的基础性开发包括了文化旅游开发模式、主题公园开发模式、节庆会展开发模式和文化地产开发模式等。

（一）文化旅游开发模式

文化旅游开发模式是一种文化与旅游融合的模式，在文旅融合的大背景下，它是特色文化资源开发的首选模式。文化旅游开发模式，可以实现"以文化提升旅游的内涵质量，以旅游扩大文化的传播消费"的综合效益。近年来，国家有关部门和地方政府通过联合举办、政策优惠、资金补贴等多种方式大力支持发展文化旅游，通过打造文化旅游节、旅游演艺产品、文化旅游品牌等，促进文化与旅游的融合发展。

以旅游演艺产品为例，20世纪90年代深圳锦绣中华民俗文化村的《世界之窗》《欧洲之夜》是中国现代旅游演艺全面扬帆起航的标志。进入21世纪以来，尤其在《印象·刘三姐》大获成功后，各地争相效仿，使我国旅游演艺得到迅猛发展，形成了规模效应。从《印象·刘三姐》公演后，实景演出在中国已经发展了10多年，期间涌现了数百个实景演出项目，品质参差不齐，其中最先锋的沉浸式旅游演艺项目中最具代表性的为王潮歌导演的"又见系列"和"只有系列"。2021年正式开城的位于郑州的"只有河南·戏剧幻城"投资将近60亿元，将旅游演艺推到了一个新的高峰。

［资料链接］

"只有河南·戏剧幻城"位于河南省郑州市中牟县平安大道与广信街交叉口西北角是中国首座全景式沉浸戏剧主题公园，该项目总占地622亩，项目核心区是一座单边长328米、高15米的幻城。景区总投资近60亿元，是中国规模最大、演出时长最长的戏剧聚落群之一。2016年11月20日上午，项目签约，2018年3月16日，项目正式开工奠基。2020年3月27日，项目核心区所有建筑全部封顶。2021年6月6日，只有河南·戏剧幻城正式开城纳客。

只有河南·戏剧幻城内拥有21个大小不一的剧场、近千名演员，分为3大主剧和18个小剧，剧目总时长近700分钟。景区项目以黄河文明为创作根基，以沉浸式戏剧艺术为手法，以独特的戏剧"幻城"为载体。景区内共有56个空间，每一个空间4道门，每一个空间里面又有不同的场景，21个大大小小的剧场，就在这56个空间里。用棋盘式的格局，把622亩地方格化，同时也戏剧化。

在这21个剧目中，时间跨度是从夏商开始，既有河南唐宋时的繁荣，也有民国三十一年（1942年）的苦难，还有河南精神的传承；其广度是从绘画、音乐、服装、诗词歌赋到农业文明。一方水土养育一方人，只有河南·戏剧幻城打破了历史的空间维度，以人物群像的方式展现了中原文化的广博与兼容并包，让受众更为客观地认识河南。

只有河南·戏剧幻城项目文化与科技深度融合，经过大量的创新实验寻求最佳视觉表达。其中"声""光""电""画"等高度集成化与智能数字系统发挥了巨大作用。

8 个升降台，5 个旋转升降台为主要载体的遗址剧场，勾勒出"幻城"独特的建筑形态；车站剧场智能翻板配合 56 道机械麦穗吊杆，通过智能控制呈现波澜壮阔的滚滚麦浪。

2021 年 12 月，在由中国旅游研究院和中国旅游协会等联合主办的"2021 中国旅游集团化发展论坛"上，只有河南·戏剧幻城入选"2021 文旅融合创新项目"。

只有河南·戏剧幻城项目对于树立河南文化自信，促进郑州建设国家级中心城市，加速中原崛起具有重要意义。

资料来源：https://baike.baidu.com/item/只有河南·戏剧幻城/56290424.

（二）主题公园开发模式

主题公园是为了满足旅游者多样化休闲娱乐需求而建造的一种具有创意性活动方式的现代旅游场所，是根据特定的主题创意，以文化复制、文化移植、文化陈列以及高新技术等手段，以虚拟环境塑造与园林环境为载体来迎合消费者的好奇心，以主题情节贯穿整个游乐项目的休闲娱乐空间。其主要包括以大型游乐设施为主体的游乐园，大型微缩景观公园，以及提供情景模拟、环境体验为主要内容的各类影视城、动漫城等园区。1955 年迪士尼乐园的诞生在全世界推动了这种新型的文化资源开发模式。1989 年深圳锦绣中华作为中国第一个主题公园开园，由此开始，中国进入主题公园发展的快车道。

文化资源的主题公园开发模式主要依托所在地的文化资源，以主题公园的模式进行资源开发。文化资源的主题公园开发应注重文化氛围的真实营造。文化资源的开发应从真实的历史文化入手，进行保护性开发，以引导人们去体验真实的文化，在真实的文化情境中去了解历史、解读历史和体验历史。

主题公园开发模式是以主题性、情景化、立体性、空间感的方式呈现文化资源的体验价值，主题公园的核心就是体验。影响主题公园体验价值的核心要素包括体验主题的凝练与提升、体验项目的设计与更新、体验活动的构思与变化、体验场景的布置与渲染、体验服务的完善与优化以及体验回忆的再现与沉淀等诸多方面。①

（三）节庆会展开发模式

节庆会展开发模式是指以传统节庆、定期会展为载体和平台，在一段时间内通过对区域文化资源的全方位整合和综合性发掘，最终实现节庆经济和会展经济综合效益的文化资源开发模式。节庆活动和会议展览不仅有利于促销产品，还能对区域整体形象的提升和区域品牌的传播起到积极的推进作用。

节庆会展的策划要紧贴区域内的文化资源和社会中的时代主题，以高度整合地方文化资源为出发点，以市民参与和顾客体验为目标，提升内涵化的文化价值和精细化的服务品质。

（四）文化地产开发模式

作为一种新的地产模式，"文化地产"的模式社会各界对其褒贬不一。作为一种客观存在的房地产业与文化产业的融合模式，文化地产开发模式是房地产企业为了在激

---

① 向勇. 特色文化资源的价值评估与开发模式研究［J］. 北京联合大学学报（人文社会科学版），2015，13（2）：44-51.

烈的市场竞争中获得优势，以文化创意作为转型升级的途径，以文化资源作为竞争力要素实施的一种差异化和品牌化的开发模式。

文化地产的典型特征是将文化艺术融入地产开发，以主题社区、文化小镇、艺术商场、旅游地产等形式提高地产的附加价值，是现代服务业的一种创新业态。文化地产往往以具有特色的文化资源为核心，开发模式中以旅游地产居多，包括自然风光型、人文景观型、主题公园型、乡村旅游型和休闲购物型。文化与地产的结合是一种创新业态，是文化产业发展与地产创新的发展结果。

二、深度性开发模式

文化资源的深度性开发模式是一种创新型开发模式，是结合创意、科技等手段，挖掘文化资源的符号象征和精神价值系统，通过影视、动漫、音乐、舞蹈等文化产品而实现的开发模式。文化资源的深度性开发模式包括创意产品开发模式、科技创新开发模式、特色产业带开发模式、生态博物馆开发模式和"文创造镇"开发模式等。

（一）创意产品开发模式

创意产品开发模式是一种以产品为中心、以渠道为载体的文化资源开发模式。具体来讲，其就是要在文化消费市场分析的基础上，探寻文化资源转化为文化产品的价值关键点，激发创意灵感，将创意有形化、资源商品化，并结合市场需求进行创意营销。

文化资源的创意产品开发模式分为以当地文化资源为导向的开发模式和以外地文化资源为导向的开发模式。其中，以当地文化资源为导向的创意产品开发模式，在地方政府的政策扶持下，摆脱了辐射区域在人口总量、结构特征、经济水平和开放程度等方面的制约因素，构建了以"中心辐射消费区—外围辐射消费区—外围文化爱好者"为目标市场的开发路径。以外地文化资源为导向的创意产品开发模式应利用文化多元化的外部机遇，选取高知名度的外地文化资源，构建以同一创意产品为基础的多层次产业开发路径。

（二）科技创新开发模式

科技创新开发模式是指借助科技手段，发挥科技创新对文化创意的重要引领作用，凸显文化产业高附加值和高科技含量的新经济特征。文化资源的科技创新开发模式是通过技术集成和模式创新，整合文化资源，统筹产业发展，通过文化科技的融合，推进文化资源的创意、生产、传播和消费的数字化、网络化进程，深入挖掘优秀传统文化资源和深厚的文化底蕴，推动文化产业优化升级的一种模式。

当前，文化数字化是国家文化领域的核心战略，国家文化数字化战略对文化产业的发展发挥重大影响和促进作用，未来有可能催化出数万亿级的产值。同时，国家文化数字化战略将极大改变文化产业的整体产业结构和业态，也将进一步推动文化产业与国民经济其他部门的进一步融合发展。可以肯定的是，随着国家文化数字化战略的实施，文化在生产模式和消费模式将发生极大的变化，文化和科技融合从单点走向复合立体化方向，从互联网文化新业态走向复合型数字文化新业态模式，从单纯线上的数字化走向虚实共生无处不在的数字化。

[资料链接]

2022年11月17日，"大家好，我是'青芸'，欢迎大家走进元宇宙的虚拟世界。"在数字虚拟人的邀请声中，乌镇元宇宙城市体验馆已正式开馆。乌镇元宇宙体验馆位于乌镇人民公园西北侧，主体建筑面积约1 874平方米，具备元宇宙体验、元宇宙会客厅、元宇宙发布会、元宇宙科普等功能。

据了解，乌镇元宇宙体验馆由乌镇镇政府、中交投资联合打造，运用了大量的数字孪生、人工智能、虚拟现实等元宇宙增强现实及人工智能科技，打破了时间和空间的限制，将改变会议会展、展示展览、休闲娱乐的传统模式，带来全新体验。

据介绍，体验馆内设置了八大场景共计20多个体验项目，如虚拟数字人可与真人进行AI对话，讲述乌镇历史渊源；数字宠物可以带领体验者云游水乡；"数藏无尽"则可阅览乌镇数字艺术系列作品；"水云行歌"可进行乌镇全沉浸式体感虚拟现实；"广莫之野"让你化身虚拟形象进入未来乌镇；等等。

业内人士分析认为，当前，元宇宙正在从概念走向产业，掀起了新一轮的数字变革。乌镇元宇宙城市体验馆的落成，将进一步提升乌镇互联网发展水平，使其成为乌镇互联网基因迭代的展示窗口。

资料来源：http://finance.people.com.cn/n1/2022/1117/c1004-32568593.html。

（三）特色产业带开发模式

特色产业带开发模式是以特色文化资源为开发对象、以文化产业集聚区为开发形态、以发展特色文化产业为目的的文化资源开发模式。特色文化资源一般是指在某个特殊的民族和区域内独具特色的自然生态资源、民俗风情资源和历史人文资源。特色文化产业形式包括特色文化旅游、特色工艺美术、特色表演艺术、特色节庆会展等。由于特色文化资源具有区域集聚性、生态发展性和草根生活性等特点，其开发的模式可以借助于园区、产业带和特色功能区的空间形态，实现区域内文化资源开发的成果共享。

特色产业带开发模式注重跨区域合作，强调因地制宜。如2014年文化和旅游部、财政部制定的《藏羌彝文化产业走廊总体规划》，是从国家宏观角度和中央部委的行政高度对文化资源特色产业带开发模式进行的一次高层次的战略谋划。藏羌彝文化产业走廊位于中国西部腹心，区域内自然生态独特，文化形态多样，文化资源富集，通过重点发展文化旅游、演艺娱乐、工艺美术和文化创意等新兴业态，优化空间布局，加强产品生产，推动骨干企业和园区基地发展，扶持小微文化企业，培育知名文化品牌，将会发挥综合的开发效益。

（四）生态博物馆开发模式

生态博物馆不同于传统文物典藏的博物馆，是将山明水秀的物理场景和人们行住坐卧的起居空间联结在一起，将某个特定的区域整体作为一座没有围墙的活的博物馆。文化资源的生态博物馆开发模式是一种保护性开发模式，既实现了文化的原生态保护，又实现了文化生态的可持续发展。

对大自然的动植物群落或具有历史价值的古代遗迹、名人故居、城镇等文化资源，只有保存在现地才能彰显价值，所以发展出现了生态博物馆。生态博物馆不仅保护了当地的文化资源，同时对文化资源生存的周遭文化与环境进行了保护，是一种新型博物馆形态。

[资料链接]

安吉历史悠久，在溪龙乡马坎上出土的旧石器证明，距今80多万年前的旧石器时代就有古人类在此繁衍生息，该县是全国第一个生态县、全国文物工作先进县。从2008年起，安吉启动"中国美丽乡村"建设，提出了把安吉建设成"村村优美、家家创业、处处和谐、人人幸福"的美丽乡村，并在建设中力求保护和发掘自然与文化遗存。与此同时，在国家文物局的指导下开始生态博物馆建设的实践，提出将县域范围内最具特色的人文、生态资源纳入展示范围，系统展示安吉的过去、现在和未来。

竹文化生态博物馆，百万亩竹海绿浪翻滚；白茶生态博物馆，十万亩白茶苍翠欲滴；生态能源博物馆，矗立高山之巅让抽水蓄能电站的装机容量成为"亚洲第一"……安吉的山峦秀水间，一个由1个中心馆、12个专题生态博物馆和26个村落文化展示馆组成的安吉生态博物馆群，覆盖全县1 886平方公里的面积，这群没有"围墙"的世界上规模最大的生态博物馆2012年10月29日正式开馆。

同时对外开放的安吉生态博物馆中心馆，承吴越遗风，镌苕溪历史，外形为城市方印，神隽味永，浑穆古朴，总建筑面积为15 414平方米，总投资超过1亿元，馆内分为历史文化厅、生态文化厅、铜镜专题厅和临时展厅4个厅，馆藏文物2万多件。除了一个中心馆外，12个专题生态博物馆以原真、活态的形式散落于12个乡镇，26个文化展示馆则分布在各个村落，这些展示馆从书画文化、孝文化、手工造纸文化、桥文化等多方面，全面展示了安吉乡村的历史渊源和现代成就，呈现出各具特色的"一村一韵""一村一景"的乡村文化景观。

与所有博物馆不同，安吉生态博物馆建设最大的意义在于使文化遗产和与之相关的生态环境得到整体的、原真的、活态的保护，并使之不断延续和可持续发展。

在举行的开馆仪式上，文化部党组成员、故宫博物院院长单霁翔说，安吉县从传统博物馆的"馆舍天地"走向丰富多彩的大千世界，面对多样化的文化资源，进入无限的发展空间，这种将自然生态资源与历史人文资源融于一体，将馆内宝贵的藏品与馆外原真、活态的陈列品紧密相连，突破了传统博物馆与环境之间、可移动与不可移动的物品之间、信息与实物之间的障碍，让全县人民成为博物馆管理的主人，是中国博物馆建设模式的重大创举，具有里程碑式的意义性。

资料来源：https://baike.baidu.com/item/生态博物馆/3448818。

（五）"文创造镇"开发模式

近年来，城乡一体化成为我国新型现代化发展的战略举措，是现代农业、先进工业和高技术服务业协同发展、融合发展和优化发展的必然要求。"文创造镇"是新型城镇化建设的重要模式，是以地方文化资源为基础，以文化创意和设计服务为手段，以产业融合发展为路径，实现自然生态营建、历史古迹保护、产业协同发展的共生之道。

"文创造镇"本质上就是要找到城镇化发展的文化宝藏，转变为城镇化管理和文化建设的核心资源，最终通过"文化故事"塑造城镇的文化品牌。总之，"文创造镇"的发展目标，在根本上就是将中国积累了几千年质朴、匠艺、慢活的农耕文明的农村生活方式与现代、时尚、快速的工业文明的城市生活方式在空间上的融合，重塑一种新型生活方式。

第三节　我国文化资源开发的问题及路径

一、我国文化资源开发的问题

（一）缺少规划，盲目开发

我国虽然拥有丰富的文化资源，但是由于我国幅员辽阔、民族众多，文化资源比较分散，比较难形成统一的开发格局。再加之开发者缺乏整体的规划布局，各自为政，不能打破区域的限制对文化资源进行有效整合，就会造成各地文化资源开发盲目上马、重复建设的现象。对文化资源的开发利用，应该建立在对文化资源的调查和评估的基础上，并非所有的文化资源都可开发、转化为文化产品或文化服务，也并非所有的开发都能实现预期的目标。例如一些概念性的地域文化以及部分历史名人等，它们所承载的更多的是一种形象价值、宣传价值、教化价值，难以转化为具体的包含经济价值的文化产品。各级政府相关部门应切实负起责任，加强合作，从更加宏观的高度统一规划，合理利用文化资源，提高文化资源开发利用的效率和效果。

（二）认识不清，粗放开发

文化资源是文化产业发展的基础，但我国很多文化资源开发者并没有认真深入挖掘文化资源的内涵和价值，没有根据当地的经济条件对文化资源进行合理开发，存在低质量开发、浅层次开发、破坏性开发的现象，造成了资源的极大浪费。其中最大的原因就是对文化资源的认识不足，文化资源要形成产业资源，需要与之相适应的因素和条件。

在我国一些经济欠发达地区，社会发展整体水平相对较低，发展文化产业的条件和基础尚不够坚实，因此仓促上马开发项目，很难达到高质量开发的要求。由于缺乏现代化生产技术和手段，创意能力不足，开发的文化产品多属于附加值较低的初级产品，这必然会浪费和埋没一些市场潜力极高的文化资源，甚至还有可能使其失去再次开发的机会。因此，对一些市场价值较高的文化资源，我们宁可等机会和条件成熟时再加以开发，也绝不能贪图一时的蝇头小利而急于求成，粗放开发。

（三）同质化开发，缺乏创新

文化资源的开发虽然有一定的模式和经验可以借鉴，但如果开发者仅仅模仿固有的典型模式，而缺乏创新意识，最终开发出来的文化产品和服务也只能是同质化、低附加值的初级产品。

（四）开发不平衡，文化产品和文化服务不能满足市场需求

一直以来，我国文化产业的发展都呈现了区域不平衡的现象，文化资源比较丰富、经济发展较好的地区文化资源开发投入较大，文化产业发展较好，而资源匮乏及经济

欠发达地区则忽视了文化产业的发展。我国文化资源的开发呈现了东高西低的趋势，少数民族文化资源开发处于较低水平、重复开发状态，农村文化资源利用率低，农民不能享受到高质量的文化产品和文化服务。

二、我国文化资源开发的路径

（一）科学梳理文化资源

文化资源是一个较宽泛的概念，由于地理环境、区位、民族和经济发展状况以及文化传统等诸多方面的差异，不同地区文化资源的类型和特点都会有所不同，不能简单模仿和套用统一的开发模式。因此，各地要对文化资源进行分类评估、区别对待，探索不同的开发利用模式。各地应根据自身实际情况，探索最适合自身资源类型和特点的开发利用途径。

在文化资源开发之前，各地一定要进行科学的梳理，理清"家底"，通过文化资源的普查和评估，对文化资源的总体数量、质量、种类、范围、环境、开发价值、市场前景等做一个科学的评价和分析。在此基础上，清楚地了解和把握本地文化资源的开发状况，明确开发的重点，从而实现整个区域文化资源开发的全面推进。

（二）制定整体开发规划，促进文化资源产业化转化

规划决定方向，规划决定发展，规划决定效益。从某种意义上说，规划是最重要的资源。制定整体文化资源开发规划，可以使文化资源得到充分利用，发挥最大效益。制定规划必须充分考虑地区之间的文化差异性和经济不平衡性，既深入挖掘本地文化资源的文化内涵，充分展现和继承中华民族文化的优良传统，又从实际出发，寻找探索最适合本地特点的文化资源开发模式，因地制宜地发展有地方特色的文化产业，切忌盲目跟风同质化开发。同时，在制定规划的基础上，要选准突破口，找准切入点，善于把深厚的文化资源做成具体的产业项目，实施重大文化产业项目带动战略实现文化资源的产业化转化。

（三）提升创新能力

金元浦教授在《文化资源与文化竞争力》中指出，一切过去时代的文化资源，都有一个在今天文化语境中重新阐释和创新开掘的问题。任何文化资源，想要成为生动、活跃的现在时或现在进行时，都必须与今天，与今天人民的精神生活需要相联系。所以，一切传统的文化资源要想在今天发挥作用，都要经历一个现代的转换。文化资源的多寡，还与我们现实的文化创新能力成正比。

文化资源开发的创新包括内容创新和形式创新。文化元素是文化资源创新中最不能忽视的内容，文化资源的开发必须融入文化元素，而且要深度挖掘文化元素，并将文化元素协调运用到文化资源的开发中。

文化资源是一种特殊资源，对它的开发不能是简单地、粗糙地复制，还需要创新开发形式，同时运用科技手段作为文化资源开发的强劲动力和支撑，只有这样才能够提升文化资源开发的品质，高效率地开发文化资源。先进的技术手段和表现形式可以激活文化资源，增强文化产品和文化服务的表现力、吸引力，创造新的文化样式，催生新的文化业态，使当代中华文化更加多姿多彩。

上海时空之旅文化发展有限公司于2005年成立，由上海东方传媒集团有限公司、中国对外文化集团公司、上海杂技团/马戏城三家投资方联合出资组建，经营运作多媒体梦幻剧《时空之旅》，并于2011年2月在共舞台·时空剧院推出新剧《镜界》，打造新的演艺品牌，丰富上海演艺舞台。

时空之旅公司发展过程中，通过自身的改革创新实践探索了以产品为核心、市场为根基的经营性文化产业运作新模式，在体制、机制、艺术、管理、营销推广等领域不断创新，被《人民日报》评论为"文化演艺的奇迹，文化创新的典范"。

ERA—时空之旅融杂技、舞蹈、戏剧、音乐和世界一流多媒体技术于一体，中国元素、国际制作，打造全新舞台艺术样式，原创音乐、现场演奏、电子投影、数字舞台、超大水幕、巨型镜墙，如梦似幻……感人、神奇、震撼，给人以超凡享受，堪称"中国娱乐第一秀"。该秀被认为有八大看点。

看点之一："梦幻之镜"。观众一进入剧场，就能看到舞台上有一堵高达6米，直径11米的巨大的玻璃圆墙，把整个观众厅的一切尽收其中。可是当大厅变成一片漆黑的时候，突然，在梦幻镜的中央出现一丝微光慢慢晃动……来自远古的歌声和奇妙的影像，把人们带入梦幻时空……

看点之二："时空秀水"。魔术师以神奇的手法将一碗水朝天泼去，霎时，雨丝从天而下，形成了高8米，宽18米的壮观的水幕，水幕制作由激光打眼，水幕呈弧形，每一丝水滴只有0.8微米，而且均为90度垂直，在水幕上还要打上激光投影。这个幻彩水幕，将给观众带来全新的视觉体验。

看点之三："碧波轻舟"。水幕将整个舞台变成了一泓湖水，水幕中出现了飘飘忽忽的一个光体，由远至近，由小变大，那是中国古代文明的象征——司南。只见司南在碧波中演变成一叶轻舟，缓缓飘来……

看点之四："千古绝顶"。这是一个由汉代流传至今的古老杂技节目。表演用的道具是瓷质的坛子和大缸。演员以"扔、砸、踢、滚、翻、转"等一系列优美的动作组合，展示了高超的技艺。舞坛表演技高艺精，展示了中华民族传统技艺的博大精深与精美瓷艺的完美结合，与多媒体背景里面中国特有的景德镇青花瓷的精美图案和古代兵马俑威武雄壮的陶像有机融合在一起，也体现了中国作为瓷器王国的深厚文化底蕴。

看点之五："生命之轮"。"生命之轮"是由3个直径达2米的小轮组合成的一个高达十多米的360度不停转动的巨轮，演员在转动的车轮的内壁和外沿上完成了一系列令人无法想象的惊心动魄的表演，转动的大车轮与背景上的多媒体投影交相辉映，层叠变幻，如时代的车轮滚滚向前、转动不息、生命不止。

看点之六："天籁之音"。加拿大著名作曲家米谢尔·居松根据每个节目不同的特点量身创作该剧音乐，将中国音乐元素与现代配器巧妙融合，寓以国际化的创作风格。民乐与电声音乐两种完全不同风格的音乐完美结合，艺术化地表现了"时空"的概念，并将音乐伴奏作为舞台表演的重要组成部分，在现代化的影院中才能享受到的杜比7.1环绕音箱的演绎下，让观众感受到音乐不仅是听觉的享受，也具有视觉的冲击。

看点之七："时空之恋"。男女演员仅仅依靠一条浅紫色的柔软绸锻作为表演道具，在空中盘旋飞舞，表演各种高难度动作，仿佛一曲云中漫步的情曲，仿佛一抹天际候现的彩霞，宛转柔美，缠缠绵绵，一对恋人如胶似漆，一会儿，彩绸缠腰，激女倒挂，俊男吊下斜飞鹏。一会儿，交臂叠鬟，抱恋拥腰双脚对挂，双脚倒挂成飘旋探海。月圆，星稀，真是都市一时得幽境，天高地远芳华。

看点之八："时空穿梭"。多媒体投影下的巨大地球图形转瞬变成了一的，透着网状空间对流的瓶颈。突然，巨大的表鸣声打破了平静，一部发动机的表鸣打破了宇宙的瓶静。突然，巨大的表鸣声打破了平静，8个身穿铁甲的勇士，分别骑着摩托车从观众的四面八方直冲舞台上那个直径达6.5米的巨型钢球内，几高速、惊险，刺激的匿夷所思的表演令人心潮澎湃。

资料来源：https://baike.baidu.com/item/时空之旅/199461。

（四）培养创意人才

在所有外部条件如人才、资金、土地、市场、政策等方面中，人才始终是第一位的。因为文化资源是文化产业的生产对象，是"死"的因素，而人才是文化生产过程中最活跃，最重要的因素。并且，文化资源开发利用的核心和源头离不开人的创意，离不开人的智慧，智力和技巧。因此，开发利用文化资源，必须实施"人才兴文"战略，尽快培养开发利用中存在开阔视野，富有创意和创新能力的人才，才能真正实现文化资源有效的开发利用。

[章节小结]

本章重点学习了文化资源开发研究。本章重点与学习了文化资源开发中存在的主要问题及解决问题的路径。随着我国文化产业的快速发展，文化资源作为文化产业发展的基础原料，文化资源的开发利用对于推动我国文化产业发展至关重要。因此，明确文化旅游开发的原则，掌握文化资源开发的模式，了解我国文化资源开发利用中存在的主要问题及路径，是十分必要的。

[复习思考]

1. 什么是文化资源开发？文化资源开发的意义表现在哪些方面？
2. 文化资源开发需要遵循哪些原则？
3. 什么是文化资源开发的基础原料，文化资源的开发利用和深度性开发模式？其分别包括哪些类型？
4. 举例说明什么是文化旅游开发？
5. 简述我国文化资源开发利用的主要问题及路径。

[参考文献]

[1] 严荔. 四川文化资源开发研究 [M]. 北京：经济科学出版社，2010.
[2] 李林，杨亚茹. 文化资源学：理论与案例 [M]. 武汉：华中科技大学出版

社，2021.

[3] 张胜冰. 文化资源学导论 [M]. 北京：北京大学出版社，2021.

[4] 夏春红，章军杰. 山东省文化资源开发利用综合研究 [J]. 山东社会科学，2015（3）：188-192.

[5] 陈红梅. 传承与颠覆：《哪吒之魔童降世》的反神话叙事 [J]. 中南大学学报（社会科学版），2020，26（6）：175-182.

[6] 胡邦丽. 文化资源学 [M]. 北京：光明日报出版社，2016.

[7] 向勇. 特色文化资源的价值评估与开发模式研究 [J]. 北京联合大学学报（人文社会科学版），2015，13（2）：44-51.